KB118916

왕초보,
부동산 어떻게
투자할까요?

일러두기

1. 별도의 표기가 없는 한 책에서 표기되는 부동산 시세의 기준 시기는 2023년 2월이며, 부동산 시세 이미지 역시 2023년 2월에 캡처했다.

2. 지역명은 가독성을 위해 정식 명칭이 아닌 일상에서 흔히 쓰이는 줄임말을 사용했다. (예: 서울특별시 → 서울 / 경기도 → 경기)

3. 부동산에 관련된 용어 중에서 관용적으로 사용되는 경우 표준어가 아닌 관용적 표현을 따랐다. (예: 등기를 하다 → 등기를 치다)

전세부터 청약, 재개발·재건축, 경매까지
한 권으로 끝내는 아파트 투자사전

왕초보,
부동산
어떻게
투자할까요?

부찾남 지음

부린이가 꼽은 가장 친절한 '월급쟁이 투자 입문서'

'그때 부동산 살걸' 하고
후회하지 않기 위한 첫 투자 안내서

지방에서 처음 서울로 올라와 방을 구할 때 보증금 때문에 깜짝 놀랐다. 그동안 내가 살던 지역은 보통 보증금 100만~200만 원에 월세 25만~30만 원으로 원룸이나 분리형 원룸을 구할 수 있었다. 그런데 서울에 취직하고 처음 부동산 중개소에 들렀더니 보증금의 최소 단위가 1000만 원이었다. '지방에서 올라왔다고 사기를 치나?'라고 속으로 생각했다. 그렇게 하루 종일 중개소를 돌아다니고 나서야 깨달았다.

'아… 보증금 200만 원으로는 집을 구할 수가 없구나….'

이때 처음으로 같은 평수라도 지역마다 보증금과 월세가 다르다는 것을 깨달았다.

이후 8년 동안 직장 생활과 부동산 공부, 투자를 병행했다. 모아둔 돈 한 푼 없이 상경해서 회사에 다닌 건 남들과 똑같았다. 그런 내가 월급을 모아 부동산 투자를 한 지 8년, 지금은 부동산 책을 쓰고 있으니 신기할 따름이다. 그동안 직접 경험하며 배운 것을 모두 이 책에 담았다. 나도 할 수 있었으니 여러분도 할 수 있을 것이라고 꼭 말씀드리고 싶다.

실제로 부동산을 투자하기로 마음먹기까지가 상당히 힘들다. 나 또한 그랬다. 100만 원, 200만 원 정도가 아니라 몇천만 원에서 몇억 원까지 큰돈이 오가 두려움부터 앞섰다. 그래서 처음 청약에 당첨되고 몇천만 원의 계약금을 납부할 때는 정말 이 돈을 내는 게 맞는지 수백 번 고민했었다. 하지만 돌이켜보면 그때 두려웠던 이유는 내가 아직 잘 몰라서 투자에 확신이 없었기 때문이었다. 공부를 계속하면서 확신이 생기자 시드가 모일 때마다 투자하는 사이클을 만들었다. 이처럼 처음 투자할 때 잘 모르고 확신이 없어 밀려오는 두려움을 이 책에서 확실하게 잡아줄 것이다.

이 책의 최종 목표는 투자에 관한 내 생각과 방법을 전부 전달하는 것이다. 참고로 나는 공격적인 투자를 좋아하긴 해도 절대적으로 안전 마진을 중요시했다. 그리고 시간 여유가 많지 않은 직장인으로서 부동산 공부를 할 때 어떻게 하면 가장 효율적으로 투자할지가 중요했다. 이런 고민을 하며 여러 시행착오를 거친 끝에 나만의 투자 방법을 만들었다. 투자를 대하는 자세부터 실전 투자 방법까지 이 책에서 내 모든 것을 공유하려고 한다.

부동산 전문가들이 자주 하는 말이 있다.

"투자를 할 거면 놀지 마세요."

"매주 주말이나 시간 날 때마다 임장 다니면서 시세파악을 하세요."

"항상 부동산 시장에 관심을 갖고 계세요."

결혼하지 않았거나 여유가 있는 직장인이라면 몰라도 자녀가 있거나 매일 야근에 시달리는 직장인이라면 따로 시간을 내기가 힘들다. 이때 항상 되돌아오는 말이 있다.

"힘들어도 해야 합니다! 남과 똑같이 해서는 성공할 수 없어요!"

하지만 주말마다 시간이 나는 것도 아니고, 가족과도 시간을 보내야 하고, 더욱이 자녀가 있다면 혼자서 부동산에만 정신을 쏟는 내 삶에 무슨 의미가 있겠는가?

나 또한 이렇게 하기는 싫었다. 어차피 부동산 투자에만 매달려 있을 수 없다. 돈을 어느 정도 모아서 한번 투자하고 나면 다시 투자금을 모으는 데 긴 시간이 걸리기 때문이다. 그런데 투자하지도 못하는 1~2년 동안 부동산 시장을 들여다보기는 쉽지 않다. 나도 소중한 시간을 부동산에만 쓰고 싶지 않았다. 그래서 다음과 같이 투자 기준과 순서를 세웠다.

우선 '자산은 모아가는 것이다'라고 투자 기준을 세웠다. 부동산, 주

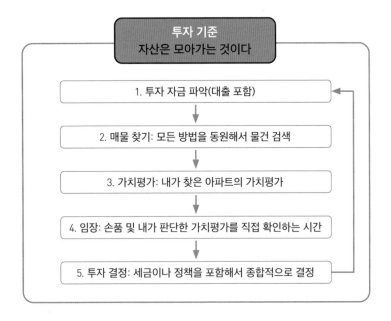

투자 기준
자산은 모아가는 것이다

1. 투자 자금 파악(대출 포함)

2. 매물 찾기: 모든 방법을 동원해서 물건 검색

3. 가치평가: 내가 찾은 아파트의 가치평가

4. 임장: 손품 및 내가 판단한 가치평가를 직접 확인하는 시간

5. 투자 결정: 세금이나 정책을 포함해서 종합적으로 결정

식, 코인 등 다양한 재테크 공부와 투자를 하면서 항상 6쪽 아래 도식과 같은 순서대로 생각이 흐르도록 훈련했다.

이 책은 어떠한 계기로 이런 투자 마인드를 가지게 되었는지부터 이야기해 보려고 한다(1장). 나만의 투자 기준을 만드는 데만 2년이라는 시간이 걸렸다. 그만큼 투자 기준이 가장 중요하다. 이 책이 여러분만의 투자 기준을 만들 수 있도록 도와줄 것이다.

그다음은 자금이다. 먼저 자신이 가진 자금을 파악한다. 직장을 다니며 저축한 근로소득과 신용대출이 투자 자금이 된다. 투자 자금을 설정했다면 다음으로 예산 내에서 매수할 수 있는 모든 매물을 검색한다. 여기서 중요한 것은 '모든 매물'이다. 보통은 가장 편하고 쉽게 시세차익을 노릴 수 있는 갭투자를 많이 떠올리지만, 그뿐 아니라 청약, 재개발, 재건축, 아파텔, 임대주택 등 모든 유형의 상품을 찾아본다. 부동산을 공부하는 이유가 여기에 있다. 다양한 투자법을 알아야 나에게 맞는 매물을 찾을 수 있고, 투자도 할 수 있다. 그래서 내가 알고 있는 모든 투자 방법에 대해서 자세히 설명하고 있다(2부).

이어서 각 투자법에 따라 매물별로 가치평가를 해본다. 부동산의 가치는 사실 우리가 이미 알고 있다. 서울이 경기도보다 좋다는 것은 누구나 알고, 강남이 강북보다 가치가 높은 것은 부동산 공부를 하지 않은 사람도 아는 사실이다. 하지만 왜 가치가 높은지, 추후 가치가 오를 지역은 어떻게 판별하는지, 여러 호재의 가치를 어떻게 정량적으로 평가하는지는 잘 모를 것이다. 여러분이 쉽게 가치평가를 할 수 있는 방법도 소개하려 한다(2장).

이후 여러분이 해야 할 일은 바로 임장이다. 내가 찾은 물건 중에 나중에 가치가 크게 올라 많은 시세차익을 안겨줄 아파트는 임장을 통해서만 알 수 있다. 그래서 임장이 중요하다. 실제 투자로 이어지기 위해서는 꼭 실천해야 한다. 임장은 어떻게 하고, 무엇을 확인해야 하는지도 다룰 것이다(2장).

이렇게 한 과정이 끝나면 내가 가진 자금으로 투자할 수 있는 곳 중에서 가장 가치가 높은 부동산을 선택할 수 있다. 한번 부동산에 투자한 후 다시 자금을 모으는 동안에는 자기계발을 하거나 제2의 소득을 만드는 데 집중해도 된다.

이 모든 내용을 이 책 한 권에 담았으니 부디 잘 활용하길 바란다.

아무것도 안 하면 아무 일도 일어나지 않는다.

내가 가장 좋아하는 말이다. 말 그대로다. "아무것도 안 하면 아무 일도 일어나지 않는다." 책만 읽으면 인생이 변할 것이라고 생각한다면 착각이다. 책을 읽고 거기서 배운 것을 직접 행동으로 옮겼을 때야말로 유의미한 변화가 생긴다. 부자가 되는 길도 단 하나의 행동에서 시작된다. 부동산을 매수하는 행동, 주식을 사는 행동, 사업을 시작하는 행동, 즉 실행이 가장 중요하다. 인생에서 무언가 바뀌길 원한다면 꼭 실행해야 한다는 것을 명심하자.

내가 처음 유튜브를 시작한 이유는 부동산 영상을 보면 항상 아쉬움이 남아서였다. 실제 현장에서는 이런 방법을 많이 쓰는데 왜 안 알려줄까? 이보다 더 좋은 방법이 있는데 이건 왜 안 알려주지? 그래서 내가 평소에 부동산을 공부하고 투자하는 것들을 기록하고 부동산 관련 팁을 공유하자는 목적으로 유튜브를 시작했다.

2021년 5월에 시작해서 4개월 만에 구독자 10만 명을 모았고, 현재는 23만 명 정도가 구독하고 있다. 내가 알고 있는 지식을 숨김없이 알려주고 꾸준히 부동산 시장의 정보를 전하는 것만으로 나를 좋아해 주시는 구독자 분들이 점점 많아졌고 이 책도 세상에 내놓을 수 있었다. 그래서 이 책에는 영상에서 다루지 못했던 이야기를 포함해 내가 알고 있는 부동산 투자의 모든 것을 담았다. 여러분이 필요한 정보를 얻어서 적용하고 실천하길 바란다. 신중하게 고민하고, 빠르게 행동하면 좋은 결과가 따를 것이다.

이 책은 절대 나 혼자 힘으로 나올 수 없었다. 책이 나오기까지 처음부터 끝까지 이끌어준 김현아 매니저님, 투박한 내 글을 유연하게 만들어주신 최현지 매니저님, 묵묵히 뒷받침 해주신 차혜린 팀장님, 물심양면으로 격려해 주신 박현미 본부장님, 외에 모든 다산북스 관계자 분들에게 감사의 말씀을 전한다. 또한 이 책을 집필할 원동력을 심어준 유튜브 구독자 분들께도 감사의 인사를 드린다. 마지막으로 내가 하는 일이라면 무엇이든 믿고 무한히 응원해 주는, 사랑하는 와이프에게 감사하다는 말을 하고 싶다.

이 책을 읽는 모든 사람이 원하는 목표를 이루고 더 나은 삶을 살 수 있기를 간절히 바란다.

부찾남

차례

1부
부동산 투자, 이것만 알고 시작하자

1장 저축 0원이던 사회 초년생, 부동산 고수가 되다

2장 세상 가장 쉬운 부동산 투자의 3단계

3장 **교통망 대박 호재와 깡통 호재를 구분하자**

2부
부동산 투자 방법의 모든 것

10장 경매, 내년엔 이 돈 주고 못 사는 아파트를 내 걸로 만드는 방법

1부

부동산 투자,
이것만 알고
시작하자

→

1장

저축 0원이던
사회 초년생,
부동산 고수가 되다

부동산 책 수백 권을 읽고
알게 된 것

2015년 상경해 첫 직장에서 사회생활을 시작했다. 서울에서의 독립생활에 들뜬 나머지 1년 동안은 돈 모을 생각 없이 노는 데 월급을 다 썼다. 그렇게 1년을 원 없이 놀고 나니 아차 싶었다. 이렇게 돈을 펑펑 쓰다가는 미래가 어떻게 될지 걱정되기 시작한 것이다. 그때부터 마음먹고 저축과 함께 부동산 공부를 시작했다.

2016년부터 2018년까지 약 3년간 하루 1시간씩 책을 읽었다. 3시간이면 1권을 읽을 수 있었으니 3일에 1권꼴로 읽은 셈이다. 분야도 다양했다. 부동산을 포함해 주식, 코인, 창업 등의 경제경영 분야는 물론 소설, 과학, 만화도 읽었다. 관심 있는 분야는 모조리 다 섭렵했다. 사실 이렇게 꾸준히 책을 읽을 수 있었던 이유가 따로 있었다.

당시 회사는 점심시간에 낮잠을 잘 수 있도록 사무실 전체를 소등했다. 맞다, 좋은 복지다. 선배들은 대부분 잠으로 체력을 보충했다. 하지만 나는 낮잠을 자면 오히려 컨디션이 떨어지기 때문에 다른 일을 찾아야 했다. 마침 건물 지하에 서점이 있었다. 독서를 좋아하진 않았지만 다른 선택지가 없었다.

처음에는 책 읽는 습관을 익히려고 아무거나 잡히는 대로 읽었다. 그러다가 평소 관심을 갖던 경제 분야의 책으로 자연스레 손이 갔다. 이렇게 책을 읽으면서 깨달은 점은, 내가 겪어보지 못한 다양한 삶을 간접적으로 경험하는 데 책이 정말 좋은 수단이라는 것이다. 한 권의 책에는 저자의 생각이 응축되어 있어, 그의 인생을 깊이 들여다볼 수 있을 뿐 아니라 지식과 통찰까지 배울 수 있다.

이 3년간의 독서는 부동산 지식의 기초를 다져주었고, 그 지식은 지금까지도 내 중요한 자산으로 남아 있다. 무엇보다 큰 자산은 수백 권의 책을 독파하면서 정립한 나만의 투자 기준이었다. 더 나아가 평생의 자산 계획도 세울 수 있었다.

공부만 하지 말자

나는 평생 학원에 다니거나 유료 강의를 들어본 적이 없다. 누군가의 풀이를 거쳐 쉽게 배운 지식은 쉽게 잊어버렸기 때문에 공부에 돈을 쓰기가 솔직히 아까웠다. 내가 직접 고민하고 경험한 정보만이 나의 지식이 될 수 있다고 생각했다. 특히 요즘에는 공부를 하려고만 하면 유튜브와 블로그에서도 양질의 정보를 얻을 수 있다. 공부 거리가 넘쳐서 무엇부터 시작해야 할지 모를 정도다.

하지만 막상 부동산 투자를 해보니 중요한 것은 공부가 아니었다. 아래 네 가지만 있으면 누구나 부동산 투자를 할 수 있는데, 순서를 보면 알겠지만 '투자 지식'은 제일 후순위다.

1. 실행력
2. 투자 기준
3. 투자 방법
4. 투자 지식

가장 중요한 건 바로 '실행력'이다. 즉, 매수하는 행위가 중요하다. 투자의 본질은 결국 좋은 물건을 싸게 사는 것이다. 지금까지 주변 사람들을 보면 정책, 법령, 세금을 깊이 공부하고 부동산에 대해서 이론적으로만 잘 아는 사람은 결과적으로 투자를 못 했다. 정확히 말하면 이것저것 따지다가 하지 않았다. 반면 아무것도 모른 채 덥석 매수부터 한 사람은 처음에는 지식이 얕더라도 실제로 투자하면서 겪은 경험을 통해 자산과 지식을 함께 쌓았다.

두 번째로 중요한 게 '투자 기준'이다. 내가 봐온 수백 권의 책에서 성공한 사람들은 공통점이 있었다. 그 방법이 장기투자든 단기투자든, 투자 대상이 무엇이든 상관없이 자신만의 투자 기준이 있다는 것이다. 만약 투자 기준이 없다면 상승장에서는 무서워서 투자를 못 하고, 하락장에서는 확신을 가지고 버티지 못해 큰 손해를 보며 팔아버리곤 한다.

세 번째가 '투자 방법'이다. 이 책을 집필한 이유 중 하나이기도 한데, 나는 투자 방법을 많이 아는 투자자일수록 성공할 기회가 많아진다고 생각한다. 특히 경매는 직접 투자를 하지 않더라도 방법을 이해하면 도움이 많이 된다. 하나의 부동산에 연관되어 행사할 수 있는 권리가 어떤 게 있고, 얼마나 많은 이해관계가 얽혀 있는지도 알 수 있다. 조금 어렵긴 하지만 부동산에 투자하면서 벌어지는 여러 돌발 상황에도 도움이 된다. 물론 아예 모르더라도 투자하는 데 큰 문제는 없다.

부동산 투자를 생각했을 때 제일 먼저 넘어야 할 벽으로 느껴지지만, 사실 가장 마지막에 해당하는 것이 바로 '투자 지식'이다. '공부만 하지 마라'라고 계속 강조하는 이유이기도 하다. 사실 부동산을 공부하려고 작정하면 해야 할 것이 엄청나게 많다. 정책부터 개발계획, 세금, 법 등 일상에서 접하기 어려운 다양한 영역이 연결된 복합적인 학문이다. 세금 구조는 부동산 투자 전문 세무사가 존재할 정도로 복잡하고, 정책을

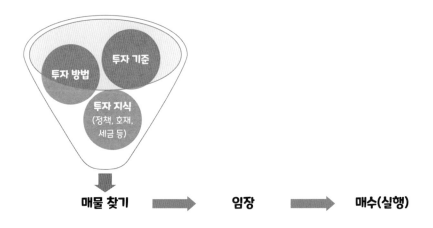

확인하려면 국토교통부나 기획재정부 공고를 매번 확인해야 한다. 개발 사업의 경우 개발 단계 및 법령을 이해할 수 있어야 한다. 모든 것을 알고 투자하기는 사실상 불가능하다는 뜻이다.

　이 책도 부동산 공부에 도움이 되고자 만들었지만, 공부만으로는 절대 부동산 투자에 성공할 수 없다. 그런 점에서 이 책은 실행을 위한 마중물이지 공부의 양을 늘리기 위한 게 아니다. 이 책을 읽고 꼭 실행으로 옮기길 바란다.

1억부터 모으고 투자하면 늦다

여러분은 자신의 미래를 어떻게 알 수 있는가? 잘 모르겠다면 지금부터 여러분의 미래를 보여주겠다. 가장 좋은 방법은 바로 자신의 연봉을 계산해 보는 것이다.

내 첫 직장은 대기업이었다. 취업에 성공했을 때는 기분이 정말 좋았고, 뭐든지 다 할 수 있을 것만 같았다. 내 기준에서 월급이 큰돈이었기 때문에 1년 동안은 돈 걱정 없이 펑펑 쓰고 다녔다. 그러다가 2년 차에 이제는 적금을 부어야겠다고 마음먹고 가장 먼저 한 일이 바로 미래 연봉 계산이었다.

오른쪽 표의 미래 연봉은 최대한 정확하게 계산하기 위해서 연봉 인상률, 평균 성과급, 진급, 1년 동안 실제로 사용한 금액, 결혼 이후 사용할 지출 등 최대한 많은 변수를 감안해서 계산했다. 이렇게 계산해 보니

| 저자가 작성한 미래 연봉표 |

(단위: 만 원)

년도	직급	나이(세)	월급	실수령 연봉	실제 모으는 돈
2015	사원	28	333	4,000	
2016	사원	29	340	4,080	2,274
2017	사원	30	347	4,162	4,643
2018	대리	31	437	5,245	8,279
2019	대리	32	446	5,350	12,038
2020	대리	33	455	5,457	14,423
2021	대리	34	464	5,566	16,935
2022	과장	35	556	6,677	20,747
2023	과장	36	568	6,811	24,716
2024	과장	37	579	6,947	28,843
2025	과장	38	590	7,086	33,134
2026	차장	39	686	8,228	38,760
2029	차장	42	728	8,731	56,810
2030	부대	43	825	9,906	64,399
2034	부장	47	977	11,722	98,293
2037	부장	50	1037	12,440	129,107
2042	부장	55	1145	13,735	186,365
2047	부장	60	1264	15,164	251,663
2049	부장	62	1315	15,777	280,219

나름 대기업이라 모을 수 있는 금액이 컸고, 정년까지 합하니 대략 28억 원이 나왔다!

그래서 속으로 '이 정도면 꽤 괜찮은데?'라고 생각하다가 문득 결혼하면 집이 있어야겠다 싶었다. 네이버 부동산을 켜서 주변 아파트의 가격을 살펴봤다. 당시 괜찮아 보이는 34평 아파트는 7억~8억 원이었고, 역에서 먼 곳은 5억~6억 원이었다. 아파트 가격을 알고 연봉을 보니 6억 원짜리 집을 사려면 14년 후, 즉 43세가 되어야 가능했다. 그것도 그때까지 회사에서 잘리지 않고 한 번도 진급에서 미끄러지지 않으며 지출도 늘리지 않는다는 가정하에서다. 갑자기 억울한 심정이 올라왔다. 열심히 공부해서 돈 많이 주는 대기업에 들어왔는데, 여기서 꼬박꼬박 잘 모아도 앞으로 14년 이상 모아야 집 한 채 살 수 있다니, 뭔가 잘못된 것처럼 보였다.

게다가 놓친 게 하나 있었다. 바로 시간이었다. 14년 후의 6억 원이 지금과 같은 가치를 가질까? 14년 뒤에도 아파트 가격이 그대로일까? 이번에는 30년 전에는 물가가 어땠는지 찾아봤다.

30년 전 물가를 찾으면서 가장 눈에 띄었던 문구는 '중소기업 과장 월급 50만 원, 서울 아파트 한 채 1200만 원이던 시절'이다. 현재 평균 월급이 480만 원이니 30년 전보다 10배 정도 상승했다. 반면 서울 아파트의 경우 평균 매매가가 12억 원을 넘는다. 100배나 상승한 것이다!

즉, 시간이 지날수록 근로소득의 증가 속도가 자산가격의 상승 속도를 못 따라간다. 그러니 현금으로 가지고 있는 것보다 자산소득을 얻을 수 있는 형태로 빠르게 전환하는 것이 길게 봤을 때 무조건 이득이다. 이때부터 어떻게 하면 내 근로소득을 실물자산으로 바꿀 수 있을지 고민하기 시작했다.

2017년 당시 나한테는 저축으로 모은 3000만 원과 신용 대출로 받은 2000만 원, 총 5000만 원이 있었다. 이 돈으로 무조건 내 이름으로 된 주택을 사겠다고 마음먹었다. 그래서 5000만 원으로 살 수 있는 모든 매물을 찾아다녔다. 그때 내가 할 수 있는 방법은 총 3가지였다.

첫 번째는 경매였다. 경매는 기본적으로 시중에 나와 있는 최저가 매물과 급매보다 싸게 낙찰받을 수 있다. 그래서 전세가 보다 낮거나 5000만 원 이하의 괜찮은 경매 물건이 나올 때마다 임장을 다니면서 물색했다.

두 번째는 청약이었다. 청약은 당첨 시 계약금으로 10%만 있으면 신청할 수 있으므로 5억 원 이하의 물건이 나오면 5000만 원만 있어도 충분했다. 그런 물건이 나올 때마다 입지 분석을 하고 실제로 보러 다니면서 괜찮은 물건에 꾸준히 청약을 넣었다.

세 번째는 갭투자였다. 경매로 낙찰받으면 명도 문제도 있고, 입찰하러 가기 위해 계속 연차를 내기가 부담스러웠다. 그래서 갭투자도 병행하려고 전세가와 매매가의 갭이 5000만 원인 물건 리스트를 만들어 계속 임장을 다녔다.

그렇게 2~3개월을 임장 다니면서 당첨이 힘든 청약을 막연히 기다리기보다는 차라리 경매로 싸게 낙찰받기로 했다. 그렇게 마음먹고 경매 매물을 보던 중에 스팸처럼 보이는 문자 한 통이 왔다.

"축하드립니다. 귀하는 ○○○에 당첨되셨습니다."

처음에는 스팸인 줄 알고 무시했다. 다음 날 혹시나 하는 마음에 청약홈에 들어가 확인해 보니 정말 청약에 당첨된 것이었다. 이때는 경매를 일단 접고 청약 계약금에 모든 돈을 납부했다. 나의 첫 투자는 이렇게 4개월 만에 막을 내렸다.

여기서 강조하고 싶은 것은 투자할 때 한 가지 방법만 고수할 게 아니라 내가 가진 자금에서 가능한 한 모든 방법으로 매물을 찾으라는 것이다. 그중 가장 좋은 물건을 고르면 성공이다.

자산을 모아간다는 것

위의 과정을 거쳐서 지금의 월급에 안주하면 안 되겠다는 생각이 강하게 들었다. 그래서 오랜 시간 고민을 거듭해 나만의 자산 계획을 만들었다. 핵심은 '자산은 모아가는 것'이라는 기본 전제였다.

'투자하기 전에 1억 원부터 모아라.'

많은 전문가나 재테크 관련 책에서 흔히 하는 말이다. 하지만 직장인으로서 1억 원을 모으기는 쉽지 않다. 앞의 표(25쪽)를 보면 연봉이 비교적 높은 대기업에 다녀도 3년 이상은 모아야 한다는 걸 알 수 있다. 이미 정해져 있는 근로소득으로는 자산을 늘리는 데 한계가 있다.

그래서 나는 적은 금액으로라도 투자를 시작하기로 했다. 자산을 쌓기 위한 투자 방법에는 부동산, 주식, 코인, 금, 외화 등 다양하다. 부동산은 초기 투자금이 높지만 그 외의 투자법들은 소액으로도 충분히 할 수 있다. 당장의 수익은 적더라도 '자산을 모아간다'는 기준만 지킨다면 적은 금액으로 투자하면서 투자법을 공부할 수도 있다. 추가로 제2의 소득인 사업소득을 만들기로 했다. 목표 금액의 투자금이 모이길 마냥 기다리는 게 아니라 적극적으로 자산을 만들어나가기로 한 것이다.

이로써 나의 자산 계획은 근로소득을 전부 투자해 자산으로 전환하기, 사업소득 키우기, 모은 자산을 굴려 자산소득 만들기 등 크게 세 단계로 세워졌다. 이렇게 해서 얻은 근로소득, 사업소득, 자산소득을 모아 수익률과 규모가 큰 자산으로 전환시킴으로써 전체 자산의 크기를 키우는 것이 궁극적인 목표다. 이렇게 인생 자산 계획을 만들고 나니 해야 할

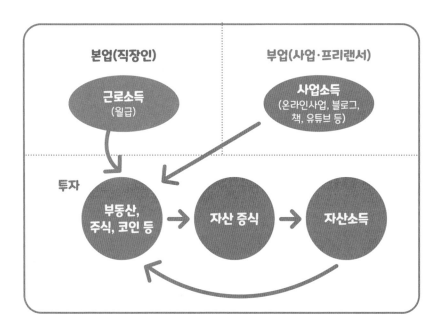

일이 명확해졌다.

1. 모든 소득을 자산으로 전환할 나만의 재테크 기술 개발하기
2. 근로소득 이외에 제2의 사업소득 만들기

이 두 가지가 8년간 순조롭게 이루어지면서 이제 마지막 퍼즐인 자산소득 만들기만을 남겨두고 있다. 다음에는 내가 왜 부동산에 투자하는지, '자산은 모아가는 것이다'라는 투자 기준을 어떻게 가지게 되었는지를 설명하겠다.

인플레이션 시대를 대하는
투자자의 자세

    지금부터 설명하는 내용은 심도 있게 공부할 필요는 없지만 부동산 투자를 하기 전에 한번은 익혀두길 바란다. 가격이나 시장 상황에 휘둘리지 않는 투자 기준을 정하고, 그 기준에 따라 투자하는 데 도움이 될 지식이기 때문이다. 한번 제대로 이해한다면 앞으로는 잊어버려도 된다.

    자산가격에 가장 큰 영향을 미치는 두 가지 요소는 바로 디플레이션과 인플레이션이다. 코로나가 터진 이후 세계 각국에서 현금을 찍어내면서 물가가 상승하고 화폐가치가 떨어지는 인플레이션 시대가 도래했다. 게다가 코로나로 인한 경기 침체와 맞물리면서 스태그플레이션을 경고하는 목소리도 높아지고 있다. 코로나19 전까지만 해도 경제위기 때마다 아무리 돈을 뿌려대고 금리를 인하해도 화폐가치가 떨어질 거라고 생각하지 않았다. 오히려 화폐가치가 높아지는 디플레이션을 우려했다. 그럼 먼저 디플레이션이 무엇인지 알아보고, 지금 우리에게 닥친 인플레이션에 관해 알아보자.

정부는 왜 디플레이션을 더 경계할까

기본적으로 디플레이션은 아래의 사이클로 돌아간다. 이 중 하나에 해당한다고 디플레이션이라고 하진 않는다. 이 사이클로 순환해야 디플레이션 시대라고 할 수 있다.

디플레이션 시대의 가장 큰 특징은 화폐가치가 상승하고, 자산가격이 하락한다는 것이다. 여기서 화폐가치의 상승은 금리 정책에 의해 이루어진다. 금리를 올리면 화폐가치가 상승하고, 금리를 낮추면 화폐가치가 하락한다.

금리를 올리면 왜 화폐가치가 상승할까? 실제로 시장에 풀려 있는 돈은 대부분 대출로 만들어진 것이다. 대출을 받으면 나라에서 정한 금리에 따라 은행에 정기적으로 이자를 내야 한다. 금리가 오르면 은행에 내야 할 이자가 늘어나면서 시장에 풀려 있던 현금이 은행으로 회수된다. 그러면 시장에 풀린 돈의 총량이 줄어들면서 화폐가치는 높아진다. 이렇게 정부에서 시장을 조절할 수 있는 수단이 금리다.

화폐가치가 상승하면 투자와 소비가 위축된다. 소비가 위축되는 이유 중 하나는 금리가 오르면 대출이자도 오르지만 예금이자도 오르기 때문이다. 요즘은 6~7%의 예금이자를 주는 상품도 종종 나오는데, 예금

이자가 높으면 사람들은 저축을 많이 하려 한다. 저축하기 위해서 소비를 줄이는 것이다.

이렇게 소비가 줄어들면 물가가 하락한다. 물가가 하락하면 기업들은 투자와 생산 그리고 고용을 줄인다. 즉 근로자의 임금이 삭감되거나 실업자가 많아진다. 이 사이클이 계속되면 자산가격이 하락한다.

가격이 어제는 1000원이었는데 오늘은 500원이 된다면 사람들은 내일 가격이 더 내릴 것이라 예측하고 구매를 미룬다. 그러면 판매자 입장에서는 날마다 팔아야 하는 수량을 팔지 못해 재고가 쌓인다. 기업은 재고가 소진될 때까지 생산을 줄이고, 생산 노동자는 할 일이 없어 일자리를 잃어버린다. 이렇게 악순환이 이어지면 경제가 흔들린다.

| 디플레이션 사이클 |

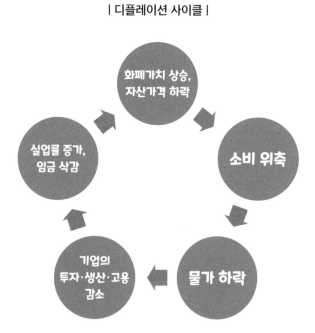

팬데믹 초기에 이동이 막히면서 기름값이 떨어졌을 때를 기억할 것이다. 이때 운전자들은 기름을 꽉꽉 채우고 다녔을까? 아마도 가득 채우지 않고 조금씩 넣었을 것이다. 날이 갈수록 기름값이 떨어지니 조금씩 채웠다가 더 떨어질 때 채우는 게 저렴하기 때문이다. 그러면 반대로 기름값이 계속 오르고 있을 때는 어떨까? 내일이 오늘보다 기름값이 더 비싸질 테니 주유할 때마다 가득 넣을 것이다. 우리는 이렇게 알게 모르게 인플레이션과 디플레이션의 영향을 받으면서 경제활동을 하며, 이러한 활동이 쌓여서 큰 경제 흐름을 만든다.

여기서 생각해 볼 점은 디플레이션이 무조건 나쁘지만은 않다는 것이다. 물가가 하락하고 화폐가치가 올라가면 누가 가장 수혜를 볼까? 바로 매달 월급을 받는 직장인이다. 받는 월급은 똑같은데 화폐가치가 높아져서 물가가 낮아지고 자산가격이 하락하면, 5억 원이었던 집을 3억 원에 살 수도 있기 때문이다.

그런데 직장인한테 이렇게 좋은 디플레이션이 정부로서는 너무나도 싫은 경제 상황이다. 왜냐하면 디플레이션의 끝은 바로 대공황이기 때문이다. 1929년 세계 대공황 당시 미국의 GDP가 60%나 증발했고, 주가는 90% 이상 곤두박질쳤다. 이 정도면 나라가 망한 수준이다. 세계 대공황이 바로 디플레이션의 부작용이다. 일본의 잃어버린 20년도 마찬가지다. 그래서 경제학자 어빙 피셔는 디플레이션이 발생할 경우 경제 전 영역에 걸친 파산 이후에야 궁극적인 안정을 찾을 수 있다고 주장했다.

경제가 디플레이션으로 흘러가면 장기적으로 국가가 파산에 이르기 때문에 정부는 이를 극도로 경계한다. 이는 곧 디플레이션이 오더라도 정부는 이를 극복하기 위해서 온갖 노력을 다할 것이라는 뜻이다.

세계 대공황의 원인인 디플레이션은 인플레이션보다 더 위험하다.

인플레이션은 개인에게 어떤 영향을 미칠까

인플레이션은 현재 우리가 직면한 위기인 만큼 꼭 알아야 한다. 인플레이션은 디플레이션과 반대로 정부에서 금리를 낮추어 통화의 유동성이 증가하면서 화폐가치가 하락해 모든 상품의 물가가 전반적으로 꾸준히 오르는 경제 현상이다. 통화량이 늘었기 때문에 소비가 활성화되고, 이에 따라 물가도 같이 상승한다. 건축자재나 분양가격이 오르는 것도 물가 상승의 영향이 크다.

이렇게 물가가 오르다 보니 기업은 투자를 하고 생산량을 늘리며 고용도 증가시킨다. 삼성이 평택에 100조 원을 투자하고, SK하이닉스가 원삼면에 반도체 공장을 짓기 위해서 100조 원을 투자한 후 추가 인력을 고용하고 생산성을 늘리는 것처럼 말이다. 이때는 고급 인재 영입을 위해 힘쓰고, 기존 직원의 이직을 막기 위해 임금을 올리기도 한다. 이러한 인플레이션은 결과적으로 국가 경제 성장에 도움이 되고, 자산가격도 상승시킨다.

지금의 인플레이션은 금리 이전에 코로나19로 인한 경기침체를 막기 위한 사상 최대 규모의 양적완화에 따른 불가피한 결과이기도 하다.

이렇게 시중에 돈이 많아지면 물건의 양은 그대로인데 돈은 넘쳐나 가격이 올라간다. 심지어 팬데믹 시기에는 무역길이 막혀 공급망이 마비되고, 전염병으로 인력이 부족해 공급이 줄었다. 이후 전쟁으로 인해 원자재 가격까지 요동치면서 물가 상승을 더욱 부추겼다.

이와 비슷한 예가 바로 명품 오픈런이다. 돈은 많은데 명품 생산량은 한정적이니 사람들이 백화점이 열기 전부터 기다렸다가 사는 것이다. 이는 명품의 가격이 급등하는 결과를 가져온다.

인플레이션이 개인에게 어떤 영향을 미치는지 알아보자.

1. 직장인은 월급(현금)의 가치가 하락해 손해를 본다.
2. 빚을 갚을 사람(채무자)은 빌린 돈의 가치가 떨어져 채무 부담이 줄어든다.

화폐가치의 하락은 직장인에게 손해다. 물가가 오른 만큼 월급도 오르면 다행이지만 대부분은 그렇지 못하다. 특히 인플레이션으로 인한 자산가격의 상승을 월급으로 따라잡기는 어렵다. 2019년 이후로 집값은 어느 지역이든 2배 이상 올랐다. 그럼 같은 기간의 월급도 그 정도로 올랐을까? 대부분은 그렇지 못하기에 소득 격차가 심해진다. 이로 인한 부의 양극화는 사회가 불안정해지는 원인이 되기도 한다.

반면 화폐가치는 하락하여 빚을 갚기는 더 쉬워진다. 예를 들어 5년 전에 4억 원을 대출받아 5억 원짜리 집을 매수했다고 가정해 보자. 5년 뒤에 집이 10억 원으로 올라 매도하면 대출을 갚고도 내 수중에 6억 원이 남는다. 내 투자금 1억 원을 기준으로 보면 5배를 번 셈이다. 돈을 빌

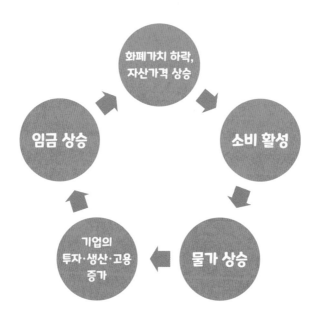

려준 입장에서는 5년 동안 5억 원의 기회비용이 날아간 것이고, 오히려 빚을 진 사람이 돈을 더 버는 상황이 되는 것이다.

디플레이션과 인플레이션에 따른 대출 전략

디플레이션 시대가 오면 부동산 시장에서 가장 중요한 대출은 어떻게 되는지 자세히 살펴보자. 앞에서 언급했듯 화폐가치가 오르면 지금 대출받는 게 좋을까? 아니면 나중에 대출받는 것이 나을까?

37쪽 위의 그래프를 보면 시간이 지날수록 화폐가치가 상승하기 때

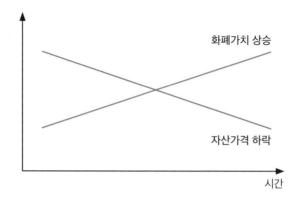

| 디플레이션일 때 화폐가치와 자산가격 변화 추이 |

화폐가치 상승

자산가격 하락

시간

문에 대출은 미루는 것이 좋다. 이자가 점점 높아지므로 이미 빌린 대출을 갚기 위해 자산을 처분하려는 사람도 많아진다. 매도하는 사람이 많은데 물가가 하락할 때와 같이 부동산도 점점 떨어질 게 예상된다면 매수자는 줄어들고 자산가격은 자연스럽게 하락한다. 이에 더해 예금 금리가 높아짐에 따라 투자 수익률을 웃돌면 투자가 감소하고 저축을 선호하는 현상이 나타난다.

인플레이션일 때는 디플레이션과 반대로 대출을 빨리 받을수록 내가 가진 현금의 가치가 높아진다. 그래서 인플레이션 시대에는 기업뿐만 아니라 개인도 대출을 많이 받는다. 그로 인해 시장에는 유동성이 높아진다. 또한 금리가 점점 낮아지기 때문에 대출을 받아서 부동산 등의 자산을 매수한 사람이 내야 할 이자는 줄어든다. 반대로 자산가격은 점점 상승하므로 비용은 줄고 수익은 높아진다.

대체로 빚을 진 사람이 경제적으로 어렵기에 대출이 많아지는 건 부

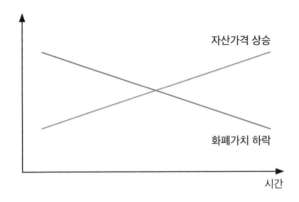

| 인플레이션일 때 화폐가치와 자산가격 변화 추이 |

자산가격 상승

화폐가치 하락

시간

를 재분배하는 역할을 한다고 볼 수 있으나, 이는 초기 현상으로 실물자
산의 유무에 따라 갈수록 소득 격차가 커지므로 빈익빈 부익부 현상이
더욱 심해진다.

그러면 인플레이션과 디플레이션을 조절할 수는 없는 것일까? 지금
까지 내용을 본 사람은 답을 맞힐 수 있다. 바로 통화정책에 따라 인플레
이션과 디플레이션이 어느 정도 조절된다. 사실 기준금리가 0.5% 올랐
다고 해서 개인에게 엄청난 영향을 미치지는 않는다. 하지만 금리 정책
에 따라서 한 나라의 물가, 통화, 주식, 부동산 등 모든 경제지표와 자산
가격이 흔들리기 때문에 경제학자나 세계 각국의 금융기관은 물론 부동
산, 주식 등의 투자자도 금리 변동에 민감한 것이다.

2022년 전후로 금리를 계속해서 올리고 있는 이유는 인플레이션에
따른 물가상승률이 가파르게 올라가고 있어, 물가상승률을 잡기 위해서
다. 하지만 소비자의 보복심리, 러시아-우크라이나 전쟁으로 인한 에너

지 및 식량의 공급량 부족 때문에 금리만으로 물가를 잡기에는 한계가 있다. 게다가 금리를 올리는 데도 한계가 있다. 과하게 금리를 올리면 경제 침체가 우려되기 때문이다.

인플레이션 시대의 투자 기준

지금까지 가격에 영향을 미치는 거시경제의 흐름에 관해 설명했다. 여기서 내가 내린 결론은 바로 이것이다.

전 세계 정부와 경제기관은 디플레이션을 용납하지 않는다.

일정 수준의 인플레이션은 경제가 활성화하는 데 필연적으로 따라온다. 파월 연준(Fed, 연방준비제도) 의장이 "인플레이션을 2%로 되돌리는 데 매우 집중하고 있다"라고 말했듯 2% 정도의 인플레이션은 정상적인 범주에 해당한다.

반면 앞서 본 디플레이션 사이클에 한번 들어서기 시작하면 늪에 빠진 것처럼 경제 상황은 최악으로 흘러간다. 이런 사실을 과거에 이미 겪었기 때문에 우리나라뿐 아니라 세계 각국에서 지속적으로 돈을 찍어내고 있다. 통화량을 늘리면서 일정 수준의 인플레이션을 유지하기 위해서다. 물가를 20~30년 전과 비교해 보면 금방 알 수 있다.

지금은 물가를 잡으려고 금리를 계속 올리고 있지만 이로 인해 자산

가격이 하락하고 기업이 투자를 멈추는 등 디플레이션 사이클의 조짐이 보이면, 금리 인하를 비롯한 여러 정책을 실행할 것이다.

그러면 이러한 상황에서 내가 해야 할 행동은 무엇인가? 바로 여기서 나의 투자 기준이 만들어졌다.

인플레이션 시대에서 자산은 꾸준히 모아가는 것이다.

인플레이션이든 디플레이션이든 경제 상황에 따라 부동산 시장이 영향을 받고 가격이 오르락내리락할 것이다. 하지만 장기적으로 봤을 때는 우상향할 것이다. 이를 이해한다면 가격의 상승과 하락에 연연하지 않고 투자할 수 있다.

부동산 가격 대신 보아야 하는 것

부동산 가격이 우상향하리라는 믿음을 가지고 있다고 해도 투자를 결정하기 위한 지표는 필요하다. 하지만 그것이 가격이 되어서는 안 된다. 가격이 아닌 가치를 판단해 투자를 결정해야 하는데, 여기서는 이에 대해서 설명하고자 한다.

먼저 가치와 가격의 차이에 대해 알아보자. 가치와 가격은 언뜻 비슷해 보이지만 사실은 의미가 전혀 다르다. 먼저 이 차이를 정확히 알고 시작해야 한다.

결론부터 말하면 가격은 가치를 평가하는 요소일 뿐이다. 같은 말이 아니냐고 생각할 수 있지만 전혀 다르다. 이는 짜장면으로 간단히 설명할 수 있다. 통계청 자료에 따르면 현재 짜장면의 평균 가격은 7000원이고, 20년 전인 1991년에는 1868원이었다.

여기서 질문, 짜장면이 지닌 가치는 20년 전과 비교해 얼마나 달라졌을까? 물론 안에 들어가는 내용물이 바뀌거나 시대에 맞춰 맛이 변했을 수는 있지만 한 끼 식사로서의 짜장면이라는 본질적인 가치는 크게 달라지지 않았다. 가치는 변하지 않았지만 가격은 변했다. 즉, 가치는 변하지 않았는데 가격만 1868원에서 7000원으로 올랐다. 이것이 내가 말하는 가격이다.

　　그러면 여기서 가치는 무엇인가? 우리가 자산에 투자함으로써 얻을 수 있는 이익을 투자 가치라고 한다. 중국집에 가면 짜장면 종류가 한 가지만 있는 것이 아니다. 삼선짜장, 고추짜장, 간짜장 등 다양한 종류가 있는데 저마다 가격이 다르다. 20년 전에는 삼선짜장이 일반 짜장보다 500원이 더 비쌌다면, 20년이 지난 지금은 3000원이 더 비싸서 1만 원이다. 즉, 그만큼 상승한 가격을 내 이익으로 가져올 수 있다.

　　이것이 바로 내가 설명하는 가치다.

　　부동산에 투자할 때도 마찬가지다. 가격이 아닌 가치에 주목해야 한다. 이를 아파트에 적용해 보자. 우리가 집중해야 할 것은 부동산 시장의

| 가치와 가격의 차이 |

가치(Value)	가격(Price)
• 자산에 투자함으로써 기대하는 이익의 현재 값어치	• 가치를 평가하는 요소 • 미래의 시장가격 예측 불가
[예] • 부동산의 본질적인 요소 • 신축 아파트 > 구축 아파트 • 올해 리모델링한 상가 > 30년 된 상가 • 지하철역 앞 아파트 > 지하철역과 거리가 먼 아파트	

사이클에 따라 끊임없이 바뀌는 가격이 아닌 가치가 올라갈 아파트를 선점하는 것이다.

짜장면을 예로 들었듯 일반 짜장이 아닌 나중에 더 높은 가치로 평가받을 삼선짜장이나 간짜장에 해당하는 아파트를 매수하면 가치가 상승한 만큼 가격에 반영될 것이다. 이것이 바로 투자의 목적이다. 그러니 짜장면 값의 변화에 신경 쓰는 대신 더 큰 이익을 얻을 수 있는 삼선짜장과 고추짜장을 어떻게 구별할 것인지에 집중해야 한다. 이제부터 가격과 가치 부분을 나누어 살펴보며 가격에 영향을 주는 요소는 무엇이 있는지 알아보자.

부동산 가격을 예측할 수 있을까?

부동산 가격을 예측할 수 있다면 투자가 훨씬 쉬워질 것이다. 방법이 없는 것은 아니다. 아래의 공식은 경제학에서 유명한 피셔의 화폐수량방정식이다. 이 방정식을 적용하면 가격의 방향성을 어느 정도 예측하는 데 도움이 된다.

피셔의 화폐수량방정식

$$MV = PY \qquad \frac{MV}{Y} = P$$

(M: 통화량, V: 거래량, P: 가격, Y: 공급량)

앞의 공식에서 가격에 영향을 주는 요소를 살펴보면 통화량, 거래량, 공급량 총 세 가지다. 여기서 통화량은 금리의 영향을 받고, 거래량과 공급량은 시장 상황을 보면 된다.

앞서 설명한 디플레이션과 인플레이션의 내용을 떠올리면서 부동산 가격이 급등했던 2020~2021년으로 돌아가 보자. 코로나19의 대응책으로 엄청난 양적완화가 행해지고 0%대 금리 시대가 열리면서 시중에 유례없는 통화량이 풀렸다. 하지만 서울의 주택 공급량은 재개발·재건축 규제로 인해 원활하지 않은 상황이었다.

이때 정부가 선택할 수 있는 방법은 거래량(V)을 낮추는 것뿐이었다. 이에 따라 취득세, 양도세(양도소득세), 종부세(종합부동산세) 등의 세금 규제와 대출 규제까지 들어갔다. 전방위적인 규제로 부동산 가격의 상승세를 억누르려는 시도였다. 결과는 어떻게 되었는가?

전국적으로 폭등장이 형성되었다. 통화량의 증가가 거래량의 통제로 인한 가격 조정 영역을 뛰어넘었기 때문이다. 게다가 부동산에 관심 없던 20~30대 사이에 지금 아니면 살 수 없다는 인식이 퍼져 부동산 매수에 동참하면서 가격은 폭발적으로 상승했다.

가격을 안정시키는 또 다른 방법은 바로 공급량(Y)을 늘리는 것이다. 위의 공식에서 분모에 있는 공급량을 늘리면 가격은 떨어진다. 경제학의 기본 이론인 수요-공급 곡선을 생각해 봐도 물가를 내리기 위해서는 상품 공급량을 늘리고, 아파트값을 잡기 위해서는 아파트 공급량을 늘려야 한다.

내가 살고 싶은 지역에 신축 아파트가 한 단지밖에 없다고 생각해 보

자. 아파트 공급량은 적은데, 나처럼 그 지역에 살고 싶어 하는 수요량은 많으니 가격은 자연스럽게 올라간다. 반대로 내가 살고 싶은 지역에 신축 아파트가 많다면 최대 수요량(인구)은 정해져 있는데 선택지는 많아지니 가격은 자연스럽게 떨어진다.

금리는 정부에서 정책적으로 조정할 수 있고, 공급량 역시 아파트를 지어서 조절할 수 있다. 하지만 거래량은 앞서 2020~2021년 부동산 시장을 살펴봤듯 너무 많은 변수가 있고 투자자들의 심리적 요인도 영향을 끼치기에 예측하기가 어렵다. 그래서 부동산 가격에 큰 영향을 미치면서도 우리가 통제할 수 있는 두 가지는 금리와 공급이라고 할 수 있다.

2023년 현재는 어떠한가? 우선 시장 금리가 짧은 기간 동안 엄청나게 상승했다. 이에 따라 통화량은 줄었고, 천정부지로 치솟은 부동산 가격에 매수 심리도 많이 위축되어 거래량은 절벽이다. 공급량은 갑자기 늘릴 수 없기 때문에 서울 기준으로는 아직도 부족하다고 볼 수 있다. 이런 상관관계를 공식에 대입해 보자. 분자의 통화량(M)과 거래량(V)이 모두 하락하니 가격(P)은 떨어질 수밖에 없다.

가격을 크게 신경 쓰지 말아야 하는 이유

피셔의 화폐수량방정식을 이용해 부동산 가격이 어떻게 결정되는지 간단히 알아보았다. 자, 그러면 실제로 부동산 가격을 예측하고 직접 조정할 수 있을까? 이를 위해서 여러분에게 몇 가지 질문을 해보겠다.

– 당신은 부동산 가격을 결정할 수 있는가?

– 당신은 금리를 조절할 수 있는가?

– 당신은 시장의 공급량을 조절할 수 있는가?

– 당신은 부동산 시장을 정책적으로 통제할 수 있는가?

– 당신은 2020년 팬데믹, 2022년 우크라이나-러시아 전쟁을 예상했는가?

여기에 하나라도 그렇다고 답할 수 있는 사람은 없을 것이다. 가격을 결정하는 요소 중에서 투자자 개인이 할 수 있는 건 아무것도 없다. 그러니 머리를 싸매고 부동산 가격이 얼마까지 올라갈지, 언제까지 하락할지, 언제부터 반등할지를 고민하는 것은 냉정한 말이지만 하등 쓸모없는 일이다. 만약 미래를 정확히 예측할 수 있다면 지금쯤 이미 세계 제일의 자산가가 되어 있을 것이다.

가격의 변화를 예측하는 데 더 이상 시간 낭비하지 말자.

이처럼 가격을 결정하는 요소에 대한 공부는 시장의 흐름을 읽을 정도만 해도 충분하다. 나도 나만의 투자 기준과 마인드를 정립한 이후로는 더는 관련된 내용을 찾아보거나 따로 공부하지 않았다. 가격은 내가 결정할 수 없지만 지금 시대에 자산은 우상향할 것임을 이해하면 공부는 끝났다고 생각하면 된다. 그러면 이제 우리는 어디에 에너지를 쏟고 시간을 써야 하는가? 바로 가격이 아닌 가치에 집중해야 한다.

정리하면 우리는 현재 인플레이션 시대에 살고 있고, 미래에도 인플레이션 시대에 살 것이다. 그렇기 때문에 상승장이니 하락장이니 내가 선택할 수 없는 가격적인 부분에 연연하지 말고, 자금이 생기면 실물 자산에 계속 투자해야 한다.

2020~2021년처럼 자산가격이 폭등하는 시기가 오면 자산가치를 더욱더 냉정하게 평가해야 한다. 왜냐하면 인플레이션에 의해 자산가격이 폭등하는 시기에는 내 집도 오르고, 옆집도 오르고, 전국 모든 집이 오르기 때문이다. 그러니 내가 투자하려는 집이 인플레이션 때문에 가격이 오르는 건지 아니면 실제 가치가 높아져서 오르는 건지 정확히 판단해야 한다.

이렇게 가격과 가치를 명확하게 파악해서 가치가 높은 아파트를 사면 나중에 하락장이 왔을 때 가격이 떨어지더라도 아파트 가치는 변함없기 때문에 하락 방어를 할 수 있고, 이후 상승장에서 가격 상승폭은 더욱 높아진다. 가치 있는 아파트를 찾는 데 집중해야 하는 이유다. 이제부터 부동산의 가치를 평가하는 방법을 비롯해 실전적인 부동산 투자법을 자세히 알아보자.

| 가치와 가격 기준 투자의 차이 |

가치 기준 투자	가격 기준 투자
• 아파트의 가치가 올라가는, 즉 입지가 좋아질 아파트를 구매한다. • 주기적으로 자신의 자산을 가치평가한다. • 인플레이션에 의해서 가격이 올랐는지, 실제 가치가 높아졌는지 냉정하게 아파트 가치평가를 한다.	• 지금도 인플레이션 시대에 살고 있고, 미래에도 인플레이션 시대에 살 것이기 때문에 폭락 혹은 상승에 연연하지 말고, 돈이 생기면 실물 자산(부동산)을 계속 투자한다. • 가격 하락, 상승이 당장 있을지라도 장기적으로는 우상향한다.

2장

세상 가장 쉬운
부동산 투자의
3단계

지금 이 집값이 과연 맞는 걸까?
부동산의 진정한 가치를 알아보자!

호갱노노

① 분위지도: 지도에 비싼 곳부터 저렴한 곳까지 색깔로 표시해 준다. 내가 모르는 지역을 찾아보거나 임장 다닐 때 대장 아파트가 어딘지 한눈에 파악할 수 있다.

② 이야기: 단지별로 실거주자가 아파트에 대한 정보를 공유하는 게시판이다. 각자 자기 아파트를 자랑하는 내용이 왜 중요할까? 가보지 못한 지역이나 단지를 분석할 때 실거주자들의 이야기를 들을 방법이 따로 없다. 하지만 여기서는 거주하면서 느낀 장단점은 물론 주변 사진과 호재까지 알 수 있다. 단, 호재가 실제 가격에 영향을 미칠지는 직접 판단해야 한다.

분위지도(왼쪽)와 이야기 게시판(오른쪽). (출처: 호갱노노)

③ 개발호재: 어느 지역에 어떤 교통망이 개발되고 있는지 직관적으로 보여
   준다.

④ 상권: 해당 지역에 상권이 어떻게 형성되어 있는지 확인하기 편리하다.

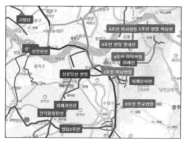 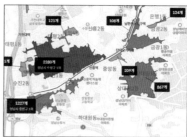

개발호재(왼쪽)와 상권(오른쪽) 지도. (출처: 호갱노노)

오르는 지역의 첫 번째 조건

가치가 높은 부동산(여기서는 대체로 아파트)이란 어떤 것인가? 아래는 우리가 호재라고 부르는 순위다.

아파트의 가치를 높이는 조건

1. 일자리

2. 교통

3. 교육

4. 생활 인프라

5. 환경

보통 아파트 가치가 가장 올라가는 조건 1순위로 일자리(직주 근접)를 꼽는다. 대표적인 예로 제2의 강남이라는 판교, 마곡, 송도, 평택 등이 있다. 그다음으로는 부동산 시장에서 가장 민감한 반응을 보이는 교통이 있다. 2022년 기준 최근에 가장 유행한 교통 호재는 GTX와 지하철 연장 등이다.

다음은 교육인데 아파트 주 수요자인 40~50대는 자녀 교육을 위해 집을 옮겨 다니기 때문에 교육 환경도 무시하지 못한다. 특히 학군은 단시간에 만들어지지 않고 오랫동안 자연스럽게 형성된다는 특수성이 있다. 대표적으로 서울에선 강남·목동·노원이 유명하고, 지방에선 대구 수성구가 유명하다. 특히 하락장일 때는 실거주를 위한 구매가 많으므로 학군의 영향력이 더욱 크다.

아무리 1순위가 일자리이더라도 초·중·고 자녀가 있는 부모에게 직장 통근과 자녀 교육 중 어느 쪽에 유리한 거주지를 선택하겠느냐고 물으면 대부분 학군지를 택한다. 즉 직장과 한 시간은 멀어져도 자녀의 학군이 좋은 곳으로 이사를 간다는 것이다. 이 말을 반대로 하면 학군지 아파트는 하락기나 상승기에 상관없이 꾸준히 수요가 있고, 지역마다 대표적인 학군지(강남, 목동, 평촌, 수성구 등)의 집값은 다른 곳보다 상대적으로 하락세가 낮은 경향을 보인다는 것이다.

다음으로 생활 인프라와 환경은 주변에 공원, 대형마트, 백화점, 병원 등이 잘되어 있는 것을 말한다. 광교 호수공원, 동탄 호수공원 등 대부분 신도시가 생활 인프라와 환경 부분에서 최상위 조건을 갖추고 있다.

신도시를 노려라

부동산의 가치를 좀 더 자세히 이해하기 위해 신도시로 예를 들어 보겠다. 2003년 정부는 서울 부동산 가격 폭등을 억제하기 위해 2기 신도시 건설계획을 발표하고, 경기 김포(한강), 인천 검단, 화성 동탄1·2, 평택 고덕, 수원 광교, 성남 판교, 서울 송파(위례), 양주 회천·옥정, 파주 운정 등 수도권 10개 지역을 비롯해 충남 천안·아산의 아산 신도시, 대전 서구·유성구의 도안 신도시 등 충청권 2개 지역 등 총 12개 지역을 2기 신도시로 지정했다.

2시 신도시는 2022년 현재 거의 완성된 곳도 있고 개발이 이제 시작된 곳도 있다. 계획 후 20년 정도는 지나야 어느 정도 도시의 윤곽이 잡힌다는 의미다. 이번 대세 상승기 때 서울과 더불어 대부분의 신도시 집값이 엄청나게 상승했다. 그러면 신도시의 분양 초기에 위에서 언급한 조건을 기준으로 살펴봤을 때 부동산 가치를 어떻게 평가할 수 있을까?

아마 최악일 것이다. 주변 땅도 아직 마무리가 안 돼서 공사 중이고, 덩그러니 단지만 지어져 있는 나 홀로 아파트인 데다가 상가나 공원 같은 인프라는 찾아볼 수도 없기 때문이다. 그래서 보통 신도시에 처음으로 분양하는 아파트는 가격이 가장 싸고 청약 경쟁률도 낮다.

하지만 계획대로 도로가 정비되고 구역이 정리되면서 여러 단지들을 분양하다 보면 어느 정도 인구가 갖춰진다. 주변에 상가도 하나둘씩 생기고 버스도 다니기 시작한다. 시간이 흐를수록 아파트의 가치 조건이 하나씩 채워진다.

교통은 어떤가? 신도시가 처음 개발될 때는 당연히 대중교통이 다니지 않는다. 지하철이 다니려면 운영비를 충당할 만큼의 인구가 충분히 모여야 하기 때문이다. 신도시에 아파트가 새로 지어질수록 인구가 늘어나고, 타 지역과 연결될 만큼 커지면 마지막에 교통망이 생긴다. 대표적인 예가 GTX로 연결되는 운정, 동탄, 양주, 김포 등이다.

신도시가 만들어지는 일련의 과정을 보면 처음에는 가치가 없어 보여도 시간이 지날수록 아파트의 가치가 점점 상승한다는 걸 알 수 있다. 아파트의 가치가 올라가니 가격이 오르는 것은 당연하다. 그래서 이러한 신도시는 입지 좋은 아파트에 빨리 들어가면 들어갈수록 수익을 많이 보는 구조다.

하지만 신도시 개발 초창기에는 이런 사실을 몰랐기에 지금 언급한 대부분의 신도시는 과거 미분양의 아픔을 겪었다. 또한 신도시에 들어간다고 하면 주변 사람들에게 모래판에 왜 가느냐는 안 좋은 말도 많이 들었다. 만약 이때 아파트의 미래 가치를 미리 알았다면 대규모 미분양 사태가 났을 때 청약통장도 안 쓰고 경쟁도 없이 아파트 쇼핑을 했을 것이다.

이제 어느 정도 아파트의 가치에 대해 이해가 됐으리라고 본다. 덧붙이자면 단편적으로 위의 순서만 보고 가치를 높이는 조건의 우선순위를 판단해선 안 된다. 그럼 아파트의 가치를 높이는 가장 중요한 조건은 무엇일까?

부동산 가격을 움직이는 본질은 인구다

아파트의 가치를 정하는 가장 중요한 본질은 바로 인구다.

인구가 유입되는 순서가 가장 중요하다.

부동산 투자에서 호재를 판단하는 기준은 호재를 통해 실제로 인구가 유입이 되는지 안 되는지다. 예를 들어 아파트 주변에 중소기업의 사옥이 지어진다는 소식을 들었다. 그런데 회사 직원이 10명 정도라면 아파트의 가치는 올라갈까? 아마도 아닐 것이다. 유동 인구가 10명 정도 늘어난다고 해서 우리 동네에는 아무 영향도 없기 때문이다. 극단적인 사례이긴 하지만 아파트의 가치가 가장 많이 올라가는 1순위가 일자리라고 해서 무조건 아파트의 가치가 오르겠거니 생각하면 안 된다는 의미다.

그러니 호재를 판단할 기준이 필요하다. 그것이 바로 인구 유입의 관점이다. 만약 내가 사는 아파트 주변에 삼성이나 SK하이닉스 같은 대기업이 들어온다고 생각해 보자. 이러한 대기업이 움직이면 한 번에 수십만 명이 함께 움직인다. 삼성의 경우 공장마다 임직원만 해도 1만~2만 명이고, 여기에 임직원 가족, 같이 일하는 협력 업체, 공사 업체 등의 직원과 가족까지 다 합치면 어마어마한 규모가 되는 것이다.

또한 이들은 경제력 있는 고소득 연봉자다. 집값을 충분히 감당할 수 있는 양질의 인구 몇십만 명이 움직이면 주변 집값은 어떻게 되겠는가?

당연히 고공 상승할 것이다. 그래서 여러분이 이러한 호재를 생각할 때는 얼마나 많은 양질의 인구가 움직일지를 파악해야 한다.

이를 교통망 호재에도 적용해 보자. 2022년 5월에 신사역까지 개통한 신분당선을 분석해 보겠다. 나는 신분당선이 우리나라 지하철 중에서 가장 가치가 높은 노선이라고 생각한다. 첫째, 양질의 일자리가 많은 강남과 판교를 동시에 지나가는 노선이기 때문이다. 둘째, 강남을 가로지르면서 대부분의 노선과 환승할 수 있고, 게다가 미래의 대한민국 중심이라는 용산까지 연결되기 때문이다.

신분당선이 봉담까지 연결된다는 발표가 났을 때 봉담의 집값이 어떻게 되었겠는가? 여기서 주목할 점은 신분당선이 봉담까지 연결되면, 강남과 판교에 근무하는 양질의 인구가 봉담까지 유입될 수 있다는 점이다. 이게 핵심이다.

지하철 개발계획 발표가 나면 항상 나오는 말이 있다. 바로 '강남 직결'이다. 이 말이 나오는 이유는 강남이라는 양질의 일자리에 근무하는 고소득 인구가 유입되는 환경이 마련된다는 의미이기 때문이다. 또한 지하철은 한번 연결되면 바뀌지 않으므로 그 파급력도 상당하다.

그러니 호재를 단편적으로 생각하지 말고 이를 통해서 어떤 인구가 유입될 것이며, 얼마나 많이 유입될지 생각해 보면 유의미한 호재인지 아니면 속 빈 강정인지 알 수 있다. 아래 호재의 종류에 따라 유의미한 것들을 정리해 보았다. 이를 바탕으로 진짜 호재를 찾는 연습을 해보자.

1. 교통 호재: GTX, 지하철, KTX 등

2. 주거환경: 재건축, 재개발

3. 일자리: 삼성 반도체 공장, SK하이닉스 반도체 공장

4. 주변 환경: 대형 공원, 상업지구(스타필드 등)

투자에도 단계가 있다

지금까지 호재를 판단하는 방법을 알아보았다. 핵심은 부동산을 실제로 구매하는 것은 '사람'이기 때문에 인구가 얼마나 유입되는지 확인하는 것이다.

1부에서는 본격적으로 가치 있는 아파트 찾기, 임장·매도하는 방법, 교통망 호재와 세금 등에 대해서 설명할 것이다. 그런데 무언가 빠진 것 같지 않은가? 바로 매물 투자 방법이 빠져 있다. 청약, 갭투자, 분양권 등 정말 다양한 방법이 있으므로 이는 2부에서 자세히 얘기하도록 하겠다. 특히 재건축 투자수익 1분 계산법, 분양권 손피 거래, 경매 등 유익한 내용이 많으므로 기대해도 좋다.

1단계:
가치 있는 아파트 찾기

투자할 아파트를 찾을 때 가장 먼저 해야 할 일은 지금의 가격을 인정하는 것이다. 모든 건 여기서부터 시작된다. 아파도 아픈 줄 모르고 인정하지 않으면 병을 고치지 못한다는 말이 있다. 투자도 똑같다. 현재 시장에서 형성된 가격을 인정하지 못하면 투자는 영영 하지 못한다. 나도 모르게 다음과 같은 말을 한다면 현재 가격을 인정하지 못한다는 뜻이다.

"여긴 더 떨어져야 하는데? 8억 원 정도면 충분할 텐데 왜 15억 원이나 하지?"

"지금 이 집값은 말도 안 된다!"

"예전엔 지금보다 반은 쌌는데 이 가격에 어떻게 사라는 거야!"

"내 연봉이 3000만 원대인데 집값은 10억 원이 넘는 게 말이 되냐!"

"집은 살기 위한 수단이지 투자의 대상이 아니야!"

"2년 전에 살걸. 지금은 너무 비싸. 그 가격으로 떨어지면 사야겠어."

그리고 이런 생각이 드는 순간 여러분이 할 수 있는 건 아무것도 없다. 내가 원하는 가격과 현재 가격의 차이가 커서 자산 시장에 쉽게 들어가지 못하기 때문이다. 특히 '얼마까지 떨어지면 사야지'라고 생각하는 사람은 실제로 원하는 가격까지 떨어져도 매수하지 못하는 경우가 많다. 당연히 이후에 가격이 상승하면 이전에 놓친 가격이 자꾸 생각나 더욱 매수를 못한다. 그러다 보면 점점 부동산 시장과 멀어진다.

현재 시장 가격을 인정함과 동시에 자신만의 확고한 기준을 가지고 있어야 투자할 수 있다. 그러니 집값은 시장이 결정한 것임을 인정해야 한다. 지금 가격을 인정하고 부동산 시장에 꼭 붙어 있어야 기회가 왔을 때 내 것으로 만들 수 있다.

비싼 아파트가 더 많이 오른다

2020~2021년에 유행했던 말이 바로 '똘똘한 한 채'이다. 다주택자에 대한 규제가 강해지면서 갖고 있던 집 여러 채를 정리하고 똘똘한 집 한 채를 매수하는 전략이 등장했다. 집 두 채로 낸 수익과 비싼 아파트 한 채의 가격 상승분을 비교해 보니, 두 경우의 수익이 비슷하거나 비싼 아파트만 소유한 쪽의 수익이 더 높았기 때문이다.

이 말이 맞는지 강북과 강남의 아파트를 비교하면서 알아보자. 그래프만 보면 두 아파트는 가격 추이가 비슷하게 상승했다. 강북 아파트의

| 강북과 강남 아파트의 시세차익 비교 |

	강북구	강남구
2015년	3.5억 원	13억 원
2021년	8.8억 원	36.6억 원
상승률	251%	281%

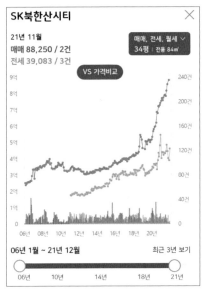

(출처: 아실)

2015년 거래 가격은 3억 5000만 원이고 2021년에는 8억 8000만 원까지 올라 상승률은 251%였다. 반면 강남 아파트의 거래 가격은 2015년에는 13억 원, 2021년에는 36억 6000만 원이었다. 상승률은 281%로 강북 아파트보다 조금 더 높은 정도다.

여기서 한 가지 공통점을 발견했는가? 둘 다 가격이 올랐어도 상승률은 비슷하다는 점이다. 강북이 1억 원 올랐다고 해서 강남도 1억 원 오르는 것은 아니다. 기준 되는 집값에서 상승하는 비율만큼 오른다.

그러면 실제 가격 차이는 어떨까? 강북은 5억 3000만 원이 올랐지만 강남은 같은 기간에 23억 원이나 올랐다. 무려 17억 7000만 원의 자산 격차가 발생했다. 이렇게 차이가 많이 나는 이유는 강남 아파트의 가격이 강북 아파트보다 처음부터 높았기 때문이다.

가격이 비싸다는 것 자체가 이미 입지가 좋은, 즉 높은 가치가 반영되었다는 말이다. 여기서도 가치의 파급력이 드러난다. 인플레이션에 의해 자산가격이 상승할 때 높은 가치가 반영되어 아파트 가격이 비쌀수록 가격 상승폭은 더 커진다. 그래서 '똘똘한 한 채'를 위해 상급지로 갈아타는 게 중요하다. 상승폭은 같더라도 실제 가격 차이는 훨씬 더 크게 벌어지기 때문이다.

반대로 하락기인 2022년 10월까지의 가격 변화를 보자. 강북 아파트는 2021년도 최고 거래가인 8억 8000만 원 대비 26% 정도 하락해 6억 5000만 원까지 떨어졌다. 강남 아파트는 오히려 2022년도에 신고가를 달성했다. 2021년도 최고가는 36억 6000만 원이었는데, 2022년 5월에 37억 8000만 원으로 신고가 기록을 경신한 것이다. 2022년 10월 현재 매물로 나오는 최저 가격은 32억 5000만 원이다. 이것도 2021년 기준으로 하락 폭을 계산해 보면 대략 11% 하락한 정도다.

이는 가치가 높은, 즉 가격이 높은 아파트가 오히려 가격 방어에 더 유리하다는 의미다. 60쪽의 그래프만 봐도 확연히 차이가 나지 않는가. 결론적으로 가격이 비싼 아파트가 상승장에서는 더 많이 오르고, 하락장에서는 더 적게 떨어진다.

	강북구	강남구
2021년	8.8억 원	36.6억 원
2022년	6.5억 원	37.8억 원(2022년에 오히려 오름)
상승률	-26%	2022년 10월 매물: 32.5억 원 -11%

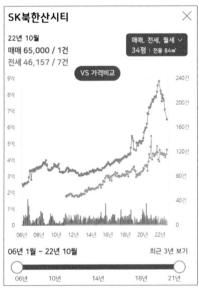

(출처: 아실)

호재가 반영된 이후의 가격을 분석하라

본격적으로 호재를 통해 가치분석을 할 차례다. 호재가 아파트의 가격을 얼마나 끌어올릴지 알 수 있는 쉬운 방법이 있다. 그 호재가 완성되었다고 상상하고 가격 분석을 하는 것이다. 이 방법으로 가치가 올라갈 아파트를 미리 선점할 수 있다. 여러 가지 연습을 통해 익혀보자.

먼저 인천에 위치한 용현학익 1블록 도시개발구역을 살펴보겠다. 용현학익 1블록은 이미 구역별로 어떤 시설이 들어올지 다 정해져 있는 상태다. 완성된 조감도를 보면 신축 아파트, 학교, 지하철, 상업지구, 녹지를 포함한 대규모 아파트 단지로 변한다. 수인분당선 학익역 개발이 예정되어 있고, 그 밑으로 송도역에는 KTX 연장 및 월판선(경강선 월곶-판교 구간)이 연결될 예정이다. 아직 확정되진 않았지만 청학역에 GTX-B 노선 및 지하철 노선도 추가로 들어올 예정이다.

이러한 사실을 알고 나서 해야 할 일은 바로 상상하는 것이다. 지금까지 말한 내용대로 신축 아파트가 각 위치에 우뚝 솟아 있고, 풍부한 녹지, 문화시설, 교통편까지 모두 완성됐다고 상상해 보자.

다음으로는 용현학익 1블록과 규모나 입지가 비슷하고 단지와 기반시설이 완성된(호재가 완성된) 신축 단지나 대규모 계획도시로 어떤 것이 있는지 찾는다. 여기서 가까운 곳은 바로 밑에 위치한 송도다.

이제 마지막으로 송도의 아파트 가격을 보고 용현학익 1블록이 완성됐을 때의 시세를 유추해 본다. 조감도대로 대규모 도시개발구역이 완공되고, 교통망도 깔려 있다고 상상해 가격을 비교하면 해당 지역이 저평가되었는지 고평가되었는지 알 수 있다.

먼저 송도를 구역별로 나누어 아파트 평단가를 파악해 보자. 입지가 가장 좋은 곳은 평단가가 4000만 원에 이르지만, 상위 입지 평균은 3500만 원 정도이고, 중간 입지를 보면 3000만 원 정도 된다.

이제 실전 연습을 해보자. 용현학익 1블록이 조감도처럼 변했다고

용현학익 1블록 도시개발구역 위치.
(출처: 네이버 부동산)

용현학익 1블록 내 분양된 시티오씨
엘4단지 조감도. (출처: 시티오씨엘)

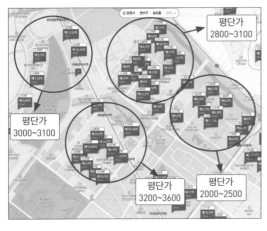

용현학익 1블록과 비교 지역군인 송
도의 구역별 아파트 평단가(그림에
서 평단가 '만 원' 생략). (출처: 네이
버 부동산)

상상해 보라. 주변 호재를 나열하면 다음과 같다.

- 수인분당선 학익역 추가
- KTX 송도역
- 월판선 송도역
- 청학역 제2경인선
- GTX-B노선 청학 추가 정거장(미정)

교통 호재가 상당히 많다. 이런 것까지 다 포함한다면 평단가는 얼마나 될까? 여기서 중요한 점은 정해진 답은 없다는 것이다. 다만 이러한 예측과 상상을 계속 해봐야 실력이 는다. 여러 스터디를 하면서 만났던 사람들의 평균 예상가는 2000만 원 후반에서 3000만 원 초반이었다. 자신이 떠올린 가격과 비슷한가? 비슷하지 않아도 된다. 어차피 가치란 스스로 판단을 내리기 위한 기준이다. 중요한 것은 이런 훈련을 계속할수록 시장이 평가하는 가격과 내가 생각하는 가격이 어느 정도 비슷해진다는 점이다.

만약 평단가를 3000만 원으로 예상한다면 그것이 투자를 할지 말지를 결정하는 기준이 된다. 이 평단가를 기준으로 분양가를 분석해 보자. 2021년 9월에 분양한 시티오씨엘4단지 84타입 분양가가 5억 7000만 원이었다. 예상 평단가로 미래 가격을 산정해 보면 34평 × 3000만 원은 대략 10억 원이다. 지금 분양하는 가격에서 보수적으로 봐도 최소 3억 원에서 4억 원 정도는 시세차익이 날 거라고 예상할 수 있다. 이렇게 여러분만의 기준이 생겨야 비로소 투자를 시작할 수 있다.

그러면 같은 방법으로 2023년 기준에서 송도의 시세를 파악한 다음 용현학익 1블록의 평단가를 예상해 보자. 그것이 용현학익 1블록의 미래 시장가다. 이를 기준으로 주변 단지와 비교해서 분양 물건을 판단하면 된다. 다시 말하지만 하나로 정해진 답은 없다.

3기 신도시 가치분석

이제 방법을 알았으니 한 번 더 연습해 보자. 먼저 3기 신도시인 교산 신도시의 호재를 알아보면 아래와 같다. 이게 다 완공되면 교산 신도시는 어떻게 될까?

- 3호선 하남 연장
- GTX-D노선 팔당 연결

주변에서 비슷한 규모의 신축 단지를 찾아보자. 바로 위에 하남 신도시가 있다. 먼저 신축 기준으로 강동, 하남 부근의 가격대를 살펴보겠다. 강동에서 가장 입지 좋은 중심지인 상일동역 부근 평단가는 4000만 원 정도다. 그다음 미사역 부근에서 하남시청역 방면으로 내려올수록 평단가는 3500만 원에서 2000만 원 후반까지 떨어지는 걸 볼 수 있다. 여기서 다시 질문을 해보자.

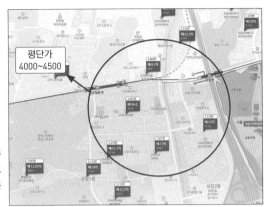

강동에서 중심 지역인 상일동역 부
근의 평단가는 4000만 원대다(그
림에서 평단가 '만 원' 생략, 이하 동
일). (출처: 네이버 부동산)

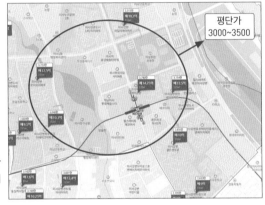

미사역 부근(하남시 망월동)은 평단
가가 3000만 원대다. (출처: 네이버
부동산)

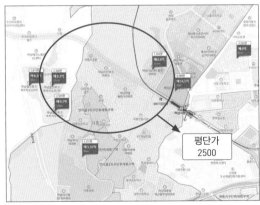

하남시청역 부근(하남시 덕풍동)은
2500만 원대에 평단가가 형성되어
있다. (출처: 네이버 부동산)

교산 신도시가 완성되면 평단가는 얼마나 나올까?

다시 말하지만 정답은 없고, 계속해서 고민하고 판단해야 한다. 지금 하남 가격에 근거해서 내가 생각하는 교산 신도시의 가격은 대략 3000만 원에서 3500만 원 사이다. 이렇게 가격 기준이 세워지면 추후 이곳에 청약이 나왔을 때 수월하게 가격을 분석하고 비교할 수 있다.

지금까지 두 가지 예시를 바탕으로 정리하면 다음과 같다.

1. 조감도를 보고 완성될 모습을 상상한다: 인구, 생활 인프라, 교통 등
2. 주변에 비슷한 규모의 도시를 찾는다.
3. 비교 도시를 가치분석하고 임장한 것을 바탕으로 새로운 지역의 미래 가격을 계산한다.

이렇게 자신이 생각하는 가격 기준을 세워두고, 나만의 데이터를 점점 쌓으면 당장의 시장가격에 흔들리지 않는 투자를 할 수 있다. 이것이 투기가 아닌 투자를 하는 방법이다.

재개발·재건축 수익률 계산하기

재건축이나 재개발의 수익률을 분석할 때도 신도시의 가치분석 방법을 응용할 수 있다.

입지가 가진 가치를 알고 싶다면 신축이라고 가정하고 가격을 분석하라.

이는 그 땅의 실제 가치를 알기 위해 꼭 해야 하는 작업이기도 하다. 이것도 몇 번 연습해 보면 금방 알 수 있다.

성복역 근처에서 가장 비싼 아파트는 '성복역롯데캐슬골드타운'이다. 지하철역 앞 롯데몰과 연결된 2356세대의 대규모 주상복합 단지로 평단가는 약 3300만 원이다. 근처의 '더샵수지포레'는 2019년에 완공된 479세대 아파트로, 평단가는 3000만 원 정도다. 그럼 두 아파트 사이에 있는 '성복역아이파크'가 신축이라면 과연 평단가는 얼마일까?

이것도 역시 정답은 없다. 미래 가치를 예측해 보는 연습일 뿐이다. 같은 질문에 대해 스터디에서는 3200만~3400만 원이라고 답변했다. 평균인 3300만 원을 평단가로 상정하고, 이제 '성복역아이파크'의 현재 가

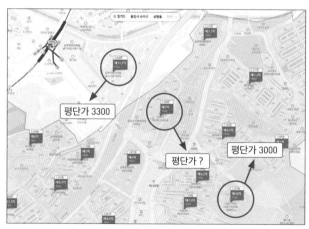

가장 위쪽 원 표시가 '성복역롯데캐슬골드타운'이고, 중간은 '성복역아이파크', 제일 아래는 '더샵수지포레'의 위치다(그림에서 평단가 '만 원' 생략). (출처: 네이버 부동산)

격과 비교해 보자.

2002년에 완공된 '성복역아이파크'의 현재 평단가는 약 2000만 원이다. 34평 기준 아파트 매매가가 7억 원으로 신축과 비교하면 3억~4억원의 차이가 난다. 20여 년 된 아파트의 가치가 평단가로 1300만 원이나차이 나는 결과를 가져온 것이다. 이 데이터는 나중에 재개발·재건축 수익률을 계산할 때 필요하다.

하나만 더 연습해 보자. 수지구청역은 신분당선이 지나가는 학원가다. 주변 신축 단지의 평단가를 확인해 보면 역에서 15~20분 떨어진 '수지파크푸르지오'는 3300만 원, 아직 완공되지 않은 민간임대아파트 '수지구청역롯데캐슬하이브엘'은 4000만 원 정도다. 이러한 상황에서 수지구청역 바로 앞에 위치한 '수지한국아파트'가 신축으로 바뀐다면 평단

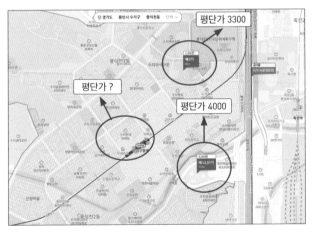

오른쪽 위는 '수지파크푸르지오'로 평단가가 3300만 원, 오른쪽 아래는 2025년 입주 예정인 '수지구청역롯데캐슬하이브엘'로 평단가가 4000만 원이다(그림에서 평단가 '만 원' 생략). 그렇다면 왼쪽에 위치한 '수지한국아파트'의 재건축 아파트 평단가는 얼마나 될지 상상해 보자. (출처: 네이버 부동산)

가는 어떻게 될까?

여기서 잘 생각해 봐야 한다. 보통 지하철역과 가까울수록 가격대가 높아진다. 즉 '수지한국아파트'가 재건축해서 신축이 된다면 수지구청역 근처에서 대장 아파트가 될 것이다. 이에 평단가는 최소 4000만 원으로 예상된다.

지도를 열어놓고 이런 식으로 몇 번만 연습하면 누구나 쉽게 계산할 수 있다. 내가 투자하려는 구축 아파트가 신축이 된 후의 가격을 보기 위해서는 주변 신축 아파트의 가격을 놓고 비교하면 된다.

투자할 아파트의 기준을 정할 것

이렇게 아파트의 가치에 집중하다 보니 내가 관심 있게 보는 아파트 1순위는 4년 이내 신축 혹은 분양권이 되었다. 그 다음은 연식 25년 이상의 재개발·재건축 가능성이 있는 아파트를 투자 대상으로 삼고 있다.

1. 4년 이내 신축 혹은 분양권을 싸게 사는 것이 가장 좋다.
2. 25년 이상 구축으로 재개발·재건축, 리모델링을 노린다.
3. 4~25년 사이의 연식은 경매로 싸게 낙찰받는다.

4년 이내 지어진 신축 아파트를 먼저 보는 이유는, 아파트 자체 리스크는 최소화하면서 입지 내에서 최상의 가격을 유지하고 있기 때문이다. 또한 신축 아파트는 누구나 살고 싶어 하므로 수요층이 두터워 가격 상승 및 가격 방어가 잘된다. 두 번째로 재건축 가능성이 있는 25년 이상의 구축 아파트를 보는 이유는, 지금은 가격이 낮을지라도 재건축을 하면서 노후한 건물의 가치가 최상으로 바뀌면서 가격 상승이 많이 이루어지기 때문이다.

가치가 올라갈 잠재력이 있는 아파트에 투자하는 것이 핵심이다. 주변 상황을 제외하고 아파트 자체만을 봤을 때는 분양권이나 신축 아파트의 가치가 가장 높다. 그다음으로는 신축 아파트로 바뀔 가능성이 있는 재개발·재건축 아파트의 미래 가치가 높다.

그 사이에 있는 연식의 아파트는 어떠한가? 솔직히 외부 요소의 영향이 없다면 아파트 자체의 가치는 시간이 지날수록 떨어질 수밖에 없다. 그러니 4~25년 사이의 어중간한 연식의 아파트에 투자할 때는 싸게 사는 게 중요하다.

그 방법이 바로 경매다. 특히 하락장일 때는 경매 시장도 얼어붙어서 낙찰금액이 낮아져 시중에 나오는 급매보다 저렴하게 매수할 수 있다. 그래서 시세보다 싸게 사는 방법으로 경매를 추천한다. 경매를 부동산 투자와 별개의 분야로 생각하는 사람도 있는데, 경매는 부동산을 싸게 사는 방법 중 하나일 뿐이니 겁먹지 않아도 괜찮다. 하락장에서는 경매가 가장 싸게 매수할 기회일 수 있다.

2단계:
임장으로 투자할 부동산 결정하기

임장을 한 문장으로 정리하면 다음과 같다.

임장은 내가 분석한 가치와 가격을 최종적으로 판단하는 방법이다.

지금까지 내가 손품을 팔아가면서 조사한 정보가 실제로 그러한지 최종 판단하는 자리가 바로 임장이다. 그래서 임장의 중요성은 아무리 강조해도 지나치지 않다. 만약 투자를 하려고 마음만 먹고 계속해서 투자를 못 하고 있다면 이는 임장을 제대로 안 해서인 경우가 상당히 많다. 또한 지도로 여러 아파트를 찾고 나서 어느 게 더 좋은지 판단이 안 서는 것도 내가 직접 보지 않았기 때문이다.

이 책의 2부까지 전부 읽고 따라서 실천했다면 여러분은 각자의 가용 자금에서 매수할 수 있는 아파트 리스트를 만들었을 것이다. 그렇다면 더 이상 집에서 지도만 보며 뭐가 더 좋은지 고민하지 말고 바로 임장을 가야 한다. 대체 임장으로 무엇을 얻을 수 있길래 이렇게 강조하는 걸까?

임장을 가야 하는 이유

다시 말하지만 매물 리스트를 만들고 나서는 집에서만 분석하고 들여다봤자 절대로 투자 여부를 결정할 수 없다. 고민하지 말고 리스트 순서대로 임장을 가자. 직접 가보면 정답을 얻을 수 있다.

임장을 너무 어렵게 생각하는 경향이 있다. 임장을 많이 안 가본 사람은 임장이라고 말하면 무언가 거창해 보이고, 많은 것을 상세히 기록해야 할 것 같고, 사전에 이것저것 꼼꼼히 준비해서 확인해야 할 것 같은 느낌을 받는다. 하지만 전혀 그럴 필요가 없다. 그냥 그 동네에 놀러 간다고 생각하고 편하게 다녀오자.

이때 중개소에 꼭 가보는 것이 중요하다. 중개소에 요청해서 내가 관심 있는 아파트의 내부도 직접 봐야 한다. 내부만 둘러보고 오기가 부끄럽거나 민망하다며 조감도가 있는데 꼭 직접 봐야 하느냐고 물을 수 있다. 하지만 집 내부를 직접 보면 생각이 달라질 것이다. 집 안에서 보이는 풍경, 단지 내 이동거리, 엘리베이터 상태까지 자연스럽게 살필 수 있다. 중개소에 주변 호재나 분위기를 물어보면서 여러 정보도 얻을 수 있다.

아파트 단지만 둘러보지 말고 주변 상권이나 공원도 같이 확인하면 좋다. 그래서 임장 갈 때 가장 좋은 방법은 지하철을 타고 가는 것이다. 차를 끌고 가면 주변 환경을 놓치기 쉽지만 걸어서 임장을 다니면 지하철역에서 내가 보려는 단지까지의 거리와 동네 분위기도 알 수 있다.

처음에는 감이 안 올 것이다. 하지만 첫 동네를 보고 난 뒤 다른 동네를 가면 이때부터 비교가 되기 시작한다.

'첫 번째 동네에서는 상권이 잘 형성되어 있고 광역버스정류장도 있었는데 여긴 없네.'

'지도로 봤을 땐 언덕으로 보이지 않았는데 제법 경사가 있네.'

세세한 부분에서 차이가 눈에 띈다. 당연히 기록하고 정리하면 좋겠지만, 그럴 시간과 여유가 없다면 굳이 하지 않아도 된다. 어디가 더 좋은지는 본능적으로 느낄 수 있다. 갑자기 웬 본능이냐고 하겠지만, 집을 매수하는 주체는 바로 사람이다. 전문가가 아닌 대부분의 사람들은 교통, 학군, 인프라 등을 점수로 매겨서 정확하게 구분하지 않는다. 둘러봤을 때 느낌이 좋은 곳에 눈길이 더 가기 마련이다. 그래서 본능적으로 어디가 더 좋다고 느낀다면 다른 사람들도 똑같이 느낄 가능성이 매우 높다. 이에 따른 결과는 거래량과 가격에 반영되므로 수치로 검증해 보면 된다.

이렇게 네다섯 군데만 돌아다녀 봐도 머릿속에 아파트 순위가 매겨진다. '저기는 여기보다 좋은데 왜 가격이 더 싸지?' '여기가 더 좋은 것 같은데 가격이 비슷하네?' 이런 식으로 머릿속에 슬슬 아파트 가격에 관한 판단이 서기 시작한다. 이런 상황이 오면 이때부터는 어떤 물건이 급매이고, 저평가되어 있는지 눈에 보일 것이다. 이때가 투자할 시점이다. 만약 둘러보다가 처음에 봤던 단지의 가격이 너무 싸게 느껴지면 그 느낌을 믿어보자.

다만 대규모 택지개발지구의 경우는 현장을 가보면 당장은 별로라고 생각될 것이다. 먼지 날리는 공사판만 있고, 주변 상권도 형성되어 있지 않아서 휑하게 보인다. 이럴 때는 택지개발지구가 완공되었을 때를 상상해 보면 된다. 주변이 전부 다 신축 아파트 단지로 바뀌고 동네가 깔끔해진다면? 아까 보고 온 아파트보다는 비쌀 거 같은데? 이렇게 느껴진다면 지금이 저평가되어 있는 것이다.

중개사에게 물어봐야 할 것

임장이 처음이거나 익숙하지 않은 사람은 중개소에 들어가는 게 엄청 어색할 것이다. 생각을 조금만 바꿔보자. 투자할 집이 아니라 살 집을 구하러 다닌다고 생각해 보자. 내가 살 집을 찾는 일인데 부끄러울 게 뭐가 있는가. 집 내부를 살펴볼 때도 더욱 꼼꼼하게, 최대한 많은 곳을 보려는 마음이 생길 것이다. 그래서 '내가 살 집을 구한다'라는 마음가짐으로 중개소에 가면 당당하게 요청하고 물어볼 수 있다. 더군다나 하락장에는 중개소에 손님이 없기 때문에 방문하면 정말 친절한 대우를 받을 수 있다. 중개사에게 물어보면 좋을 질문은 다음과 같다.

"주변에 개발되고 있는 게 있나요?"

→ 우리가 모르는 개발계획을 알 수 있다.

"여기 오시는 분들은 대부분 어디서 일하시나요?"

→ 주변 일자리에 대한 정보를 알 수 있다.

"이 동네 분위기 요즘 어떤가요? 투자자들이 좀 오나요?"

→ 투자자들이 얼마나 오는지, 시장 분위기를 알 수 있다.

"이 아파트 말고 추천해 주실 만한 물건 있나요?"

→ 해당 아파트 말고도 저평가된 아파트를 찾을 수 있다.

"애들 학교나 학원은 어디로 다녀요?"

→ 주변 학군을 알 수 있다.

"주변에 마트나 음식점은 많이 있나요?"

→ 상권을 알 수 있다.

이 정도만 물어봐도 그 지역에 대해 어느 정도 파악할 수 있다. 보통 한 지역에서 한 군데만 보지 않고 여러 가지 매물을 같이 본다. 그러다 보면 손품에서는 눈에 띄지 않았던 아파트도 중개사의 소개로 방문할 수 있다.

예를 들어 지도상으로는 내가 생각한 아파트가 가장 좋아 보였는데 실제 현장에 와서 보니 지하철역에서 단지까지 가는 길이 언덕이거나 좁은 골목이다. 그런데 중개사가 추천해 준 단지를 가보니 거리는 조금 더 멀지만 길이 잘 정비되어 있고 상권도 훨씬 크다. 당연히 후자의 인기가 더 많을 것이다. 이처럼 각 단지의 장단점을 명확히 알 수 있을 뿐만 아니라 저평가된 숨겨진 보석을 만날 수도 있기 때문에 부동산 투자에서 임장은 필수다.

아파텔 임장하기

아파텔은 최근에 새로 나온 개념인데, 아파트와 똑같은 평면도로 나온 오피스텔을 뜻한다. 아파텔이 유행했던 이유는 바로 취득세 때문이다. 취득세 개정(2023년 기준 아직 국회 통과하지 않음) 전에는 조정대상지역에서 2주택부터 8% 중과세율로 적용받았는데, 오피스텔은 주택이 아닌 비주택으로 4.6%의 취득세를 적용받아 상대적으로 저렴했기 때문이다. 또한 기존의 오피스텔 구조가 아니라 아파트와 똑같은 구조라서 부동산 상승기 때 많은 관심을 받았다.

아파텔은 오피스텔이면서 아파트의 특징을 가지고 있기 때문에 시세를 파악하거나 가치를 분석하기 어렵다고 느낄 수 있다. 이를 위해서는 먼저 아파텔의 특장점을 이해하고, 우선순위를 명확히 정해야 한다.

내가 생각한 아파텔의 조건은 다음과 같다. 첫째, 외관상으로 봤을 때 절대 오피스텔처럼 보이지 않는다. 오른쪽 '더샵광교레이크시티' 단지 사진을 보자. 외관상으로 봤을 때 오피스텔인지 알 수 있겠는가? 누가 말해주기 전까지는 이 건물이 아파트인지 오피스텔인지 알아보기 쉽지 않다. 둘째, 평면도가 아파트와 똑같다. 그래서 네이버 부동산으로 단지 정보를 확인하거나 중개사에게 물어보지 않는 이상 오피스텔인지 아

더샵광교레이크시티 거리뷰. (출처: 네이버 부동산)

파트인지 구분하기 힘들다. 이 두 가지 조건을 충족해야 투자할 만한 가치가 있다고 생각한다.

아파텔의 가격은 어떻게 비교할까? 2021년에 분양한 '송도아메리칸타운더샵'을 살펴보자. 분양가를 보면 82타입 기준 6억 원 중반에서 후반까지 다양하다(80쪽 표 참조). 분양가는 6억 5000만 원이라고 가정하자.

먼저 첫 번째 조건을 확인하기 위해서 80쪽 아래 조감도를 보자. 외관상으로 어떠한가? 해당 아파텔은 아파트와 함께 있는 단지로 송도에서 가장 높은 층으로 만들 거라고 한다. 그래서 현재 조감도상으로는 어떤 아파트보다도 웅장하고 예쁠 것으로 예상된다. 즉 조감도처럼 만들어졌을 때 주변에 지나가는 사람이 여기가 아파트인지 오피스텔인지 모르면 첫 번째 단계는 통과한 것이다. 두 번째로 평면도도 아파트와 똑같

| 송도아메리칸타운더샵 분양금액 |

타입	동/라인(호)		층수	분양금액(만 원)
82	202동	3, 4, 5호	4층	62,950
			5층	63,620
			6층	64,300
			7층	64,980
			8층	65,650
			9층	66,330
			10층	67,010
			11~19층	67,680
			21~30층	68,360
			31~40층	69,040
			41층 이상	69,710

송도아메리칸타운더샵 모집 공고문 내 분양금액(위), 송도아메리칸타운더샵의 전경 이미지(아래). (출처: 송도아메리칸타운더샵 분양 홈페이지)

기 때문에 문제없을 것으로 보인다.

그렇다면 실제로 해당 아파텔의 가격이 합리적인지 아닌지를 어떻게 판단할까? 두 곳의 가격을 같이 조사해야 한다.

1. 주변에 비슷한 아파텔이 있다면 그곳의 가격을 조사한다.
2. 주변에 같은 평수의 아파트 가격을 조사한다.

아파텔의 가격을 조사하려면 같은 상품을 확인하는 것이 좋다. 하지만 아파텔이란 개념이 생긴 지 얼마 안 됐기 때문에 주변에 없을 수도 있다. 그럴 때는 주변의 대형 오피스텔 가격을 알아보면 된다. 위 사례에서 비슷한 규모의 주변 아파텔로는 '송도더샵센트럴시티'가 있다. 2022년 11월 기준 이 단지의 가격은 4억 5000만~5억 5000만 원이다. 이에 비해서는 '송도아메리칸타운더샵'의 가격이 대략 2억 원 정도 높다고 볼 수 있다.

두 번째로는 주변의 59타입 아파트 가격을 조사한다. 59타입을 조사하는 이유는 오피스텔과 아파트의 면적 기준이 다르기 때문이다. 오피스텔의 경우는 전용면적이 실제로 내가 사용하는 면적이다. 하지만 아파트의 경우 전용면적에 서비스면적(발코니)이 더해진다. 즉 발코니를 확장해서 사용할 수 있어 실사용 면적은 아파트 59타입과 오피스텔 84타입이 비슷하다. 주변 아파트 중 '롯데캐슬캠퍼스타운' 59타입은 2022년 11월 기준 가격이 6억 원이다.

종합해 보면 '송도아메리칸타운더샵'은 주변 아파텔보다 2억 원 정도 비싸고, 비슷한 평형의 아파트보다도 5000만 원가량 더 비싸다는 걸 알 수 있다. 투자하려는 아파텔의 가장 이상적인 가격은 앞서 조사한 곳의 가격보다 싼 경우다. 그런데 이 두 곳보다 더 비싸거나 어느 한 곳에 비해서만 가격이 싸다면 임장을 통해 투자를 결정해야 한다.

지금까지 조사한 아파텔과 아파트를 임장하며 내부도 같이 확인하고 새로 지어지는 아파텔이 내가 임장한 곳보다 어떤 점이 나은지, 이 장점이 가격에 어떤 영향을 미칠지 고민해서 청약과 투자를 결정하면 된다.

3단계:
아파트 매도의 기술

유튜브
같이 보기

　아파트를 매도할 때는 주변 중개소에 내놓거나 네이버 부동산에 매물을 등록한 후 매수자가 나타나면 파는 것이 일반적이다. 그런데 여기에 몇 가지 수고를 더하면 매도하는 기간이 훨씬 빨라진다. 그 방법을 알려주겠다.

　중개소에 매물을 내놓으면 네이버 부동산에 등록되니까 많이 보러 오지 않을까 하고 생각할 수 있다. 하지만 무작정 기다린다고 매수자가 알아서 찾아올 리는 없으므로 어느 정도 전략이 필요하다. 이는 부동산의 복비 시스템을 알면 이해하기 쉽다.

　집을 매수하기 위해 중개소에 간다면 한 군데만 가지 않고 여러 곳에 들를 것이다. 그리고 원래 보려고 했던 집만 보지 않고 중개소가 가지고 있는 물건이나 주변의 괜찮은 단지도 함께 본다.

이제는 중개사의 입장에서 생각해 보자. 손님이 왔는데 여러 집을 보고 싶어 한다. 그러면 과연 어떤 물건을 먼저 보여줄까? 당연히 자신에게 가장 큰 이득이 되는 물건을 소개할 것이다. 바로 양쪽에서 복비를 받을 수 있는 물건이다. 중개사가 직접 물건 의뢰를 받아서 거래를 성사시키면 매도자, 매수자 양쪽으로부터 복비를 받을 수 있다.

하지만 매도자 입장에서는 한 곳에만 매물을 내놓으면 그 중개소에 오는 사람들만 볼 수 있기 때문에 다른 투자자에게 보일 기회를 잃는다. 그리고 다른 중개사 입장에서 보면 중개사가 이미 정해진 매물은 복비를 매수자에게서만 받을 수 있기 때문에 열심히 팔 필요가 없다. 2순위로 밀리는 것이다. 이를 공동중개라고 한다.

그래서 집을 매도할 때 가장 먼저 해야 하는 일은 최대한 많은 중개소에 매물을 내놓는 것이다. 무조건 빨리 팔아줄 테니 다른 곳에는 내놓지 말라고 하는 중개사도 있다. 그렇지만 한두 달이 지나도 거래는커녕 집을 보러 오는 사람도 없다면 누구 손해인가? 그것은 중개사가 책임져 주지 않는다. 최대한 많은 중개소에 매물을 내놓는 게 원하는 시기에 빠르게 집을 팔 수 있는 방법이다.

간혹 여러 중개소에 집을 내놓는 걸 부담스러워하는 분도 있는데 전혀 그럴 필요가 없다. 이미 네이버 부동산에 가면 오른쪽 그림과 같이 여러 중개사가 동시에 올린 매물이 있다. 이 아파트도 집주인이 부동산 19곳에 매매 요청을 한 상태다.

매물을 내놓을 때 주변 중개소를 검색해서 일일이 전화하고 매물에 대해서 설명하려면 시간도 오래 걸리고 귀찮은 점이 많다. 이럴 때 쉽게

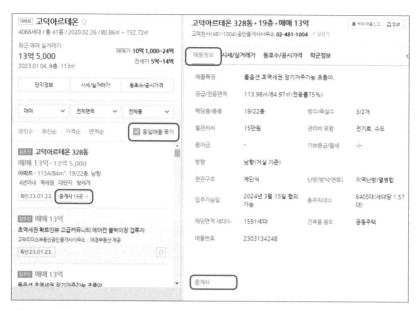

매물 목록 상단에서 정렬 순서 옆에 '동일매물 묶기'를 선택하면 하나의 부동산 정보를 여러 중개사가 올린 것을 확인할 수 있다. '매물정보'에서는 중개사 정보도 확인할 수 있다. (출처: 네이버 부동산)

해결하는 팁이 있다. 네이버 부동산에서 매도할 아파트 단지 혹은 주변 단지의 매물을 클릭하면 매물정보 메뉴 하단에 중개사의 연락처가 있다. 매도 의뢰 메시지를 미리 작성한 뒤, 모아놓은 중개사 연락처에 일괄 전송한다. 이러면 곧바로 여러 중개소에 매물을 내놓을 수 있다.

우리 동네보다 비싼 동네에 집을 내놓는다

아파트를 제값에 잘 파는 방법은 매도할 지역보다 비싼 지역의 중개소에 집을 내놓는 것이다. 이는 상대적으로 가용 자금이 높은 매수자에게 집을 보여주기 위해서다. 현 지역보다 비싼 지역에 매물을 내놓으면 어떻게 될까?

중개사 입장에서 상상해 보자. 근처의 여러 단지를 보여줬는데 매수자가 망설인다. 이야기를 들어보니 예상보다 자금이 부족하다고 한다. 이럴 때 중개사 입장에서는 어떻게든 거래를 성사시키는 게 이득이기 때문에 매수자에게 이렇게 제안할 수 있다.

"여기서 한 정거장만 가면 같은 조건에 가격이 더 싼 단지가 있는데 한번 보실래요?"

그럼 대부분의 매수자는 보는 데 돈이 들지 않으므로 임장 차원에서 내가 내놓은 집으로 찾아온다.

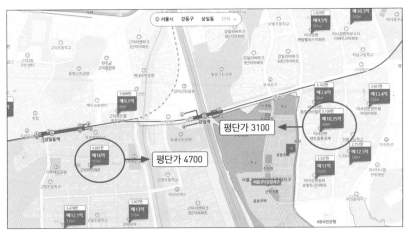

강일역 근처의 '미사강변센트럴풍경채'의 평단가는 3100만 원이고, 상일동역 근처의 '고덕아르테온'의 평단가는 4700만 원이다(그림에서 평단가 '만 원' 생략). '미사강변센트럴풍경채'를 내놓는다면 평단가가 더 높은 상일동역 쪽에 있는 중개소에 매물을 올리는 것도 좋은 방법이다. (출처: 네이버 부동산)

예를 들어 매물이 강일역 근처의 '미사강변센트럴풍경채'라면 먼저 주변에 있는 모든 중개소에 매물을 내놓고 그다음에 집값이 더 비싼 상일동역 근처 중개소에도 매물을 내놓는다. 그럼 상일동역 쪽으로 집을 보러 온 사람들이 우리 집에 방문하게 된다.

매수자에게 내 집을 사고 싶게 만드는 법

앞서 매수자가 우리 집을 보러 오게 만드는 방법을 설명했다면, 지금부터는 매수자가 방문했을 때 우리 집을 확실하게 각인시키는 방법을 알려주겠다. 사람의 심리를 이용하는 것이다.

전세든 매매든 집을 구하러 여러 집을 둘러볼 때 이런 경험을 한 번쯤은 해봤을 것이다. 막상 집을 보려고 들어갔는데 집주인이 떡 버티고 있으면 집 내부 구조나 여러 상태를 제대로 확인하기 힘들다. 집주인 때문에 오래 머물기도 어렵고, 이곳저곳 살펴보기도 힘들다. 하지만 내가 집을 비울 수 있을 때 중개소에 비밀번호를 알려주고 편하게 있다 가라고 한다면 매수자 입장에서는 집주인이 없으니 마음도 편하고, 집도 더 꼼꼼히 살펴볼 수 있다. 여기서 우리 집에 오랜 시간 머물게 하는 것이 포인트다.

매수자 입장에서는 길면 한 달, 짧으면 하루 이틀 동안 여러 집을 보러 돌아다닌다. 하지만 사람의 기억력에는 한계가 있어 머릿속에 남는 집은 많지 않다. 그런 상황이니 오래 머무는 집일수록 기억에 오래 남고

자꾸 생각난다. 그래서 하루쯤 집을 비워주고 편하게 보도록 하는 것도 좋은 방법이다.

당연히 인테리어에도 신경을 써야 한다. 단순히 오래 머물기만 해서는 의미가 없다. 집이 정리가 안 되어 있거나 더럽다면 오래 머무는 의미가 없다. 무조건 집을 예쁘게 꾸밀수록 잘 팔린다. 아래 사진을 한번 보자.

인테리어에 따라서 집의 인상이 완전히 달라진다. 매수자 입장에서 집을 보러 들어갔는데 사진처럼 포근하고 예쁘게 꾸며져 있다면 소품이나 가구가 내 것이 아니더라도 좋은 느낌을 받는다. 그러니 집을 내놓거나 보여줄 때는 최대한 깔끔하고 예쁘게 인테리어된 모습을 보여주자.

"우리 집은 이렇게 꾸며져 있지도 않고 지저분한데 어떡하죠?"

이렇게 생각할 수도 있다. 하지만 일주일이면 꾸미는 데 충분하다. 비싸지 않은 소품 몇 개만 사다 놓아도 된다. 사진을 보면 공통적으로 식물, 액자, 조명, 선반, 책이 나온다. 간단하지 않은가? 인터넷에서 화분이나 조명, 액자 등 소품 몇 개만 사서 놔둬도 집안 분위기가 정말 많이 바

잘 정리된 인테리어 사례. (출처: Pexels)

뛴다. 집에 오래 머물게 하는 것도 중요하지만 그 시간을 좋은 기억으로 남기는 것도 중요하다.

무상으로 줄 수 있는 가구를 주면 더 좋다. 특히 실거주할 매수자는 집에 맞춰진 소품이나 에어컨, 세탁기 등을 놔두고 간다고 하면 대부분 좋아한다. 혹은 아예 가격표를 만들어 식탁, 쇼파, 선반, 장롱, 침대, TV, TV 선반, 커튼 등을 선택해서 저렴하게 구입하도록 해도 좋다. 예전에 전셋집을 구할 때 이전 거주자가 이런 식으로 목록을 만들어서 보내줬었다. 나도 거의 대부분 구매했고 상당히 만족스러운 기억으로 남아 있다.

3장

교통망 대박 호재와 깡통 호재를 구분하자

집값이 날아오를 호재의 핵심은
첫째도 둘째도 셋째도 인구!

호갱노노: 개발호재

지도에 교통계획이 직관적으로 표시되어 있어 지역별로 호재를 확인하기 용이하다. 간혹 개발호재 메뉴가 안 보일 경우 로그인을 하면 된다.

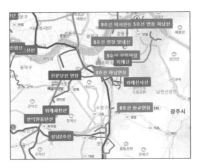

(출처: 호갱노노)

아실: 교통망

아실에도 호갱노노의 '개발호재'와 같은 기능이 있다. 사이트별로 지도에 표시되는 개발 내용이 다르기 때문에 여러 사이트를 비교해 보자. 아실의 장점은 지하철마다 개발 단계를 알려주고, 노선을 클릭하면 같은 노선에 속하는 역들이 표시되므로 지역이 어떻게 연결되는지 한눈에 들어온다. 주요 정거장별로 도착 시간도 나오니 참고하자.

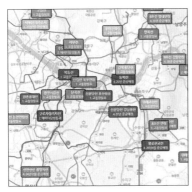

(출처: 아실)

국토교통부

개발계획을 발표하기 때문에 자주 방문하면 좋다. '정책자료 > 법령정보 > 행정규칙(훈령·예규·고시)' 순으로 클릭해서 검색하면 개발계획의 발표 자료를 확인할 수 있다.

제4차 국가철도망 관련 고시. (출처: 국토교통부)

📍 인구 변화에 집중하라

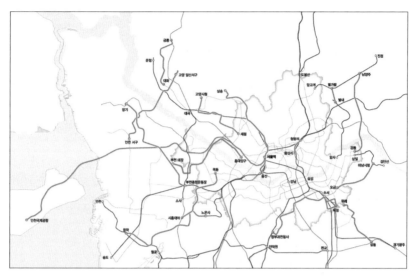

주황색으로 표시된 노선들이 현재 제4차 국가철도망 구축 계획이 발표된 곳이다. (출처: 국토교통부)

　부동산 시장에서 교통망은 대규모 일자리 다음으로 아파트 가치에 크게 영향을 미치는 호재다. 이런 개발계획은 계획단계, 예비타당성조사, 착공, 완공의 총 4단계를 거쳐 시장에 가치가 반영되기 때문에 미리 어디에 어느 교통망이 들어오는지 알고 있어야 한다.

　단, 교통 개발계획이 발표됐다고 모두 호재로 작용하는 건 아니다. 앞서 말했듯이 인구 유입의 관점에서 분석해 보고 실제로 얼마나 큰 가치 상승이 이루어질지 스스로 판별해야 한다. 인구 변화에 계속 집중하다 보면 호재가 어느 정도의 영향력을 갖고 있고, 어느 정도로 가치를 상승시키는지 눈에 보일 것이다.

앞의 지도는 제4차 국가철도망 구축 계획을 나타낸 것으로, 주황색으로 표시된 노선들이 현재 구체적인 계획이 발표된 곳이다. 수도권 호재의 대부분을 한 번씩 다 짚어볼 텐데, 여기서 각 교통망이 추가되면 과연 어디가 주목받을지 생각해 보자.

지도를 봤을 때 어디에 교통계획이 가장 많이 보이는가? 수도권 기준으로 서쪽, 즉 인천·김포 쪽에 많이 잡혀 있다. 왜냐하면 도시가 팽창하면서 여러 신도시가 생겼고 이를 중심지와 연결해야 하기 때문이다.

이러한 노선을 만드는 데는 다 이유가 있다. 이유 없이 갑자기 교통망을 추가하는 경우는 절대 없다. 이제부터 자신이 국토교통부 장관이라고 생각하면서 모든 교통망을 한번 살펴보자.

📍 알짜배기 교통 호재,
일자리와 인구에 달렸다

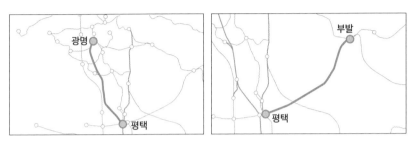

제4차 국가철도망 구축계획에서 경부고속선은 광명에서 평택까지 연결할 예정이고, 평택부발선도 추진 중이다. (출처: 한국교통연구원)

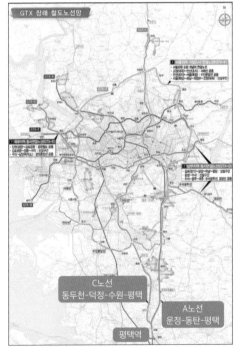

윤석열 대통령이 후보 당시 내건 공약에 따르면, 빨간색으로 표시된 GTX-A노선은 운정-동탄-평택까지 연장되고, 초록색으로 표시된 GTX-C노선은 동두천-덕정-수원-평택으로 연장되어, 그림 아래쪽 평택까지 이어진다. (출처: 국민의힘)

교통 호재가 실질적인 영향을 미칠지 알아보려면 어떤 기준으로 살펴야 할까? 핵심은 바로 일자리와 인구에 있다. 스스로 판단하는 연습을 지금부터 시작해 보자. 먼저 대규모 호재가 예정된 평택을 예로 들겠다. 2022년 기준 평택에는 경부고속선 광명-평택, 평택부발선이 계획되어 있다. 게다가 이번 정부는 GTX 계획에서 A와 C노선 둘 다 평택까지 연결하겠다고 발표했다. 여기서 한번 고민해 보자. 도대체 왜? 평택에 이렇게 많은 교통을 연결하는 것인가?

일자리

첫 번째 이유는 바로 일자리다. 현재 평택에는 삼성 반도체 공장이 만들어지고 있는데, 삼성은 10년 동안 100조 원을 투자하겠다고 발표했다. 100조 원, 상상이 가는 금액인가? 완공되면 공장의 종사자와 관계자의 규모는 얼마나 될까? 대강 계산해도 삼성 임직원 2만~3만 명, 수많은 협력업체 인원 2만~3만 명, 10년 동안 건설할 인부 약 5만 명, 이들의 가족까지 모두 더하면 최소 10만~20만 명의 유입 효과를 불러일으킨다.

"삼성, 평택에 100조 투자… 공장 3곳 더 짓는다", 《한국경제》, 2022.08.23.

더군다나 우리나라 1등 기업이자 세계적 기업인 만큼 직원 대부분이 고소득 연봉자다. 다른 지역과 최대한 연결할수록 경제 효과를 극대화할 수 있다. 평택의 규모가 어떤지는 임장을 가보면 확실히 체감된다. 점심시간에 공사 현장의 식당들은 문전성시를 이루고, 이것도 모자라서 계속 확장하고 있다. 삼성 반도체 공장 안에서도 사람이 워낙 많아 식권이 모자랄 정도다. 그만큼 경제적 파급효과가 크다.

인구

두 번째는 인구다. 2022년 현재 평택에는 고덕 신도시, 평택브레인시티, 지제역 근처 대규모 택지개발지구 등이 계속해서 세워지고 있으며 계획된 규모만 15만 명이 넘는다. 이렇게 대규모 주거단지를 계획하는 이유는 삼성 반도체 투자를 따라 인구 이동이 크기 때문이다. 이들이 거주할 공간을 개발하는 것이다.

부동산 가치가 높아지는 일자리·주거환경·교통 3박자가 완벽하게 맞

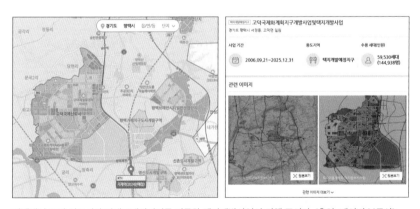

평택에서 고덕 신도시와 평택브레인시티를 비롯한 택지개발사업이 진행 중이다. (출처: 네이버 부동산)

아떨어져 대도시로 탈바꿈하고 있는 곳이 바로 평택이다. 고소득 연봉자가 대거 유입되고, 거주환경의 질이 높은 신도시가 들어서고, 서울과 연결되는 교통망이 신설된다면 부동산의 가치, 즉 집값도 당연히 오른다.

여기서 한 가지 짚고 넘어갈 것이 있다. 갑자기 평택부발선은 왜 만들까? 반도체 산업 전체를 생각해 보자. 부발역이 있는 이천에 무엇이 있는가? 바로 SK하이닉스다. 우리나라에서 두 번째로 큰 반도체 회사다. 반도체 클러스터를 만들려고 지하철을 연결하는 것이다.

오른쪽 그림과 같이 SK하이닉스의 이천·청주 공장에 이어 용인시 원삼면에 반도체 클러스터를 조성하기 위해 100조 원 규모의 투자를 진행 중이다(원삼면 근처도 어마어마한 가격 상승이 있을 것이다). 삼성은 화성과 평택에 공장을 짓고 있다. 자, 그런데 동탄에서 청주공항까지 수도권내륙선도 계획되어 있다. 또한 제4차 국가철도망에는 빠졌던 경강선 연장이 이번 정부 교통계획에 포함되었다. 이 노선을 전부 다 연결하면 중간에서 만나는 지점이 생긴다. 바로 안성이다. 원래는 아무것도 없었던 안성이 평택부발선, 수도권내륙선, 경강선이 연결되는 트리플 역세권이 된다. 이렇게 여러 지하철 노선도를 함께 보다 보면 추가로 수혜를 입는 지역도 보이는 것이다.

결론

1. 왜 만드는가: 삼성 반도체 공장, 반도체 클러스터 및 평택의 대규모 인구 연결을 위해서

2. 수혜받는 곳: 평택, 안성

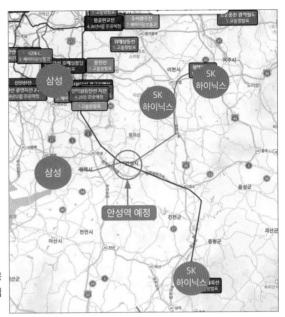

삼성과 SK하이닉스의 반도체 공
장 위치와 그로 인해 수혜를 입
을 안성. (출처: 아실)

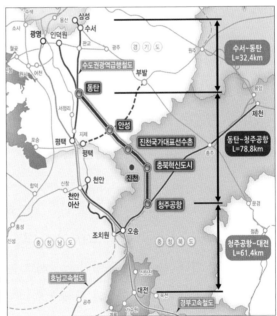

동탄-청주공항으로 이어지는 수
도권내륙선의 노선도. (출처: 진
천군)

📍 GTX노선, 교통망 호재의 핵심

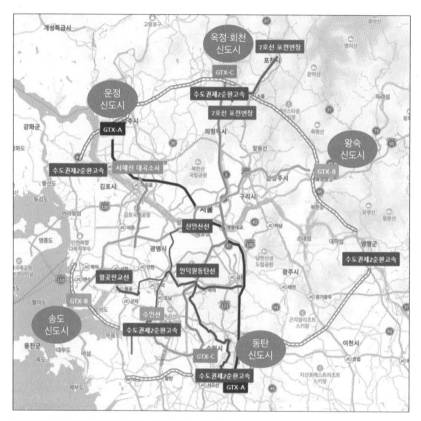

여러 신도시와 서울을 이어줄 GTX노선도. (출처: 호갱노노)

GTX노선에 대해서는 이제 많은 분이 들어봤을 것이다. 2021년 4월 8일 국토교통부에서 발표한 보도자료에 따르면 '고품격 GTX 환승센터'를 만든다고 한다. 자료에는 부평역을 사례로 들며 "차별화된 디자인으로 완공된 부평역이 GTX 개통과 함께 지역의 랜드마크가 되면서"라는 문구가 적혀 있다. 이는 GTX 환승역을 지역의 랜드마크로 만들겠다는 의미다.

이게 어떤 말인지 이해가 되는가? 바로 정부에서 정답지를 준 것이다. 부동산은 정부 정책에 따라 가치가 정말 많이 달라진다. 그런데 정부에서 처음부터 계획해서 랜드마크로 만들겠다고 직접 발표했다. 그만큼 GTX를 신경 써서 가치 있게 만들겠다는 의미다.

환승역을 살펴보기 전에 잠깐, GTX란 무엇인지부터 알아보자.

삼성역 또는 청량리역까지 30분 이내

GTX는 처음부터 모든 정거장에서 삼성역이나 청량리역까지 30분 안에 도착하도록 설계되어 있다. GTX의 가치는 이 계획이 모든 것을 말해준다. 서울을 다녀보면 강북에서 강남으로 가는 데만도 1시간이 걸린다. 즉 30분이라는 시간은 다시 말해서 거리의 제약이 없어진다는 소리다.

그런데 GTX는 경기도 외곽 끝에 있는 사람들을 30분 안에 강남까지 연결한다고 한다. 얼마나 파급효과가 클지 상상이 가는가? 이제는 여러분도 상상해 봐야 한다. GTX가 완공되고 나면 파급효과가 더 클 것으로 예상된다.

사실 서울에서 정말 좋은 소수의 입지를 제외하고는 곳곳에 노후된 곳이 상당히 많다. 그런데 GTX로 이어지는 곳에는 무엇이 있는가? GTX-A로는 운정 신도시와 동탄 신도시에 연결되고, GTX-C로는 옥정·회천 신도시에, GTX-B로는 송도 신도시와 왕숙 신도시에 연결된다.

한마디로 경기도 외곽에 있는 모든 신도시에서 강남까지 30분이 걸린다는 것이다.

이게 어떤 의미일까? 일단 신도시는 한번 살면 다른 데로 가기 싫을 만큼 환경이 좋다. 정부에서 도시를 편리하게 이용하도록 아파트 단지, 호수, 공원, 상업단지 등을 설계한 최상의 주거 환경이기 때문이다. 이처럼 생활 편의성은 최고인데, 지금까지 교통은 열악했다. 하지만 GTX가 개통되는 순간부터는 접근성이 확연히 좋아지기 때문에 서울에서 직장을 다니는 사람들, 신혼부부나 자녀가 있는 사람들도 신도시로 많이 나올 것이다.

GTX로 끝나지 않는다

GTX는 GTX로 끝나지 않는다. 이게 무슨 뜻일까?

간단한 예를 들어보자. 강남은 왜 자꾸 가격이 오를까? 강남은 가만히 있는데 외부에서 자꾸만 건드린다. 교통계획만 발표하면 사람들이 피켓 들고 뭐라고 외치는가?

"강남 직결! 강남 직결!"

GTX-D노선이 용산 직결로 발표 났을 때 김포 사람 전부 다 나와서 강남 직결을 외쳤다. 강남은 가만히 있는데 모든 호재와 교통계획이 자연스럽게 강남과 연결된다. 현재 강남에 이어진 지하철 노선도만 봐도 답이 나온다. 이렇게 강남으로 모든 지하철이 모이다 보니까 강남의 가치가 어마어마하게 높아졌다.

이를 GTX에 적용해 보자. 보통 지하철은 어디에 연결될까? 대규모 택지개발지구나 신도시, 일자리가 많은 곳으로 이어졌다. GTX가 연결되는 구조를 보면 B노선이 좌에서 우로 연결되고, A노선이 왼쪽부터 동탄까지 연결되고, C노선도 위에서 아래로 연결된다.

만약 이 사이에 대규모 택지개발지구 개발이 들어선다고 가정해 보자. 여러분이 교통계획을 짜는 사람이라면 이 지역에 교통편을 놓아줘야 할 것 아닌가. 그래서 지하철을 연결한다면 어떻게 해야 가장 효율적일까? 노선을 새로 만들어서 서울까지 이어주는 것? 아니면 바로 옆에 있는 GTX노선에 연결하는 것?

비용 측면과 거주민의 만족도 측면을 모두 고려하면 당연히 근처 GTX역에 연결하는 것이 좋다. 이미 GTX가 서울 중심까지 30분 내에 가도록 설계되어 있으니 빠르고 효율도 좋다. 주변 GTX역과 이어주면 모두가 만족하는 교통계획이 된다. 지금 이 그림이 앞으로 펼쳐질 미래다. 즉 강남과 똑같이 GTX는 GTX로 끝나지 않는다. GTX 역세권은 계속해서 발전해 나갈 것이다.

최근 사례를 보면 2021년에 발표한 제3차 신규 공공택지 추진 계획 자료에서 의왕, 군포, 안산에 대규모 택지개발을 하겠다고 발표했다. 그리고 나서 '신교통수단'이라고 하면서 어디와 연결했느냐면 바로 GTX-C노선이 들어오는 의왕역이었다. 그러니까 이제부터 경기도 쪽 신도시는 GTX역에만 연결하면 된다는 뜻이다. 사는 사람도 만족하고, 계획하는 사람도 만족할 수 있는 가장 손쉬운 방법이다.

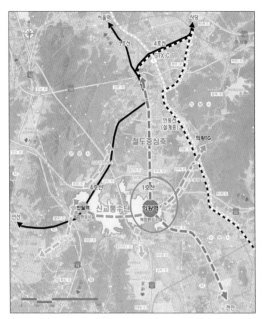

주변의 대규모 택지개발지구를 의왕역의 GTX-C노선으로 이어주며 1호선, 4호선과 연계할 예정이다. GTX가 개통되면 의왕에서 강남까지 20분대에 접근할 수 있다. (출처: 국토교통부)

완공되려면 10~15년 걸리지 않나요?

간혹 "그거 완공되려면 10년에서 15년은 걸리지 않나요?"라고 말하는 사람이 있는데, 딱 한마디만 하겠다. 10~15년이 걸리는 사업이면 그 기간 동안 계속 가격이 오른다는 의미다. 주식도 그렇고 부동산도 그렇고 호재가 있어야 가격이 상승한다.

앞으로 계속해서 주변 신도시로 연결될 GTX 환승역들을 살펴보자. 2021년에 발표된 '고품격 GTX 환승센터 구축을 위한 총괄계획단 위촉' 보도자료에 따르면, 교통·도시계획 등 분야별 민간 전문가 17명이 위촉

된 환승센터 총괄계획단은 교통 분야에서 최초로 도입되는 제도라고 한다. 이 자료의 마지막에는 다음의 문장을 한 번 더 강조하고 있다.

GTX 환승센터가 지역을 대표할 수 있는 랜드마크가 되도록 지원할 것.

이제 그 정답지가 어딘지 한번 보자.

GTX 환승센터 시범사업 공모에서 선정된 양재역, 수원역, 부평역, 용인역, 운정역, 인천시청역, 송도역(인천대입구역), 의정부역, 동탄역 등 9개 역이다. 이 역사들의 조감도와 환승 노선을 살펴보며 호재가 될 지역을 생각해 보자. 이 외에도 덕정역, 망우역, 킨텍스역은 지자체에서 환승센터 총괄계획단 지원을 적극 요청하여 우선 적용될 예정이나 아직 조감도가 나오지 않아 생략한다.

양재역

양재역은 GTX-C, 3호선, 신분당선과 107개 버스노선(광역버스 69개 노선)이 교차하는 대규모 환승역이다. 서초구는 GTX를 중심으로 기존 철도와 버스의 환승 동선을 최소화하는 구상안을 제안한다.

(출처: 국토교통부)

특히 서초IC와 인접(약 500m)한 위치적 특성을 활용해 남부순환로 지하에 회차가 가능한 버스환승센터를 배치한다. 이를 통해 서울 도심의 교통혼잡을 완화하고, 서초구 복합청사 사업(2020년 7월 예비타당성조사 통과)과 연계해 공공청사와 환승센터가 시너지를 발휘하는 통합 구상안을 제시했다.

수원역

(출처: 국토교통부)

수원역은 GTX-C 및 경부선(KTX), 1호선, 분당선과 102개 버스노선이 교차하는 경기 남부의 거점 역이다. 수원시는 연결통로 개설 및 확장을 통해 GTX와의 환승 동선 및 혼잡도를 개선하는 구상안을 제안한다. 또한 동측 광장에 산재한 버스정류장을 역사 전면에 재배치해 철도와 버스의 환승 동선을 획기적으로 개선한다. 섬처럼 위치해 활용도가 낮았던 동측 광장도 보행자 중심의 시민 휴게공간으로 바뀐다.

부평역

(출처: 국토교통부)

부평역은 경인선과 인천1호선이 지나고 126개 버스노선이 경유하며 현재도 매일 14만 명이 이용하는 인천의 대표 역사다. 부평구는 철도와 버스의 원스톱 환승 서비스를 제공하려고 한다.

인근에 산발적으로 배치된 버스정류장을 역사 앞 광장에 모으고 GTX 대합실을 경인선·1호선과 통합하여 환승 동선을 전면 개편했다. 또한 보행 환경이 열악했던 광장은 지상과 지하가 이어지는 열린 공간으로 조성해 부평의 대표 랜드마크로 만들 계획이다.

용인역

용인역은 분당선과 교차하고 GTX 역사 중 유일하게 경부·영동고속도로와 인접해 있다. 용인시는 고속도로를 지나는 버스와 환승이 가능하도록 설계한 특색 있는 구상안을 내놓았다.

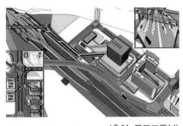

(출처: 국토교통부)

고속도로 상부의 간이정류장을 통해 수도권으로 접근하는 이용객이 용인역에서 GTX로 환승할 수 있도록 했다. 버스터미널로 경부고속도로의 혼잡도를 완화하겠다는 계획이다.

운정역

운정역은 운정·교하지구 등 배후 인구 24만 명이 예상되는 기·종점역이다. 파주시는 교통 편의를 향상하고, 인접 지역이 미개발 상태인 점을 활용한 블록 단위의 역세권 통합개발 구상안을 제안한다.

(출처: 국토교통부)

지하1층에 버스환승센터를 계획해 GTX와의 수직 동선을 최적화했다. 지하2층에는 대규모 환승주차장과 GTX 대합실을 구상하여 환승 편의를 극대화했다. 아울러 역사 인근에는 상업·업무시설 등과 함께 다양한 문화 활동이 활성화되도록 지상 녹지광장을 배치할 예정이다.

인천시청역

(출처: 국토교통부)

인천시청역은 GTX-B와 인천도시철도 1, 2호선이 교차하고 인천시청, 교육청 등 공공시설이 밀집한 환승역이다. 인천 남동구는 도시공원 내 자리한 위치적 특성을 살린 구상을 제안한다.

중앙공원의 동서축 높이차를 이용하여 공원 속에 버스, 택시, 개인형 이동수단(PM) 등이 연계된 친환경 환승센터를 계획했다. 높은 주거인구 비율을 고려해 도서관, 체육시설 등 생활형 사회간접자본(SOC) 시설을 배치하여 지역주민과 환승객을 위한 열린 공간으로 구상했다.

송도역

송도역은 GTX-B노선의 출발역이라는 상징성과 송도국제도시의 역동적 이미지를 반영한 독특한 디자인을 콘셉트로 구상했다. 지하공간은 인접 투모로우시티 및 개발용지 연계성 확보에 중점을 두었다. 인접한 필지와 GTX역이 직결되는 통합대합실, 생활형 SOC 시설을 배치한다.

버스정류장 등 모든 환승시설을 같은 위치에 입체적으로 수직 배치하여 고속 환승 편의를 제공하고 주변 상업시설과의 연계를 구상하고 있다.

(출처: 국토교통부)

의정부역

의정부역 환승센터는 기존 대중교통과 GTX 간 환승거리를 최소화하기 위해 의정부역 동측 시유지를 활용해서 조성한다. 보행자 동선을 최소화해 버스, 택시, 승용차 등으로 쉽게 갈아탈 수 있도록 설계했다. 지하엔 300면 규모의 공영주차장이 들어선다.

(출처: 국토교통부)

경전철 의정부역과 GTX 의정부역을 잇는 환승통로도 설치하여 경전철 이용객이 편리하게 GTX로 갈아탈 수 있도록 한다. 이 환승통로가 설치되면 민락·송산 지역 주민들이 광역철도를 이용할 때의 불편이 크게 해소될 전망이다.

동탄역

동탄역사는 지하 6층 규모로 지하 1~2층에 경부고속도로 지하화 구간, 지하 3층 버스환승센터, 지하 4층 동서연결 보행통로, 지하 5층 통합역사, 지하 6층 SRT·GTX 승강장 배치로 수직 환승 구조를 구상한다.

(출처: 국토교통부)

먼저 파주 운정역에서 서울역과 삼성역을 거쳐 동탄역까지 연결하는 GTX-A노선이 개통할 예정이다. 서울지하철 4호선 인덕원역에서 신분당선의 수원월드컵경기장역을 거쳐 동탄역을 연결하는 동탄인덕원선과 기흥역에서 동탄역을 거쳐 오산역까지 이어지는 분당선 연장 구간도 검토되고 있다. 또 동탄역에서 안성, 진천을 거쳐 청주국제공항으로 연결되는 수도권내륙선도 계획되어 있다. 이어 동탄 신도시 일대를 알파벳 'X'자 형태로 연결하는 동탄도시철도 트램이 차례로 개통한다.

이 모든 광역교통망은 동탄역 복합환승센터로 모두 연결된다. 여기에 서울에 오가는 60여 개 광역버스, 마을버스, 택시정류장도 들어서면서 경기남부권 교통 허브로 거듭날 것이다.

지금까지 GTX노선에 대해서 알아봤다. 이런 개발계획은 중간에 많이 수정되기도 하므로 계획대로 잘 진행되는지 주기적으로 확인해 보자. 교통이 추가되어 부동산 가치가 오르는 지역이므로 관심을 갖고 지켜보길 추천한다.

결론

1. 왜 만드는가: 지역 발전, 주변 지하철 노선을 연결하기 위해서
2. 수혜받는 곳: 환승센터가 들어설 모든 지역

📍 신분당선 연장:
용산역-서울역-시청역 외

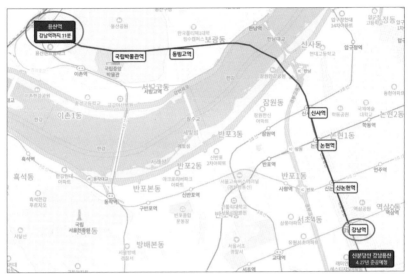

현재 신분당선은 신사역에서 강남역을 지나 광교역까지 연결되어 있다. 신사역에서 용산역까지 연장된다면 용산역에서 강남역까지는 11분이 걸린다. (출처: 아실)

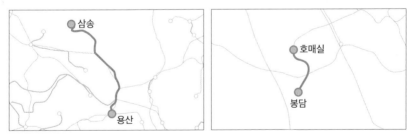

신분당선은 용산에서 삼송까지 이어지는 서북부 연장 구간(왼쪽)이 남아 있고, 남쪽으로는 호매실에서 봉담까지 이어지는 남부 연장 3차 구간(오른쪽)이 예정되어 있다. (출처: 한국교통연구원)

신분당선은 정말 유심히 봐야 하는 노선이다. 나한테 우리나라 지하철 중 GTX를 포함해서 1등을 뽑으라고 한다면 단연 신분당선이다. 그 이유는 신분당선이 어디를 지나가는지 보면 알 수 있다. 우리나라에서 일자리가 많고 소득이 높은 지역을 꼽는다면 강남, 판교, 광화문(종각, 을지로 포함), 여의도, 잠실, 용산, 마곡 등이 있다. 신분당선은 강남과 판교를 지나간다. 여기서 강남은 신사까지 개통되었는데 강남에서도 가장 밀집 지역인 강남역, 신논현역, 논현역, 신사역을 한 번에 연결한다.

사실 이것만 봐도 이보다 높은 가치를 가진 지하철 노선은 없다. 그런데 여기에 계획된 연장 노선은 앞으로 강남을 뛰어넘을 입지가 될 용산을 지나 서울역과 시청까지 지나간다. 우리나라에서 일자리가 가장 많다는 강남, 판교, 광화문을 모두 통과하는, 정말 말도 안 되는 지하철이 탄생하는 것이다. 그런 만큼 신분당선 라인의 부동산은 투자 가치가 굉장히 높다. 2023년 현재 광교와 성복, 수지의 가격이 높은 이유도 바로 이 신분당선 때문이다.

밑으로는 호매실과 봉담까지 연결될 예정인데 당연히 모두 수혜를 받는다. 특히 봉담은 신분당선 연장이 발표되고 나서 3차 택지개발까지 추가되어 아파트 가격이 급상승했다. 호매실 근처는 수원당수 지구와 당수 2지구가 계획되어 분양 중이다. 신축 단지와 더불어 신분당선까지 연장된다면 강남까지 1시간 만에 갈 수 있다. 추후 괜찮은 분양가에 매물이 나온다면 청약을 노려볼 만하다.

결론적으로 신분당선은 남쪽과 북쪽의 알짜 지역만 연결하는 최고의 지하철이다.

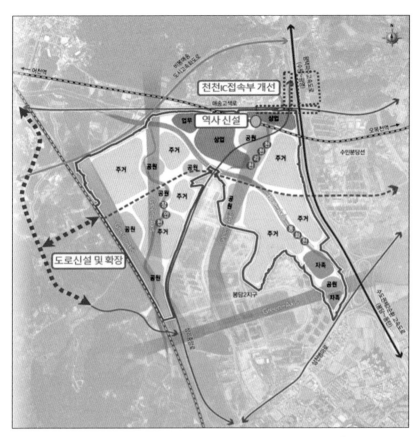

제3차 신규 공공택지 추진 계획 발표 자료 중 봉담 3지구 개발 구상안 및 교통 대책안. (출처: 국토교통부)

결론

1. 왜 만드는가: 서울의 중심지 광화문, 용산, 강남, 판교를 하나로 잇기 위해서

2. 수혜받는 곳: 지하철이 연결되는 모든 곳

📍 수인분당선 연장:
기흥역-동탄역-오산대역

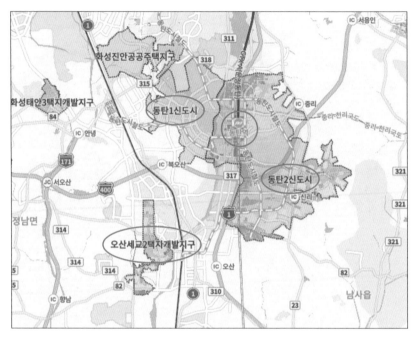

동탄 신도시와 오산세교 2택지개발지구의 접근성을 높이기 위해 수인분당선을 해당 지역까지 연장할 예정이다. (출처: 네이버 부동산)

기흥역에서 동탄역과 오산대역까지 노선을 연장할 계획이다. (출처: 한국교통연구원)

현재 수인분당선에 속해 있는 분당선을 기흥에서 오산까지 연장할 예정이다. 이 노선은 왜 연결할까? 지도의 대규모 택지개발지구를 보면서 유추해 보자.

분당선이 연장되는 이유는 크게 두 가지다. 동탄 신도시와 오산세교 2택지개발지구 때문이다. 먼저 동탄역에는 정말 많은 교통망이 계획되어 있다. 이미 SRT가 다니고 있고 트램 2개 노선이 연장될 예정인데다가 GTX-A, 인동선, 수도권내륙선, 분당선까지 연결된다. GTX-A가 연결되어 강남까지는 빠르게 접근할 수 있지만, 구간 사이사이에는 GTX-A가 거의 정차하지 않는다. 그러니 동탄 위에 있는 도시와 연결하기 위해 분당선을 연장하는 것이다.

두 번째는 1호선 옆에 만들어진 오산세교 2택지개발지구 때문이다. 1호선을 보면 금천, 구로를 통과하면서 서울역 위로 올라가 강남 쪽으로 가기가 힘들다. 그래서 분당선을 오산까지 연장하면 오산세교 주민들이 동탄역을 통해 강남으로 가는 교통편이 확보된다.

분당선 연장 구간에 새로운 역이 개통되는 지역이 호재를 누린다. 한국민속촌이 있는 보라동과 오산이 대표적이다. 동탄 신도시도 수혜를 받는다. 수인분당선이 지나가는 노선을 보면 인천부터 수원, 용인, 성남, 강남을 거쳐 청량리까지 연결된다. 즉 분당선 연장만 된다면 인천-경기 남부-강남까지 중간에 내가 원하는 지역에 모두 갈 수 있다. GTX-A노선이 강남까지 30분 안에 도착하는 노선이라면, 분당선은 그 사이에 있는 모든 지역에 접근할 수 있는 노선이므로 동탄 신도시 입장에선 상당히 가치가 높은 호재다.

결론

1. 왜 만드는가: 동탄 신도시 및 오산세교 2택지개발지구를 서울 중심부와 연결하기 위해서

2. 수혜받는 곳: 기존에 지하철이 없었던 지역(보라동, 기흥동) 및 오산세교 2택지개발지구

📍 8호선 연장: 별내역-별내별가람역 외

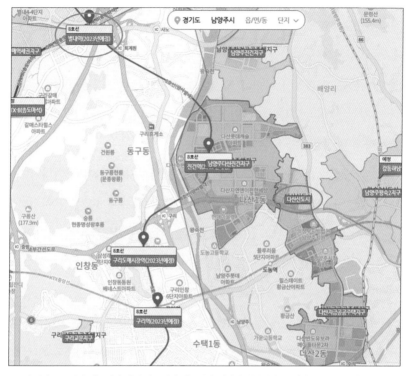

8호선 연장으로 별내 신도시와 다산 신도시의 접근성이 개선될 예정이다. 별내역까지 연장된다면 다산 신도시에서 잠실까지 30분이 걸린다. (출처: 네이버 부동산)

별내역에서 별내별가람역까지 8호선을 한 정거장 더 연장할 예정이다. (출처: 한국교통연구원)

8호선도 가치가 높은 노선 중 하나다. 일자리가 많은 잠실까지 바로 갈 수 있기 때문이다. 8호선은 왜 별내역과 별내별가람역까지 연장할까?

8호선이 별내역까지 연결되는

이유는 다산 신도시의 접근성을 높이기 위해서다. 여러분이 국토교통부 장관이라고 생각해 보자. 신도시를 계획해서 해당 지구에 인구가 많아졌다. 신도시에 교통편을 잇지 않으면 거주민의 수많은 민원이 쏟아질 것이다. 다산 신도시를 이대로 내버려 둘 것인가? 절대 그럴 수 없다. 어떤 지하철을 연결해야 가장 효율적일지 다방면으로 연구한 결론이 8호선 연장일 것이다. 달리 말하면 8호선 연장은 다산 신도시가 없었다면 계획되지 않았을지도 모른다.

별내역까지 연장한 8호선을 별내별가람역까지 잇는다면 어디가 수혜를 받을까? 별내별가람역 인근 지역이다. 잠실까지 30분 만에 갈 수 있기 때문이다. 더군다나 별내별가람역은 기존에 아무것도 없다가 4호선이 진접역까지 연장될 때 개통된 곳이다. 여기에 8호선도 연장한다면 별내별가람역에는 2개 노선이 연결된다.

별내별가람역에서 의정부경전철 탑석역까지 연결하자는 얘기도 나오고 있다. 질문을 하나 해보겠다. 왜 8호선을 다시 탑석역까지 연장하려고 할까? 탑석역 주변을 살펴보자. 탑석역 오른편에 무엇이 있는가? 바로 의정부고산 공공주택지구가 있다. 신규 공공택지를 만들어서 새로운 주거단지가 생겼으니 이 지역을 내버려 둘 수는 없을 것이다. 게다가 탑석역에는 7호선도 연장된다. 위쪽에 있는 양주·옥정 신도시를 잇기 위해서다. 즉 탑석역도 지금은 경전철 하나만 있지만 이렇게 되면 트리플 역세권으로 거듭날 가능성이 있다.

8호선에서 지켜봐야 할 곳을 몇 군데 더 알아보자. 먼저 구리역 근처에서 재개발·재건축이 진행되고 있다. 재건축 단지인 구리역 바로 앞

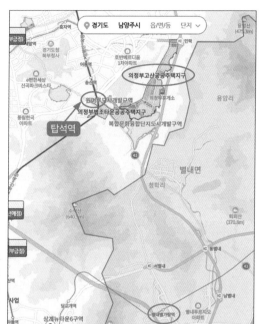

별내별가람역에서 탑석역까지 연장도 검토 중이다. 탑석역 부근에 의정부고산 공공주택지구가 들어서면서 교통망 확충이 필요하기 때문이다. (출처: 네이버 부동산)

구리역 근처의 '힐스테이트 구리역'은 이미 분양이 완료되었고, '수택E구역'은 재개발이 진행 중이다. 토평역 근처의 주요 주거단지도 재건축 연한이 얼마 남지 않아 주목할 필요가 있다. (출처: 리치고)

수택동 '힐스테이트 구리역'은 이미 분양이 완료되었다. 남은 곳은 재개발 진행 중인 '수택E구역'인데 2020년 6월에 관리처분인가를 받았고, 2023년 현재는 이주 및 철거 단계다. 총 3050세대의 대규모 단지로 지어지고 있으며 구리역에서 멀지 않다. 추후 일반분양이 나왔을 때 주변 시세와 비교해서 판단해 보면 좋을 것이다.

토평역 근처에도 주요 주거단지가 형성되어 있다. 단지 대부분이 1990~1995년도에 만들어져서 곧 있으면 재건축 연한에 이른다. 다만 용적률이 높아서 개별적인 재건축은 사업성이 높지 않을 수 있으나, '노후계획도시 정비 및 지원에 관한 특별법' 발표에 따라 대규모 재건축 가능성은 높아졌다. 그러니 관심을 갖고 지켜봐도 괜찮겠다.

결론

1. 왜 만드는가: 다산 신도시와 별내 신도시의 접근성을 높이기 위해서

2. 수혜받는 곳: 별내 신도시 및 기존에 8호선이 없던 곳(구리, 토평 등)

📍 3호선 연장: 오금역-하남시청역

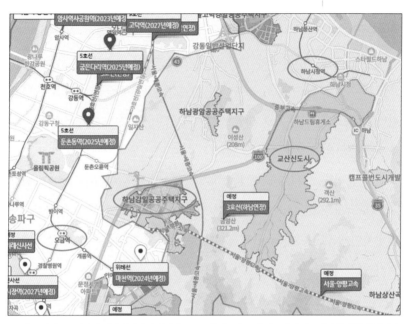

3호선이 하남시청역까지 연장되면서 하남감일 공공주택지구와 교산 신도시의 접근성이 좋아질 예정이다. (출처: 네이버 부동산)

현재 3호선의 오금역에서 하남시청역까지 연장 구간이 예정되어 있다. (출처: 한국교통연구원)

3호선을 하남시청역까지 연장한다는 계획이다. 이 노선은 왜 연장할까? 위의 대규모 택지개발지구를 보면서 유추해 보자.

이제 어느 정도 감이 잡히지 않는가? 다시 말하지만 교통계획은 절대 아무 이유 없이 시행하지 않는다. 계속 민원을 넣는다고 해서 노선을 연장해 주지 않는다. 개발 사업 중 예비타당성조사 단계를 통과하지 못할 것이기 때문이다. 예비타당성조사는 말 그대로 사업성이 있느냐를 따지는 것이다. 1000억 원을 들여 강원도 철원까지 지하철을 뚫었는데 하루에 100명도 사용하지 않는다면 그 돈을 버린 셈이 된다. 더군다나 운영비도 1년에 몇십억 원씩 들어간다. 이러한 이유로 사람들이 많이 이용할 곳에만 지하철이 연장된다. 대표적인 곳이 바로 대규모 택지개발지구와 신도시다.

3호선을 연장하는 이유도 뻔하다. 하남감일 공공주택지구와 교산 신도시 때문이다. 하남감일 공공주택지구는 3만 명 규모로 계획되어 있고 4~5년 안에 완성 단계에 이를 예정이다. 3기 신도시로 교산 신도시도 예정되어 있다. 두 곳을 서울 중심부로 연결하는 최적의 방법이 바로 3호선 연장이다.

하남감일 공공주택지구는 현재 거의 다 완성되었기 때문에 지하철만 연장된다면 지역 주민들이 편의를 누릴 것이다. 교산 신도시는 계획된 지 얼마 안 되어서 2~3년 정도는 지나야 일반분양이 시행될 것으로 보인다. 10~20년 기간을 두고 완성되리라 예상된다. 이 두 지역이 3호선 연장의 가장 큰 수혜를 누릴 것이다.

추가로 종점인 하남시청역 근처도 주목하면 좋다. 기존에 강남으로 가려면 5호선과 8호선, 2호선을 타야 해서 번거로웠다. 하지만 3호선이 연장된다면 환승 없이 바로 강남으로 갈 수 있어 강남 접근성이 상당히 좋아질 것이다.

결론

1. 왜 만드는가: 하남감일 공공주택지구, 교산 신도시를 서울 중심부와 연결

   하기 위해서

2. 수혜받는 곳: 하남감일 공공주택지구, 교산 신도시, 하남시청역 인근 지역

📍 9호선 연장: 고덕역-풍양역

9호선을 고덕강일 공공주택지구를 지나 남양주왕숙 공공주택지구와 왕숙 2신도시까지 연장하여 대규모 택지개발지구의 접근성을 높이고자 한다. (출처: 네이버 부동산)

현재 9호선의 중앙보훈병원역에서 강동구의 고덕역과 남양주의 풍양역까지 노선을 연장할 계획이다. (출처: 한국교통연구원)

9호선은 왜 남양주까지 연결할까? 지도의 대규모 택지개발지구를 보면서 생각해 보자.

이것도 답은 나와 있다. 바로 3기 신도시인 남양주왕숙 공공주택지구와 왕숙 2신도시가 계획되어 있기 때문이다. 위아래로 있는 두 곳을 자연스럽게 연결하면서 동시에 서울 중심부로 이어지는 최적의 노선이 9호선이다. 여러분이 교통계획을 짜는 책임자라고 해도 이렇게 계획할 것이다.

9호선 연장으로 수혜를 받는 곳은 아직 완성되지 않은 남양주왕숙 공공주택지구와 왕숙 2신도시다. 완공된 곳을 살펴보면 다산지금 공공주택지구가 있다. 다산 신도시는 8호선이 연장되기 때문에 상당한 호재를 받지만, 그 밑에 있는 다산지금 공공주택지구는 8호선과 거리가 멀어 전혀 수혜를 누리지 못하고 있었다. 하지만 9호선이 계획되면서 공공주택지구 중간을 가로지르기 때문에 추후 완공되면 상당히 가치가 높아질 것이다.

또한 하남 신도시도 상당히 큰데 5호선이 지나가는 중간을 제외하면 한강변 쪽에서는 5호선까지 거리가 상당히 멀어 교통이 불편했다. 하지만 9호선이 연장되면서 중간중간 역이 생기기 때문에 한강변에 위치한 아파트 단지가 수혜를 받을 것이다.

결론
1. 왜 만드는가: 남양주왕숙 공공주택지구와 왕숙 2신도시를 서울 중심부와 연결하기 위해서
2. 수혜받는 곳: 미사강변도시, 남양주왕숙 공공주택지구, 왕숙 2신도시

📍 대장홍대선 추가: 대장역-홍대입구역 외

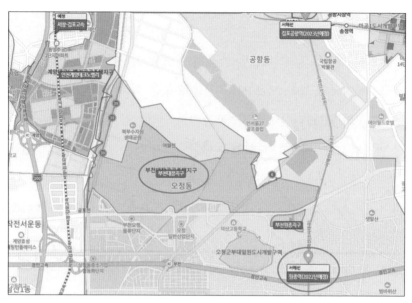

논의 중이었던 원종홍대선이 부천 대장까지 추가로 연장되어 대장홍대선으로 개통될 예정이다. 부천에서 홍대까지 서울 서부권의 교통 편의가 크게 개선될 것으로 보인다. (출처: 네이버 부동산)

홍대입구역에서 부천의 대장역까지 잇는 대장홍대선을 신설할 예정이다. (출처: 한국교통연구원)

대장홍대선은 왜 추가되는가? 위 지도의 대규모 공공주택지구를 보면서 한번 유추해 보자.

이 노선의 지도를 보면 부천대장 공공주택지구가 계획되어 있다. 즉 부천대장 공공주택지구를 다른 노선과 연결하는 역할이다.

이 외에도 5호선과 9호선, 최종적으로 2호선까지 연결되어 마포와 강서

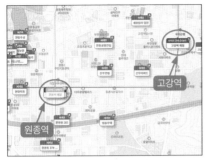

원종역과 고강역 부근에 가로주택정비사업이 이루어지고 있어 여러 단지가 신축될 예정이다(왼쪽). 덕은역 근처에 위치한 신축은 한강뷰도 있어 좋다(오른쪽). (출처: 리치고)

를 한번에 이어준다. 대장 신도시를 비롯해 기존에 역이 없었던 곳이 모두 호재를 누린다.

그중에서 몇 군데만 살펴보자. 먼저 원종역과 고강역 근처에서 소규모로 가로주택정비사업이 활발하게 이루어지고 있다. 상당히 많은 곳이 신축될 예정이므로 단지별로 살펴보자. 고양덕은 도시개발구역도 추천한다. 옆에 난지도와 하늘공원이 있고, 대부분 2022년에 완공된 신축으로 한강 조망이 가능한 세대도 있다. 이 외에도 대장홍대선이 지나가는 주변 아파트를 살펴보면 좋을 것이다.

결론

1. 왜 만드는가: 대장 신도시의 접근성을 높이고, 마포와 강서를 연결하기 위해서

2. 수혜받는 곳: 대장 신도시, 기존에 지하철이 없던 곳 모두

📍 인천2호선 연장: 독정역-킨텍스역 외

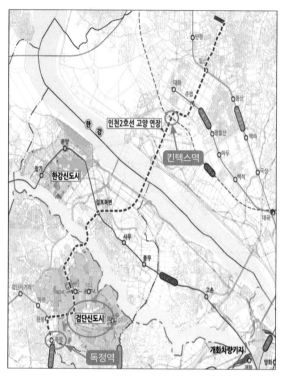

인천2호선이 독정역부터 시작하여 검단을 지나 일산까지 연장될 예정이다. 특히 GTX-A노선이 들어올 킨텍스역을 지나기 때문에 파급력이 클 것으로 보인다. (출처: 국토교통부)

인천2호선이 연장되면서 인천 서구의 검단 신도시와 고양의 일산서구를 잇는 노선이 예정되어 있다. (출처: 한국교통연구원)

인천2호선이 고양까지 연결될 예정이다. 왜 연장할까? 위의 대규모 택지개발지구를 보면서 한 번 유추해 보자.

인천2호선을 연장하는 이유도 두 가지일 것이다. 첫 번째는 바로 검단 신도시다. 검단 신도시는 2023년 현재 50~60% 분양이 이루어졌고, 검단 신도시 기준으로 왼쪽 지역은 아직 분양을 하지 않았다. 검단 신도시를 가로지르는 인천1호선도 연장을 했지만, 인천 내부를 통과하는 지하철이기 때문에 파급효과가 그리 크지 않았다. 반면 인천2호선 연장은 GTX-A노선이 들어올 킨텍스역을 지나가기 때문에 꽤 가치가 있을 것으로 보인다. GTX는 현재 우리나라에서 가치가 가장 높다고 평가되는 지하철이므로 이와 이어지는 노선 또한 가치가 올라가는 건 당연하다.

두 번째는 인천과 김포, 고양을 이어준다는 의미가 크다. 서울만 봐도 한강을 중심으로 위와 아래가 지하철로 연결되는 곳이 상당히 많다. 하지만 김포와 고양은 일산대교를 제외하고는 왕래할 교통편이 턱없이 부족하다. 이러한 이유로 인천2호선 연장이 계획되었고, GTX-A노선과 연결되면 서울 중심부로 30분 안에 갈 수 있다.

수혜를 받는 대표 지역은 검단 신도시다. 위에서 말했듯이 인천1호선만으로는 주요 지역에 접근하기가 쉽지 않은데 인천 2호선이 연장되면 일산, 김포, 서울 중심부까지도 빠르게 갈 수 있기 때문이다.

추가로 걸포북변역 주변을 보면 재개발 사업이 활발하게 이루어지고 있다. 진행 중인 북변 3, 4, 5구역에서 입지가 가장 좋은 곳이자 2843세대 규모인 4구역은 2020년 6월에 관리처분인가를 받았고 2023년 현재 이주 및 철거 단계에 있다. 북변 3구역도 1200세대의 대단지로 2020년 9월 관리처분인가를 받았기 때문에 3구역과 4구역은 곧 일반분양이 나올 것이다. 5구역은 2136세대 규모로 2017년 사업시행인가를 받고 관리

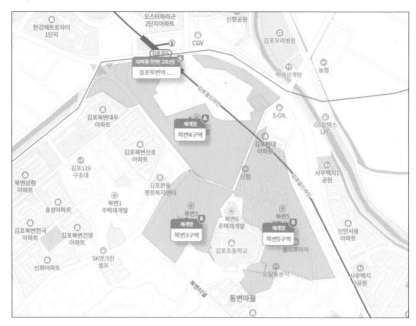

걸포북변역 근처에서 재개발이 진행 중인 북변 3, 4, 5구역. (출처: 리치고)

처분인가를 기다리고 있다. 이렇듯 역세권 바로 앞에 큰 규모의 재개발이 세 군데나 진행되고 있으므로 가치가 상당히 오를 것으로 기대된다.

결론

1. 왜 만드는가: 검단 신도시 및 인천과 김포, 고양 지역을 연결하기 위해서

2. 수혜받는 곳: 해당 노선이 지나가는 모든 지역

📍 제2경인선 연장: 노온사역-구로역 외

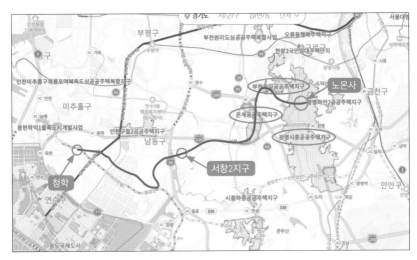

청학에서 서창을 지나 노온사까지 제2경인선을 연장하면서 중간의 시흥은계 공공주택지구, 부천옥길 공공주택지구 등을 연결할 계획이다. (출처: 네이버 부동산)

인천 청학부터 광명 노온사까지 역사를 신설하면서 제2경인선을 연장할 예정이다. (출처: 한국교통연구원)

제2경인선은 왜 연장되는가? 위 지도의 대규모 공공주택지구를 보면서 가늠해 보자.

이곳도 노선을 보면 노온사에서 끝나지 않고 구로역까지 연결된다. 중간에 시흥은계 공공주택지구, 부천옥길 공공주택지구 그리고 3기 신도시인 광명시흥 신도시를 모두 통과한다. 즉 인천과 시흥을 연결하면서 중간에 있는 모든 택지개발지구를 이어준다.

연결되는 지역 중에는 지하철이 전혀 없다가 계획상 2개의 노선이 지나가는 곳이 있다. 바로 인천서창 2공공주택지구로 2012년부터 입주를 시작해서 10년 이내의 준신축 단지로 구성된 지구다. 여기도 계획지구이다 보니 주변에 녹지가 많고 신축이라 살기는 좋지만 지하철이 없어 교통이 불편했다. 하지만 제2경인선과 인천2호선 연장이 겹치면서 2개의 노선이 계획되었다. 전부 완공되면 가치가 많이 오를 것이다. 진척 상황을 보면서 이 지구의 가격 변화도 관찰해 보기를 추천한다.

결론

1. 왜 만드는가: 시흥은계 공공주택지구, 부천옥길 공공주택지구, 3기 신도시인 광명시흥 신도시를 연결하기 위해서

2. 수혜받는 곳: 지하철이 연결되는 모든 곳

📍 일산선(3호선) 연장: 대화역-금릉역

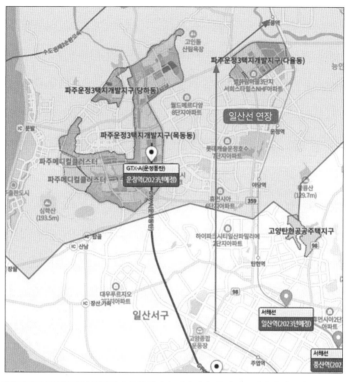

3호선 대화역에서 경의중앙선 금릉역까지 일산선이 연장된다. 운정 신도시까지 접근성을 높이기 위해서다. (출처: 네이버 부동산)

대화역에서 금릉역까지 일산선의 노선 연장이 예정되어 있다. (출처: 한국교통연구원)

3호선에 포함된 일산선을 왜 연장할까? 위 지도의 대규모 택지개발지구를 보면서 유추해 보자.

이제는 너무 뻔하지 않은가. 지도를 보면 연장된 일산선은 운정 신도시를 지나간다. 운정 신도시는 오른쪽에 경의중앙선이 지나가고 왼쪽에 GTX-A노선이 들어오는데 중간에는 아무것도 없었다. 그래서 3호선을 금릉까지 연장하는 것이다.

이에 따라 당연히 운정 신도시가 호재를 누린다. 2021년부터 2023년까지 운정 신도시에서는 파주운정 3택지개발지구에 있는 아파트를 많이 분양했다. 향후 1~2년 안에 대부분의 지역이 분양 완료될 예정이다. 남아 있는 단지 대부분이 운정 신도시에서 가장 입지가 좋다는 GTX-A 운정역이 들어오는 역세권 근처이기 때문에 지금부터 관심을 가지고 지켜보자. 즉 운정 신도시의 메인 입지는 아직 분양을 안 했다. 추후 분양 가격이 좋게 나온다면 적극적으로 청약에 임해보길 추천한다.

결론

1. 왜 만드는가: 운정 신도시를 서울 중심부와 연결하기 위해서

2. 수혜받는 곳: 운정 신도시

📍 고양은평선 연장: 고양시청역-새절역 외

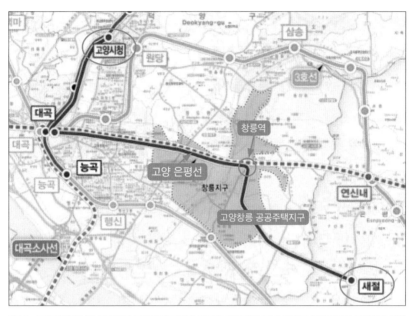

위로는 고양시청역부터 고양창릉 공공주택지구에 위치한 창릉역을 지나 아래로 새절역까지 고양은평선을 연장하여 지하철역이 없었던 이 지역에 교통 편의를 크게 개선한다. (출처: 고양시청)

고양시청역부터 새절역까지 고양은평선이 신설될 예정이다. (출처: 한국교통연구원)

고양은평선은 왜 연장되는가? 지도의 대규모 택지개발지구를 보면서 한번 유추해 보자.

여기도 마찬가지로 3기 신도시인 고양창릉 공공주택지구 때문이다. 하지만 창릉역만 연결하는 게 아니라 서부선도 연결하는데, 새절역부터 관악산역까지 거의 모든 노선을 관통한다. 신촌, 여의도,

노량진을 통과하면서 아래로 이어지므로 상당히 가치가 높다고 볼 수 있다. 수혜를 받는 지역은 이전에 지하철이 없었던 고양창릉 공공주택지구 및 고양시청 쪽이다. 또한 새절역을 포함한 대부분의 역이 수혜를 받을 것이다.

주변에 진행 중인 개발 사업을 살펴보면 첫 번째로 고양시청역 근처의 재개발이 있다. 원당 1구역은 약 2600세대 규모의 대단지로 형성된다. 2023년 현재 이주가 거의 완료되어 철거 이후, 분양 단계로 들어갈 것이다. 원당 2구역은 2011년 조합설립 이후로 느리게 진행되고 있지만 원당 1구역이 성공적으로 마무리되면 진행 속도가 빨라질 것으로 보인다.

두 번째로는 새절역 근처다. 증산 5재정비촉진구역은 1700세대 규모로 재개발되는 곳인데 사업시행인가 이후에 관리처분인가를 앞두고 있다. 입지가 상당히 좋아서 눈여겨볼 만하다. 신사 1주택재건축정비구역은 400세대 규모로 여기도 관리처분인가를 앞두고 있다.

결론

1. 왜 만드는가: 3기 신도시인 고양창릉 공공주택지구와 서울 중심부를 연결하기 위해서

2. 수혜받는 곳: 고양창릉 공공주택지구, 새로 지하철이 연결되는 모든 곳

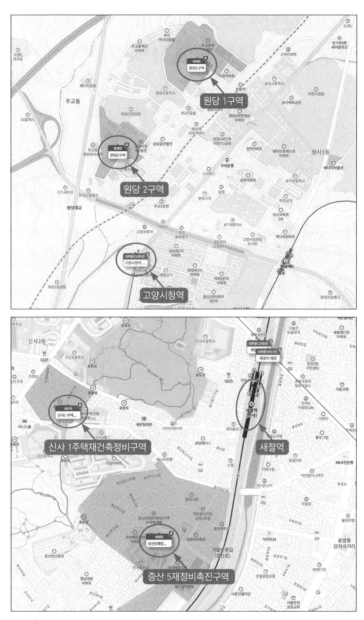

고양시청역 인근의 원당 1구역과 원당 2구역에서 재개발이 진행 중이다(위). 새절역 근처에서는 증산 5재
정비촉진구역과 신사 1주택재건축정비구역이 관리처분인가를 앞두고 있다(아래). (출처: 리치고)

📍 위례과천선 추가: 정부과천청사역-복정역 외

지도에서 '나' 노선이 위례과천선이고 노란 지역이 과천과천 공공주택지구다. 과천과천 공공주택지구를 가로지르면서 해당 지역의 교통편 개선을 노린다. (출처: 네이버 부동산)

정부과천청사역부터 복정역까지 위례과천선을 개통할 예정이다. (출처: 한국교통연구원)

위례과천선은 왜 추가되는가? 위의 대규모 택지개발지구를 보면서 한번 유추해 보자.

위례과천선은 위례부터 수서를 거쳐서 복정까지 연결되는 구간이다. 노선의 중간에 과천과천 공공주택지구가 자리한다. 다양한 이유가 있겠지만 이 지구의 교통편을 이어주려는 목적이 가장 클 것이다. 추가로 수서 밑으로 세곡역도 연결되는데 이곳도 기존에는 지하철이 없었기에 수혜를 볼 것이다.

위례과천선의 경우 추가로 연결되는 곳을 보면 알겠지만 사실상 큰 효율이 있을지 의문이 든다. 왜냐하면 과천은 이미 GTX-C노선이 들어와서 바로 양재와 삼성까지 이어지고, 복정역과 수서역도 기존 8호선과 3호선을 이용하면 충분히 다닐 수 있기 때문이다.

정부에서 발표한 내용을 보면 조금 더 큰 그림이 그려진다. 위례과천선을 안양까지 연장하는 방안을 내놓은 것이다. 이러면 안양은 1호선밖에 없었는데, 월판선도 추가되고 위례과천선 덕분에 강남과의 접근성도 상당히 좋아진다. 게다가 인천2호선이 안양까지 연장된다는 얘기도 나오고 있어 만약 인천2호선-안양-위례까지 이어진다면 해당 지하철의 파급효과는 월판선과 더불어서 상당히 커질 것이다.

결론

1. 왜 만드는가: 과천과천 공공주택지구 및 세곡역의 교통편 확충을 위해서
2. 수혜받는 곳: 지하철이 연결되는 모든 지역

📍 위례삼동선 추가: 삼동역 외

신사역부터 위례중앙역까지 이어주는 위례신사선과 더불어 위례중앙역에서 삼동역까지 연결하는 위례삼동선이 추가로 개통될 예정이다. 삼동에서 강남 주요 지역까지 바로 갈 수 있다. (출처: 아실)

위례삼동선의 신설로 위례중앙역에서 삼동역까지 노선이 추가될 예정이다. (출처: 한국교통연구원)

삼동은 이전까지 봤던 것처럼 대규모 택지개발지구나 신도시와 관련이 없다. 그런데 왜 갑자기 위례신사선과 위례삼동선을 연결하려는 것일까?

삼동의 지리적인 위치가 좋아서 지역을 개발하려는 목적이 크다. 2022년 현재 삼동은 아파트가 2개밖에 없고 나머지는 대부분 개발이 안 되어 있다. 하지만 삼동의 장점은 경강선이 연결되어 판교까지 두 정거장이면 간다. 이것만으로도 삼동의 지리적 가치는 상당히 높다. 판교는 IT기업 대부분이 몰려 있어 떠오르는 대규모 일자리 메카 중 하나이기 때문이다. 그런데 위례신사선까지 연결된다면 삼동에서 잠실과 강남까지 바로 갈 수 있다.

삼동에 계획된 또 다른 노선이 있다. 수서에서 경기 광주까지 수서광주선을 신설할 예정이다. GTX-D노선 중 남부 지역의 동서를 연결하는 노선도 수서에서 삼동을 거쳐서 경강선에 연결할 예정이다. 이번 정부에서 발표한 경강선 연장도 삼동에서부터 시작된다.

계획되어 있는 노선만 봐도 삼동의 가치는 상당히 높아질 예정이다. 하지만 아직 개발이 많이 진행되지는 않았으므로 추후 청약이 나왔을 때 적극적으로 임하면 좋을 것이다.

결론

1. 왜 만드는가: 삼동과 경기 광주 개발을 위해서
2. 수혜받는 곳: 삼동, 경기 광주역 인근 지역

지금까지 수도권 대부분의 교통 호재를 살펴봤다. 이제 어느 정도 감이 오지 않는가? 모든 교통계획에는 다 이유가 있다. 또한 추가되는 노선이 추후 사업성이 있으면서 많은 사람이 혜택을 누려야 하기 때문에 교통이 연결될 만한 곳은 정해져 있다. 사람들이 많이 살고 있는 신도시, 대규모 공공주택지구, 일자리가 많은 곳 등이다.

여러분도 앞으로 교통 호재가 나오면 왜 만들어지는지 유추해 보고, 해당 지하철로 인해서 어디가 수혜를 받을지 생각해 보길 바란다. 더 나아가 지금은 교통계획이 없어도 어딘가에 대규모 택지개발지구가 들어온다면 언젠가는 교통편이 이어지리라는 점도 알 수 있을 것이다.

4장

세금,
알면 알수록
돈이 된다

머리 아픈 부동산 세금,
비과세만 알고 시작하자!

부동산계산기

부동산에 관련된 각종 세금을 부동산계산기 앱에서 쉽게 계산할 수 있다. 양도세를 비롯하여 취득세, 보유세, DSR 등 부동산 거래 시 꼭 필요한 세금과 대출한도를 미리 확인해 보자.

그중 양도세 메뉴에 들어가 보자(오른쪽 그림). 취득일자와 취득가액, 양도일자, 양도가액 등을 내 조건에 맞게 입력하면 양도세가 얼마인지 바로 나온다. 최신 정책도 반영되어 계산된다.

(출처: 부동산계산기)

세금, 굳이 전부 알 필요 없다

부동산에서 세금은 필수 요소다. 어떻게 절세하느냐에 따라서 수익이 크게 달라지기 때문이다. 부동산 투자 단계마다 내야 하는 세금도 다르다. 부동산을 취득할 때는 취득세를 내고, 보유하고 있을 때는 재산세와 종부세, 양도할 때는 양도세를 낸다.

만약 실거주용으로 1주택만 매수하고 더 이상 투자하지 않을 거라면 세금은 크게 신경 쓰지 않아도 된다. 하지만 다주택자가 되어 부동산 투자를 한다면 공부하기 싫어도 해야 하는 것이 바로 세금이다. 즉 부동산 투자를 하기로 결심했다면 세금은 무조건 고려해야 하는 대상이다.

예를 들어 세 번째 주택을 취득할 때, 소재지가 조정대상지역인지 비조정대상지역인지에 따라 취득세율이 다르다. 또한 보유한 주택이 고가라면 종부세를 절세하는 방법도 같이 고려해야 한다. 양도할 때는 조정대상지역의 주택과 비조정대상지역의 주택 중 무엇을 먼저 매도하는지에 따라 양도세율도 달라지니 유의해야 한다(단 2024년 5월 9일까지 양도세 중과 배제). 이처럼 주택 수가 많아질수록 세금과 관련해 고려할 부분이 많아지므로 자신의 상황에 맞게 전략적으로 부동산을 취득하고 매도할 필요가 있다.

꼭 필요한 공부만 하자

세금에 관한 법 조항을 세무사도 아닌데 전부 알 수 있을까? 당연히 어렵다. 내 상황에 맞는 절세법은 그때그때 찾아보고, 대표적인 몇 가지만 숙지해 두기를 추천한다. 특히 부동산 세법은 2022년 기준 4~5년 간 10번 이상 바뀌어서 부동산 전문 세무사조차 아니면 일반 세무사조차 정확히 알지 못한다. 그 정도로 많이 변했고 현재도 복잡하게 얽혀 있으므로 자신의 상황에 따라 그에 맞는 세법을 따로 알면 된다.

예를 들면 부동산 세금에서 가장 절세 효과가 높은 것은 바로 비과세다. 일시적 2주택 비과세를 만족하려면 기존 주택을 취득하고 1년 뒤에 다음 주택을 취득해야 하는데, 세법을 몰라 비과세 조건을 충족한 상태에서 1년 이내에 2주택을 취득해 버리면 아까운 비과세 혜택만 잃어버리고 만다.

이런 일을 방지하기 위해 부동산을 취득하기 전, 세무사에게 상담을 받아보기를 권한다. 참고로 세무 상담은 2~3명에게 받아보기를 추천한다. 세무사도 사람이라 실수할 수 있고, 알고 있는 지식도 서로 다를 수 있어 여러 세무사에게 물어보고 비교해 보자.

세무 상담을 받는 시기는 부동산을 취득하기 전이 가장 좋다. 특히 부동산은 취득할 때 내야 하는 세금이 거의 결정된다. 거래가 다 끝나고 상담하면 세무사도 어찌할 방도가 없다.

이러한 실수를 예방하려면 기본적인 지식은 알고 있어야 한다. 이번 장에서는 세금과 관련된 여러 가지 팁을 알아보도록 하자.

1주택자로는 투자할 수 없다

1주택이 자산시장에서 인플레이션과 디플레이션으로 인한 자산 손실을 막는 헤지(Hedge) 상품이라면, 2주택부터는 비로소 자산을 불리는 투자 상품이라고 할 수 있다. 따라서 자산을 키우기 위해서는 2주택 이상을 목표로 해야 한다.

다주택자가 되면 세금은 필수 고려 대상이다. 제일 먼저 생각해야 하는 것은 바로 취득세다. 2022년 12월 21일에 발표한 정부 정책 기준으로 2주택까지는 조정대상지역, 비조정대상지역 상관없이 중과가 되지 않고, 3주택부터는 조정대상지역 6%, 비조정대상지역 4%가 부과된다.

즉 다주택자로 가기 위한 첫 번째 관문이 바로 취득세를 피해서 투자하는 것이다. 그런데 취득세가 중과되어도 상관없다면, 고민할 것 없이 가장 입지 좋은 곳에 원하는 부동산을 취득하면 된다.

| 취득세 및 증여세 주요 개정 사항 |

			현행	개정안(2022.12.21. 발표)
취득세	개인	1주택	주택 가액에 따라 1~3%	주택 가액에 따라 1~3%
		2주택	조정대상지역: 8%* 그 외 지역: 1~3%	주택 가액에 따라 1~3%
		3주택	조정대상지역: 12% 그 외 지역: 8%	조정대상지역: 6% 그 외 지역: 4%
		4주택 이상	12%	6%
	법인		12%	6%
증여세			조정대상지역 내 3억 원 이상 : 12%** 그 외: 3.5%	조정대상지역 내 3억 원 이상 : 12%** 그 외: 3.5%

* 단 일시적 2주택은 1주택 세율(1~3%) 적용

** 단 1세대 1주택자가 소유주택을 배우자·직계존비속에게 증여한 경우 3.5% 적용

개정안이 시행되면 2주택까지 취득세 중과가 되지 않는다. 2주택까지는 입지 좋고, 가치가 많이 상승할(재개발, 재건축 등) 아파트를 취득하는 편이 현명한 전략이다.

1주택 및 일시적 2주택 비과세를 이용한 절세법

절세법 중에서도 가장 강력한 혜택을 주는 것이 바로 비과세다. 비과세는 말 그대로 세금을 안 낸다는 말이다. 요건을 만족한다면 무조건 비과세 혜택을 누리는 편이 좋다. 현존하는 세금 혜택 중 가장 좋은 것이기 때문이다. 그중에서도 일시적 2주택을 활용해 양도세를 비과세로 절세하는 방법을 알아보자.

먼저 1세대 1주택 비과세 조건을 알아보자. 2022년 기준 조정대상지역의 경우 2017년 8·2대책 이후에 취득한 물건은 2년 보유 및 2년 거주를 충족해야 비과세를 받을 수 있다. 만약 청약에 당첨되었는데 중간에 조정대상지역으로 변경되면 비과세 조건이 어떻게 되는지 헷갈려 하는 분이 많다. 이것도 소득세법 제154조에 "거주자가 조정대상지역의 공고가 있는 날 이전에 매매계약을 체결하고 계약금을 지급한 사실이 증빙 서류에 의하여 확인되는 경우"라고 명시되어 있다. 즉 청약에 당첨되고 계약하는 날에 조정대상지역이 아니면 2년 실거주 조건 없이 2년 보유만 하면 된다.

1. 취득일 기준 거주 요건
   -조정대상지역: 2년 보유 + 2년 거주
   -비조정대상지역: 2년 보유
2. 조건
   조정대상지역 공고가 있는 날 이전에 매매계약을 체결하고, 계약금을 지급한 사실이 증빙 서류로 증명될 경우. 즉, 조정대상지역 공고일 이전에 계약을 했다면 2년 거주 의무 없음

추가로 좋은 소식을 하나 더 이야기하면 2022년 5월 10일 이후의 양도분부터는 최종 1주택의 보유·거주 기간을 재기산하지 않는다. 이는 다주택자와 관련된 내용이다. 기존에는 다주택자가 나머지 주택을 다 팔고 최종 1주택이 남은 상태에서 다시 2년 보유 및 2년 거주를 해야 비과세 혜택을 받을 수 있었다. 그런데 개정된 후에는 기존에 비과세 조건을 충족했다면 최종 1주택이 된 상태에서 바로 팔아도 비과세가 적용된다. 이를 최대한 활용하려면 보유한 주택 중에 비과세가 가능한 주택을 선별하고, 그중 양도차익이 가장 큰 주택을 최종 1주택으로 만든 뒤에 매도하면 된다.

1. 2022년 5월 10일 이후 양도분부터 적용

2. 다주택자였다가 최종 1주택 양도 시, 취득일 기준 2년 거주했다면 비과세 가능

    개정 전에는 '기존 주택 1년 이내 매도 및 다음 신규 주택 1년 이내 전입'이라는 조건 때문에 까다로웠다. 그런데 2023년 1월 12일 이후 양도분부터는 기존 주택을 3년 이내에 매도하면 되고, 전입 조건도 폐지되었다. 또한 이번 개정으로 취득 지역에 상관없이 기존 주택을 3년 이내

최신 정책
같이 보기

| 일시적 2주택 비과세 조건* |

주택 취득 시점(계약일)	지역		기존 주택 처분 기간
	기존 주택	신규 주택	
2018.09.13. 이전 취득	조정	조정	신규 주택 취득 후 기존 주택 3년 이내 매도
2018.09.14.~2019.12.16. 취득	조정	조정	신규 주택 취득 후 기존 주택 2년 이내 매도
2019.12.17. 이후 취득	조정	조정	신규 주택 취득 후 기존 주택 1년 이내 매도 및 신규 주택 1년 이내 전입
2022.05.10. 이후 양도분	조정	조정	신규 주택 취득 후 기존 주택 2년 이내 매도 및 신규 주택 1년 이내 전입 폐지
취득(취득 시점 상관 없음)	비조정	조정	신규 주택 취득 후 기존 주택 3년 이내 매도
	조정	비조정	
	비조정	비조정	
2023.1.12. 이후 양도분	상관없음	상관없음	신규 주택 취득 후 기존 주택 3년 이내 매도

소득세법시행령 제155조 내용 참고.

에 매도하기만 해도 비과세 혜택을 받을 수 있다. 상당히 많은 부분의 세법이 개정되면서 기존에 복잡하던 세법이 좀 더 단순해졌다.

기본적으로 비과세를 받기 위해서는 다음 두 가지 조건을 만족해야 한다. 국내에 1주택을 소유한 세대가 기존 주택을 양도하기 전에 신규 주택을 취득함으로써 일시적으로 2주택이 된 경우 첫째, 기존 주택을 취득한 날로부터 1년 이상 경과한 후 신규 주택을 취득하고 둘째, 신규 주택을 취득한 지 3년 이내에 기존 주택을 양도하면 기존 주택을 비과세한다. 2017년 8·2대책 이후 조정대상지역은 2년 거주해야 비과세가 가능하다.

이 조건을 활용한 일시적 2주택 비과세 세팅 방법을 살펴보자.

조정대상지역에서
일시적 2주택 비과세 세팅 투자법

주택A를 2020년 2월 1일에 조정대상지역에서 매수했다고 하자. 비과세를 받으려면 실거주를 해야 하고, 주택을 취득한 상태에서 1년 뒤에 매수해야 한다. 그러니 1년 뒤인 2021년 2월 2일에 주택B를 매수한다. 여기서 1년이 더 지나면 실거주 2년을 채웠기 때문에 비과세가 가능해진다. 주택A를 매도한 후 주택B에 실거주를 하러 들어간다. 매도 시기는 B주택을 매수한 2021년 2월 2일 기준 3년 이내에 주택B 세입자의 임대차 일자를 확인해서 유동적으로 정하면 된다.

A 매수 (조정, 실거주) 2020.02.01.	B 매수(조정) 2021.02.02.	C 매수(조정) 2023.02.03. B (실거주)	D 매수(조정) 2026.02.03. C (실거주)	E 매수(조정) 2029.02.03. D (실거주)
		A 매도 2023.02.01.	B 매도 2026.02.01.	C 매도 2029.02.01.

그 후로는 3년 단위로 매도한 이후에 새로운 주택을 취득하면 된다. 여기서 중요한 점은 신규 주택을 취득한 날짜를 기점으로 3년 안에 기존 주택을 팔아야 한다는 것이다. 이렇게 하는 이유는 바로 2채를 계속해서 가져가기 위함이다. 1채는 자산 방어용, 2채부터 자산 증식용이다. 더군다나 비과세이기 때문에 세금으로 나가는 비용이 없어 투자에 유리하다.

여기서 상급지로 이동하는 것도 중요하다. 3년마다 비과세로 발생하는 매매 수익에 3년 동안 자신이 모은 자금을 더해 최대한 상급지로 옮겨야 수익이 극대화된다. 이런 식으로 꾸준히 상급지로 이동할수록 자산도 불어날 것이다.

임대차3법을 이용한 팁

2020년 8월부터 임대차3법이 실행된 이후에 전세가가 많이 올랐는데, 계약갱신청구권으로 인해서 전세가를 올리지 못하는 상황이라면 어떻게 대처할 것인지 고민하다가 떠올린 방법이 있다.

먼저 이 방법을 이용하려면 몇 가지 조건이 필요하다.

1. 집을 두 채 가지고 있어야 한다.
2. 2년마다 이사를 다녀야 한다.

왜 이 조건이 필요하느냐면 임대차3법에서 계약갱신청구권을 거부하려면 집주인이나 직계가족이 들어와서 사는 방법밖에 없기 때문이다. A집에서 살고 있는 상황에서 B집의 전세 계약 기간이 만료되고 전세가가 많이 올랐다고 가정해 보자. B집의 임차인은 계약갱신청구권을 사용해서 5%만 올려달라고 요구할 것이다. 이때 집주인은 B집으로 이사 가면서 시세에 맞춰 A집의 전세를 놓는다. 그렇게 2년이 지난 후 A집의 전세가가 다시 많이 올랐다고 치면 다시 A집으로 옮기면서 B집의 전세가를 시세대로 맞추면 된다. 이 방법을 이용하면 2년마다 이사 다니기가 힘들긴 하지만, 전세가가 많이 올랐다면 이를 반영한 보증금을 받아 자금을 사용할 수 있어 다주택자에게 유용하다. 하지만 역전세가 나고 있는 상황에서는 크게 의미가 없는 방법이기도 하다. 그러니 참고사항으로 알고 있으면 된다.

장기보유특별공제를 이용한 매도 시나리오

유튜브
같이 보기

이번에는 비과세와 함께 강력한 절세법으로 꼽히는 장기보유특별공제(이하 '장특공')에 대해서 알아보자. 비과세와 장특공은 어떻게 다를까? 결론부터 말하면 집을 12억 원 이하에 매도할 때에는 세금을 내지 않는 비과세가 무조건 이득이다.

장특공은 고가 주택을 처분할 때 빛을 발한다. 예를 들어 주택을 12억 원에 취득하고, 30억 원에 매도한다면 비과세 조건은 크게 도움이 안 된다. 왜냐하면 취득가액이 이미 12억 원이고 매도가액이 30억 원이기 때문에 12억 원 이하 세금 0원은 소용이 없기 때문이다. 하지만 장특공은 보유 및 거주 조건에 따라서 최대 80%까지 공제가 되기 때문에 고가 주택을 팔 때는 필수적으로 활용해야 한다.

매수한 집을 어떻게 팔아야 수익이 극대화되는지 본격적으로 살펴보

| 1세대 1주택 비과세와 장기보유특별공제의 차이 |

	1세대 1주택 비과세	장기보유특별공제
자격 요건	조정대상지역에서 2년 실거주 + 2년 보유 비조정대상지역에서 2년 보유	1세대 1주택자(실거래가 9억 원 초과)의 장기 보유 혹은 장기 거주
혜택	실거래가 12억 원까지 비과세 (세금 0원)	2년 실거주 X → 보유 1년당 2%, 최대 20% 공제 2년 실거주 O → 보유 1년당 4%, 거주 1년당 4%

| 장기보유특별공제 보유·거주 기간별 공제율 |

기간	1주택			다주택
	거주	보유	합계	
3년 이상 ~ 4년 미만	12%	12%	24%	6%
4년 이상 ~ 5년 미만	16%	16%	32%	8%
5년 이상 ~ 6년 미만	20%	20%	40%	10%
6년 이상 ~ 7년 미만	24%	24%	48%	12%
7년 이상 ~ 8년 미만	28%	28%	56%	14%
8년 이상 ~ 9년 미만	32%	32%	64%	16%
9년 이상 ~ 10년 미만	36%	36%	72%	18%
10년 이상	40%	40%	80%	20~30%*

* 다주택자는 15년 이상 보유 시 최대 30% 공제 가능

자. 공제 혜택을 조건별로 계산하는 방법도 정확한 금액을 알기도 어려웠을 것이다. 지금부터 모든 시나리오별로 과연 내 수익은 얼마나 되고, 세금은 얼마나 내야 하는지 직접 확인해 보자.

　1. 2년 전세 주고 바로 팔 때

　2. 2년 실거주하고 바로 팔 때

3. 실거주 안 하고 10년 보유하다가 팔 때

4. 10년간 보유하며 2년 거주하고 팔 때

5. 10년 실거주하고 팔 때

　

우선 현재 적용되는 양도세율부터 알아야 한다(2023년 1월 1일 시행 기준). 아래 표처럼 과세표준별 기본세율이 정해져 있다. 추가로 다주택자는 2024년 5월 9일까지 양도세 중과를 받지 않는다. 과도하게 책정된 단기세율(1년 내 양도 시)도 폐지하거나 많이 줄여서 분양권과 입주권을 포함한 모든 주택이 1년 뒤에는 기본세율을 적용받고, 1년 미만이면 45%를 적용받는다.

| 양도소득세 기본세율 |

	과세 표준 구간	세율	누진공제액	참고
기본세율	1400만 원 이하	6%	-	• 조정대상지역 내 주택 　2주택자: 기본세율+20% 　3주택자: 기본세율+30% • 양도세 중과 배제 　2024년 5월 9일까지 양도분은 양도세 중과 배제
	1400만 원 초과 5000만 원 이하	15%	108만 원	
	5000만 원 초과 8800만 원 이하	24%	522만 원	
	8800만 원 초과 1억 5000만 원 이하	35%	1490만 원	
	1억 5000만 원 초과 3억 원 이하	38%	1940만 원	
	3억 원 초과 5억 원 이하	40%	2540만 원	
	5억 원 초과	42%	3540만 원	
	10억 원 초과	45%	6540만 원	
1년 미만 주택		45%		
1년 이상 주택		기본세율		

2년 전세 주고 바로 팔 때

조정대상지역에서 집을 5억 원에 매수해서 20억 원에 판다고 가정해 보자. 매도가를 20억 원으로 설정하는 이유는 장기보유특별공제의 효과도 함께 확인하기 위해서다.

아래 표는 인적 공제를 제외하고 계산한 양도가액 금액대별 양도세다. 20억 원에 매도하지 않더라도 어느 정도로 양도세가 나올지 쉽게 알 수 있다. 예를 들어 5억 원짜리 집을 사서 10억 원에 매도하면, 양도세는 1억 9000만 원이다.

우리가 구하는 5억 원 매수, 20억 원 매도 시 양도세는 6억 7000만 원이고, 실수령액은 13억 3000만 원이므로, 순수익은 8억 3000만 원이다.

#	적요	값	비고
1	취득가액	500,000,000	입력값
2	취득일자	2022-01-01	입력값
3	양도가액	2,000,000,000	입력값
4	양도일자	2024-01-02	입력값
5	양도차익	1,500,000,000	양도가액 - (취득가액 + 필요경비)
6	보유기간	2년 0개월	취득일자로부터 양도일자
7	과세표준	1,497,500,000	양도차익 - 공제액(인별공제 적용)
8	양도소득세율	45%	10억원 초과 45%(누진공제액 6,594만원)
9	양도소득세	607,935,000	과세표준×세율(45%)-누진공제액(65,940,000)
10	지방소득세	60,793,500	양도소득세의 10%
11	총 납부금액	668,728,500	양도소득세 + 지방소득세

취득가액	5억 원	
양도가액 (만 원)	양도세 (만 원)	실수령금 (만 원)
60,000	2,211	57,789
70,000	6,226	63,774
80,000	10,406	69,594
90,000	14,806	75,194
100,000	19,206	80,794
150,000	42,306	107,694
200,000	67,056	132,944

왼쪽은 부동산계산기 앱을 통해 양도세를 구한 화면이고, 오른쪽은 양도가액에 따른 양도세를 표로 정리한 것이다. (출처: 부동산계산기)

2년 실거주하고 바로 팔 때

두 번째 시나리오인 2년 실거주하고 팔면 어떻게 되는가? 2년을 실거주하면 비과세 조건을 충족한다. 2022년 기준 양도가 12억 원까지 비과세 혜택이 적용된다. 12억 원 밑으로 매도하면 내야 할 세금이 0원인 셈이다.

한편 20억 원에 매도하면 양도세는 2억 4000만 원이고, 실수령액은 17억 6000만 원이므로, 순수익은 12억 6000만 원이 된다. 비과세 혜택이 없을 경우와 비교하면 양도세를 4억 원 이상 절세할 수 있어, 그만큼 수익으로 가져갈 수 있다.

#	적요	값	비고
1	취득가액	500,000,000	입력값
2	취득일자	2022-01-01	입력값
3	양도가액	2,000,000,000	입력값
4	양도일자	2024-01-02	입력값
5	양도차익	1,500,000,000	양도가액 - (취득가액 + 필요경비)
6	보유기간	2년 0개월	취득일자로부터 양도일자
7	과세대상양도차익	600,000,000	양도차익 * (양도가액 - 12억원) / 양도가액
8	**과세표준**	**597,500,000**	**양도차익 - 공제액(인별공제 적용)**
9	양도소득세율	42%	10억원 이하 42%(누진공제액 3,594만원)
10	**양도소득세**	**215,010,000**	**과세표준×세율(42%)-누진공제액(35,940,000)**
11	지방소득세	21,501,000	양도소득세의 10%
12	**총 납부금액**	**236,511,000**	양도소득세 + 지방소득세

취득가액	5억 원	
양도가액 (만 원)	양도세 (만 원)	실수령금 (만 원)
120,000	0	120,000
130,000	1,050	128,950
140,000	3,311	136,689
150,000	6,226	143,774
160,000	9,361	150,639
170,000	12,735	157,265
180,000	16,273	163,727
190,000	19,935	170,065
200,000	23,826	176,174

왼쪽은 부동산계산기 앱을 통해 양도세를 구한 화면이고, 오른쪽은 양도가액에 따른 양도세를 표로 정리한 것이다. (출처: 부동산계산기)

실거주 안 하고 10년 보유하다가 팔 때

조정대상지역에서 실거주를 하지 않으면 비과세는 적용받지 못하고 장특공의 세제 혜택만 받을 수 있다.

집을 5억 원에 매수해서 10억 원에 매도한다고 가정해 보자. 먼저 아래 표에서 3년 차에 팔면 양도세가 1억 7886만 원, 4년 차에 팔면 1억 7446만 원, 10년 차에 팔면 1억 4806만 원이다. 즉, 해마다 2%씩 공제율이 올라가 이번 시나리오의 조건인 실거주 없이 10년 동안 보유만 할 경우, 최대로 받을 수 있는 공제율은 20%다.

5억 원에 매수하고 10년 후에 20억 원에 매도하면 양도세는 5억 2206만 원이고, 실수령액은 14억 7794만 원이므로, 순수익은 9억 7794만 원이다. 앞에서 본 2년 거주한 경우의 양도세와 비교해 보면 10년 동안 가지고 있어도 2억 8000만 원 이상을 더 내야 하므로, 큰 의미가 없음을 알 수 있다.

취득가액	5억 원					
양도가액 (만 원)	양도세 (만 원)					10년 기준 실수령금 (만 원)
	3년(6%)	4년(8%)	6년(12%)	8년(16%)	10년(20%)	
60,000	1,980	1,903	1,749	1,643	1,538	58,462
70,000	5,724	5,557	5,223	4,888	4,554	65,446
80,000	9,654	9,403	8,901	8,400	7,898	72,102
90,000	13,750	13,398	12,694	11,990	11,286	78,714
100,000	17,886	17,446	16,566	15,686	14,806	85,194
150,000	39,534	38,610	36,762	34,914	33,066	116,934
200,000	62,601	61,116	58,146	55,176	52,206	147,794

10년간 보유하며 2년 거주하고 팔 때

이번에는 10년 보유하는 동안 2년 거주했을 때를 생각해 보자. 이 경우 12억 원까지는 비과세 혜택을 받을 수 있고, 12억 원을 초과하는 양도가액에 대해서는 장특공 혜택도 받을 수 있다. 여기서 2년 거주는 보유 기간 중 언제든 상관없다.

2년 거주로 비과세 적용도 받고, 장특공 혜택은 1년 보유할 때마다 공제액이 4%씩 늘어난다. 최종 공제받는 장특공은 48%가 된다. 여기서 5억 원 매수, 20억 원 매도의 경우를 보면 양도세는 1억 934만 원이고, 실수령액은 18억 9066만 원이므로, 순수익은 13억 9066만 원이다. 직전의 시나리오랑 비교했을 때 양도세가 4억 원 이상의 차이가 난다. 이 차이는 바로 실거주 2년에 있다.

취득가액	5억 원					
양도가액 (만 원)	양도세(만 원)					10년 기준 실수령금 (만 원)
	3년(20%)	4년(24%)	6년(32%)	8년(40%)	10년(48%)	
120,000	0	0	0	0	0	20,000
130,000	725	661	572	490	409	129,591
140,000	2,321	2,123	1,734	1,462	1,191	138,809
150,000	4,554	4,220	3,597	2,981	2,365	147,635
160,000	7,062	6,602	5,683	4,763	3,867	156,133
170,000	9,668	9,078	7,898	6,718	5,538	164,462
180,000	12,459	11,697	10,183	8,734	7,285	172,715
190,000	15,362	14,454	12,638	10,823	9,077	180,923
200,000	18,326	17,270	15,158	13,046	10,934	189,066

10년 실거주하고 팔 때

마지막은 10년 실거주한 뒤 매도했을 경우인데 당연히 비과세 요건은 충족됐고, 장특공도 최대로 받을 수 있어 80%까지 공제가 가능하다. 여기서 5억 원 매수, 20억 원 매도의 조건을 보면 양도세로 2981만 원밖에 안 나온다. 15억 원의 양도차익이 났는데 세금은 3000만 원도 안 내니 최고의 절세 방법이다.

지금까지 계산한 시나리오를 한 번에 묶어서 보자. 기준은 5억 원에 매수해서 20억 원에 매도했을 때 내가 가져가는 금액이다.

자, 여기서 공통점을 발견했는가? 바로 2년 실거주 여부다. 만약 앞의 사례처럼 12억 원 미만에 취득해서 큰 양도차익을 얻게 된다면 2년

취득가액	5억 원					
양도가액 (만 원)	양도세(만 원)					10년 기준 실수령금 (만 원)
	3년(24%)	4년(32%)	6년(48%)	8년(64%)	10년(80%)	
120,000	0	0	0	0	0	120,000
130,000	661	572	409	247	84	129,916
140,000	2,123	1,734	1,191	648	305	139,695
150,000	4,220	3,597	2,365	1,327	541	149,459
160,000	6,602	5,683	3,867	2,173	878	159,122
170,000	9,078	7,898	5,538	3,253	1,289	168,711
180,000	11,697	10,183	7,285	4,387	1,714	178,286
190,000	14,454	12,638	9,077	5,628	2,333	187,667
200,000	17,270	15,158	10,934	6,895	2,981	197,019

	2년 전세 보유	2년 실거주	실거주 없이 10년 보유	10년 보유 중 2년 실거주	10년 실거주
실수령액	13.3억 원	17.6억 원	14.8억 원	18.9억 원	19.7억 원

| 5억 원 매수, 20억 원 매도 시 시나리오별 양도세 납부 후 실수령액 |

을 거주하는 것만으로도 엄청난 절세 효과를 볼 수 있다. 특히 2년 실거주만 하고 팔 때와 10년 보유한 후에 팔 때를 비교해 보면, 오히려 2년 실거주만 하고 팔 때가 2억 8000만 원 더 이득이다.

즉 양도차익이 크다면 최대한 비과세 조건을 갖춰서 매도하고, 매도 금액이 크다면 장특공을 최대한 채워야 절세 혜택이 가장 크다.

조정대상지역에서
해제되면 좋은 점

유튜브
같이 보기

2017년부터 2021년까지 전국의 이름 있는 지역은 모두 다 조정대상지역이나 투기과열지구로 지정되었다. 그런데 2022년부터 부동산 시장이 침체되면서 강남 3구와 용산을 제외한 조정대상지역과 투기과열지구가 해제되었다.

이에 따라 부동산에서 비조정대상지역이 조정대상지역에 비해 어떤 점이 유리한지 알아보자. 세법부터 대출, 청약 등 부동산 전반에서 여러 제약 조건이 완화된다. 그러므로 각각의 내용을 상세히 알면 내 상황에 맞는 투자법을 정할 수 있다.

어떤 점이 좋아지는지 아래와 같이 총 네 가지로 살펴보자.

1. 1세대 1주택 비과세 요건 중 2년 거주 요건이 사라진다.

2. 다주택자 양도세 중과 적용이 안 된다(2024년 5월 9일까지는 조정대상지역에서도 유예).

3. 대출 한도가 LTV 70%까지 올라간다.

4. 6억 원 이하 아파트 매수 시 자금조달계획서를 제출할 필요가 없다.

조정대상지역 해제 이점 네 가지

첫 번째는 조정대상지역 해제 후에 취득한 주택은 1세대 1주택 비과세 요건에서 2년 거주 요건이 사라진다. 아래 표를 보면 2022년 기준 조정대상지역은 2년 이상 거주해야 비과세를 적용받을 수 있지만, 비조정대상지역으로 변경되면 2년 동안 보유만 해도 비과세를 적용받을 수 있다. 즉, 전세를 주고 2년만 보유해도 비과세가 가능하다.

두 번째로 다주택자는 양도세 중과가 적용되지 않는다. 현재 다주택자 양도세 중과는 한시적으로 배제되어 2024년 5월 9일까지 조정대상지역에 있는 주택을 양도할 때에도 양도세 중과가 되지 않는다. 그런데

| 1세대 1주택 비과세 보유·거주 기간 요건 |

구분	양도 시기
	2022년 5월 10일 이후
취득 당시 조정대상지역 내	2년 이상 보유 2년 이상 거주
취득 당시 조정대상지역 외	2년 이상 보유

비조정대상지역으로 변경되면 양도세 중과를 고민할 필요가 없다. 양도세 중과 대상은 '조정대상지역 내의 주택을 양도 시'라고 명시되어 있기 때문이다. 그래서 양도세 때문에 양도하지 못했던 사람도 비조정대상지역으로 변경되면 자유롭게 양도가 가능해진다.

대출에서도 상당히 많은 부분이 달라진다. 대표적인 것이 LTV(담보인정비율) 규제다. 현재 조정대상지역이나 투기과열지구는 LTV 50%, 즉 집값의 50%까지만 대출이 나온다. 하지만 비규제지역은 LTV가 70%까지 늘어난다. 그래서 기존에 조정대상지역의 집을 매수하고 싶어도 대출이 나오지 않아서 포기했던 사람은 비조정대상지역으로 바뀌면 다시 시도할 수 있다. 다만 금리가 상당히 높을 때에는 각자의 상황을 고려해서 대출을 받아야 할 것이다.

마지막으로 비조정대상지역으로 변경되는 순간 6억 원 이하 아파트를 매수할 때 자금조달계획서를 제출할 필요가 없어진다. 이렇게 비조정대상지역으로 변경되면 지금까지 신경 써왔던 여러 불편 사항이 사라지므로 실거주나 투자를 위해서 매수하려는 사람들에게는 정말 좋은 상황이다. 좀 더 세부적으로는 어떤 점이 달라지는지 확인해 보자.

| 규제지역별 자금조달계획서 및 증빙 서류 제출 조건 |

	자금조달계획서	증빙 서류
투기과열지구	모든 주택	O
조정대상지역	모든 주택	X
비규제지역	6억 원 초과	X

조정대상지역 해제와 분양권

조정대상지역일 때 분양권에 당첨되고, 완공 시점에 조정대상지역에서 해제된다면 비과세 요건은 어떻게 바뀔까?

2020년에서 2021년 사이에 청약에 당첨된 사람들 중 이를 궁금해하는 사람이 많을 것이다. 답변하기 전에 먼저 알아야 할 점이 있다. 우선 분양권과 주택은 서로 다른 개념이다. 분양권은 추후 해당 주택을 소유할 수 있는 권리증일 뿐이다. 즉 분양권은 실체가 없는 종이다. 분양권이라는 종이가 주택이 되는 순간은 언제인가? 바로 건설사가 준공을 완료하여 분양권 소유자가 잔금을 납부하는 날이다.

그러면 지금까지 우리가 알고 있던 비과세 요건의 전제 조건은 어떤 것이었나? 바로 주택이다. 주택을 취득하는 시점에 비조정대상지역이었느냐 조정대상지역이었느냐에 따라서 2년 거주 요건이 변경되었다. 분양권이 주택이 되는 정확한 시점은 잔금 납부일이다. 이제 답이 나왔다. 내가 잔금을 납부하는 날 비조정대상지역에 해당한다면 2년 보유만 해도 비과세 조건이 된다. 그런데 만약 내가 잔금을 납부한 다음 날에야 비조정대상지역으로 풀렸다면? 당연히 2년 거주 요건이 생기는 것이다.

다음으로 1주택자가 조정대상지역일 때 분양권에 당첨되고, 완공 시점에 조정대상지역에서 풀릴 경우에는 취득세 요건이 어떻게 될까?

이 질문에 대한 답을 알기 위해서는 가장 먼저 분양권 계약일에 따른 주택 수 포함 여부를 확인해야 한다. 2020년 8월 12일 이후에 취득한 분양권은 주택 수에 포함된다. 또한 주택 수 판정 기준일이 분양권 계약일이기 때문에 분양권을 취득한 이후 중간에 다른 주택을 팔아도 계약일 기준으로 주택 수 취득세 중과를 적용받는다.

2020년 7월 10일 이전에 취득한 분양권 소유자는 완공 시점에 2주택을 가지고 있어도 취득세 중과가 되지 않는다. 왜냐하면 7·10대책의 취득세 개정 이전의 세법을 적용받기 때문에 3주택까지 취득세 중과가 되지 않는다.

본론으로 돌아와서, 그러면 2020년 8월 12일 이후에 취득한 분양권은 중간에 비조정대상지역으로 변경되어도 똑같은가? 아니다. 지금까지 얘기한 내용은 전부 다 주택 수 관련이다. 실제로 취득세가 중과되는지 안되는지는 해당 분양권이 주택으로 변경되는 시점, 즉 잔금 납부일에 조정대상지역인지 아닌지가 중요하다. 기존에 1주택자가 조정대상지역에서 분양권을 매수 혹은 당첨되었다면 취득세 8% 중과를 내야 했으나, 추후 해당 분양권이 비조정대상지역으로 변경되면 주택이 되는 시점에 비조정대상지역에서 주택을 취득하므로 2주택까지 취득세 중과가 되지 않는다.

결론적으로 2020년 8월 12일 이후에는 분양권 계약일에 따라 주택 수 포함 여부가 결정되고, 중과 여부는 잔금 납부일에 해당 지역이 조정대상지역인지 비조정대상지역인지에 따라서 결정된다.

주택 수 기준: 분양권 계약일

중과 여부: 주택 취득일(잔금 납부일)

즉, 비조정대상지역일 때 취득하면 2주택까지 취득세 중과 안 됨

조정대상지역 해제와 대출

기존 주택의 처분 조건으로 대출받은 경우 주택 소재지가 조정대상지역에서 해제되었을 때에도 기존 주택을 처분해야 할까? 기존 주택이 있는 사람은 조정대상지역에서 대출을 받을 때 대부분 기존 주택 처분 조건으로 대출받았을 것이다. 하지만 이에 대해서 금융감독원에 올라온 질문의 답변을 보면 원래는 기존 주택 처분 약정을 체결하고 사후관리를 한다고 규정되어 있다고 한다. 중요한 점은 규제지역에서 해제되고 나면 사후관리 의무도 없어진다는 것이다.

금융감독원(민원에 대한 회신)

3. 「은행업감독규정」 제5호에서는 은행이 주택을 보유한 세대에 대해 규제지역 내에서 주택 구입 목적 주택담보대출을 취급할 수 없도록 하고 있으며, 기존 1주택 보유 세대가 일정 기간 내 기존 주택을 처분하겠다는 내용의 약정("기존 주택 처분약정")을 체결하는 등 예외적인 경우에 한해 동 대출의 취급을 허용하고 있습니다.

4. 아울러 「은행업감독업무시행세칙」 제14호에서는 은행이 기존 주택 처분 등의 약정을 체결한 경우 발생하는 사후관리 의무를 규정하고 있으며, 규제지역에 한정하여 적용되는 특약이 체결된 대출에 대해서는 규제지역 지정이 해제된 경우 사후관리 의무가 지속되지 아니함을 명시하고 있습니다.

은행업감독업무시행세칙 제14호

14. (주택담보대출에 대한 사후관리) (중략) 기존 주택의 처분, 주택 추가 구입 금지, 주택 의무 거주 및 기간 내 전입에 관한 특약이 체결된 대출에 대해서는 다음과 같이 사후관리하여야 한다. (중략) 규제지역 지정이 해제된 경우에는 그러하지 아니하다.

사후관리를 하지 않아도 된다는 말은 어떤 뜻일까? 내가 처분을 하든 안 하든 관리하지 않는다는 것이다. 그러니 처분을 하지 않아도 대출은 유지된다. 사후관리의 내용을 보면 주택 처분뿐만 아니라 주택 추가 구입 금지, 주택 의무 거주, 기한 내 전입 등의 약정을 했을 텐데 비조정대상지역이 되면 관리 의무가 소멸되므로 모든 약정에서 자유로워진다. 이에 더해 2023년 1월 3일 정부 발표에 따르면 처분 조건으로 청약에 당첨된 1주택자의 기존 주택 처분 의무도 소급해서 폐지한다.

비과세 요건 리셋하기

이제부터 조정대상지역이 비조정대상지역으로 변경되면서 고려해볼 만한 아이디어를 말해보려고 한다. 조정대상지역과 비조정대상지역의 가장 큰 차이점은 비과세 2년 거주 요건이다. 즉 조정대상지역일 때 집을 매수한 후 비조정대상지역이 됐을 때 비과세 요건을 리셋할 수 있다. 1주택자와 2주택자의 경우로 나누어 알아보자.

첫 번째는 전세를 살면서 따로 1주택을 장기 보유할 경우다. 아파트 한 채를 가지고 있을 때 투자 가치가 높아 팔지 않고 보유하면서 비과세를 받는 방법이다. 조정대상지역일 때 매수했으므로 2년 실거주 의무가 있지만 투자 목적으로 매수한 사람은 그러기가 쉽지 않다. 이럴 때 조정대상지역에서 해제된다면 바로 가지고 있던 주택을 매도하면 된다. 여기서 주의할 점은 구매 후 2년이 지난 주택이어야 한다는 것이다.

조정대상지역

조정대상지역 해제

비조정대상지역

A 매수
2년 보유, 비거주

A 매도
양도세(일반과세)

B 매수
취득세 1~3%
추후 양도세 비과세

매수가보다 오른 만큼의 양도세를 일반과세로 낸다. 그러고 나서 같은 단지 내 다른 동호수의 아파트를 매수한다. 자, 그러면 무엇이 바뀔까? 이미 가격 상승분에 대해서 일반과세로 양도세를 납부했고, 비조정대상지역일 때 다시 취득했기 때문에 이후에 2년 전세만 줘도 양도세 비과세 혜택을 받을 수 있다. 이때 취득세 1~3%를 내야 하지만, 가치가 높아 집값이 계속 오를 것이라고 생각한다면 취득세를 납부하고 추후 비과세 혜택을 받는 것이 훨씬 더 좋다. 한마디로 취득세를 내어주고, 비과세를 얻는 방법이다.

두 번째 방법은 2주택을 오래 가지고 가겠다는 사람들에게 추천한다. 여기서 조건이 하나 더 붙는다. 새로 취득한 주택이 기존 주택을 매수한 지 1년 뒤에 매수한 물건이여야 한다. 아직 3년이 안 지났을 때 기존의 A주택과 새로 매수한 B주택이 모두 조정대상지역에 해당되면 취득세로 8%의 중과세를 납부했을 것이다. 이때 갑자기 조정대상지역에서 둘 다 해제됐다면 어떤 선택을 할 수 있을까?

먼저 A주택을 매도한다. B주택을 취득한 지는 3년이 안 지났기 때문에 일시적 2주택의 요건을 충족해서 기존에 냈던 취득세 8%를 돌려받

조정대상지역 | 비조정대상지역

1년 뒤 +

조정대상지역 해제
3년 내

3년 내 +

A 매수

B 매수
취득세
8% 중과

A 매도
취득세 8% 환급
다시 A 매수
취득세 1~3%

B 매도
양도세 비과세

는다. 추가로 A주택이 요건을 갖췄다면 비과세 혜택도 받는다.

　그다음에 매도한 A주택을 다시 사는 것이다. 이 경우 같은 단지 안에서 다른 동호수를 사야 한다. 하지만 결론적으로 A주택은 비조정대상지역에서 취득하므로 납부해야 하는 취득세는 1~3%밖에 안 된다. 즉 취득세를 1~3%만 내고 기존에 납부했던 8%를 돌려받아 이득을 본다. 이렇게 A주택을 팔고 다시 사면 나중에 어떤 선택을 할 수 있을까? 당장은 팔 생각이 없더라도 만약 B주택을 3년 안에 판다면 B주택도 양도세 비과세 혜택을 받을 수 있다.

　조금 복잡해 보이지만 단순하게 생각하면 기존 주택을 팔고 다시 사는 것이다. 이에 따라 자신한테 이득이 생기는 대로 선택하면 된다.

　2022년 이후 부동산 시장은 시세 하락보다 거래량이 없는 것이 더 큰 문제였다. 거래량이 없으면 거래에 따라 납부하는 취득세, 양도세가 현저히 줄어들기 때문에 정부 입장에서는 더 큰 타격을 받는다. 그래서 거래량을 늘리기 위해 규제 해제를 비롯해 여러 세금 완화 정책이 나오는 것이다. 새로운 정책이 나올 때마다 어떤 혜택이 있는지 혹은 어떻게 활용할지를 고민해 보는 것이 현명한 투자자가 되는 길이다.

취득세 절세 투자법

오피스텔은 오피스와 호텔을 합친 형태의 건축물이다. 일하면서 거주도 할 수 있게 만든 주택의 일종이다. 2004년 이전에는 아파트와 거의 유사하여 주택법이나 청약 관련 규정을 피하기 위한 편법 분양으로 많이 사용되었기에 대형 오피스텔이 많았다. 하지만 바닥 난방(50m² 이하만 허용)과 욕조 설치 규제가 시작되면서 소형으로만 분양이 가능해졌다.

2010년 이후 전용면적 85m² 미만의 오피스텔까지 주거용 오피스텔로 분류되어 욕조 설치와 바닥 난방이 허용되었다. 이후 현재는 오피스텔 시장에서 아파텔이라고 분류되는 84m²의 오피스텔이 공급되고 있다. 이러한 오피스텔은 사실상 25평형(전용면적 59m²) 아파트와 실사용면적이 유사하여 아파트의 대체재가 될 수 있다.

그래서 아파텔이라는 용어로 마케팅을 하고 있는 것이다. 건설사 입장에서는 분양가 상한제 규제를 피하여 수익을 극대화할 수 있고, 수요자는 청약 및 대출 관련 규제에서 벗어날 수 있기 때문이다. 현재 주거용 오피스텔 시장은 원룸, 투룸형의 소형 오피스텔과 바닥 난방이 허용되는 최대 크기인 85m²에 근접한 아파트 대체용 아파텔로 구분된다.

여기서 시세차익형 투자를 하려면 소형 오피스텔이 아닌 전용면적 85m²에 근접한 아파텔에 주목해야 한다. 세금도 살펴보면 오피스텔은 준주택이라는 특성상 세법, 공법 등 각종 법규에 따라 주택일 때도 있고 업무시설일 때도 있다. 그러나 대한민국 세법상에서 세금은 공부상 용도를 기준으로 판단하지 않고 실제 용도 기준으로 판단한다. 오피스텔이 업무용으로 사용된다면 업무시설에 대한 세율이 적용되고, 주택용으로 사용된다면 주택과 같은 세금이 적용된다.

오피스텔 취득 시점에는 소유자가 오피스텔을 어떻게 사용할지 판단할 방법이 없다. 따라서 오피스텔을 취득하면 주거용과 업무용을 막론하고 공부상 기준을 따라 취득세율은 4%로 일괄 적용한다. 그래서 최종적으로 취득세는 4.6%(취득세 4%+농어촌특별세 0.2%+지방교육세 0.4%)가 되며 주택 수에 상관없이 취득세 중과가 되지 않는다.

아파트와 오피스텔의 장점을 결합하다

2장에서 임장하는 방법을 설명할 때 아파텔에 대해 잠깐 이야기했다. 그때는 가격 비교법을 중심으로 설명했는데, 여기서 아파텔의 장단점에 대해서 좀 더 자세히 알아보자. 먼저 아파텔의 조건을 다시 보자.

1. 외관상으로 봤을 때 절대 오피스텔처럼 보이지 않는다.
2. 아파트와 똑같은 평면도로 되어 있다.

이 두 가지 조건을 충족해야 아파텔로서 가치가 있다고 생각한다. 그러면 장점과 주의사항을 살펴보자.

1. 장점
   - 아파트와 똑같은 평면도의 단지는 시세차익형으로 투자하기 좋다.
   - 비주택으로 취급되서 취득세가 중과되지 않고, 4.6%로 고정이다.
2. 주의사항
   - 방 3개, 25평형 주택을 대체할 수 있어야한다.
   - 84타입 오피스텔 기준 59타입 주택과 시세를 비교한다.
   - 하락장 때 가장 먼저 가격이 내려갈 가능성이 높으므로 입지가 좋은 곳을 선택한다.

이 중 가장 강조하고 싶은 것이 바로 '입지 좋은 곳'이다. 오피스텔은 사실 취득세 중과가 없어지면 제일 먼저 시장에서 외면받을 상품이다. 왜냐하면 2022년까지는 취득세가 중과되어 8%의 세금을 내야 하기 때문에 4.6%가 적어 보였지만, 2주택까지 취득세 중과가 없어지면 4.6%라는 취득세도 상당히 큰 금액으로 여겨지기 때문이다.

오피스텔은 대부분 용적률 400~500%, 많으면 800~1000%까지 사용하고 있어 사실상 재건축이 불가하다. 재건축이 불가능하다는 것은 다시 말하면 시간이 지날수록 건물의 가치가 계속 하락하기 때문에 가격이 계속 떨어진다는 소리다.

취득세 중과가 없어지더라도 시장에서 외면받지 않으려면 어떻게 해야 할까? 입지가 좋은 아파텔을 매수해야 한다. 입지 좋은 오피스텔의 예를 보자.

입지 좋은 오피스텔 사례

첫 번째는 광교 호수공원이다. 현재 광교 호수공원에 바로 붙어 있어 뷰가 가장 좋은 입지에 있는 곳은 아파트가 아닌 오피스텔, 즉 아파텔이다. 그래서 지도에 보이는 건물 대부분이 오피스텔이다. 광교 호수공원의 영구 뷰를 가지고 있고 호수도 가까워 꾸준히 수요가 존재한다.

두 번째는 부산 마린시티다. 부산 마린시티 주변도 상당수가 오피스텔로 이루어져 있다. 이곳도 광교와 비슷하게 해운대 옆에 있어 뷰가 상당히 좋다. 또한 화려한 스카이라인 덕분에 광역시권 내에서 부촌 이미지가 가장 강하다.

두 입지의 공통점은 가장 좋은 전망을 오피스텔 단지가 가지고 있어 대체 불가하다는 점이다. 이러한 영구 뷰 입지는 시간이 지날수록 가치가 높아지기 때문에 투자 상품이 된다. 가격을 살펴보면 주변 아파트 단

광교 호수공원 앞의 오피스텔. (출처: 네이버 부동산(위), 포레나광교 홈페이지(오른쪽))

부산 마린시티에 위치한 오션뷰의 오피스텔. (출처: 네이버 부동산)

지와 비슷한 가격대를 형성하고 있거나 혹은 더 비싼 곳도 존재한다. 그렇기에 당장 매매로 투자하기에는 자금이 상당히 많이 필요하다.

　추천하는 방법은 청약이 나올 때마다 입지분석과 가치분석을 해서 가격도 괜찮고 입지도 좋다는 판단이 서면 적극적으로 청약에 임하는 것이다. 참고로 오피스텔 청약에는 청약통장도 필요 없고, 단지마다 한 사람이 여러 개 넣을 수도 있다. 보통 괜찮은 아파텔의 경우 가족 명의를 전부 다 동원하여 청약을 넣기도 한다.

가족이랑 계좌이체만 해도
세금을 낸다고?

가족끼리 계좌이체를 할 때 주의할 점을 알아보자. 자칫하면 세금 폭탄을 맞는 경우가 생길 수 있기 때문이다.

당연하겠지만 가족 간 계좌이체는 정말 많이 이루어진다. 부모와 자녀 사이에도 빈번하고, 부부 사이에서는 셀 수 없이 잦다. 일반적인 용돈부터 외벌이라면 생활비, 자녀 학비, 선물까지 다양한 용도로 계좌이체를 한다.

이런 가족 간 단순 계좌거래에도 세금이 부과될 수 있다. 가족끼리 계좌이체를 할 때 어떤 걸 조심해야 하는지, 언제 세무조사가 들어오는지, 평소에 어떻게 해야 하는지 알아보자.

보통 가족 간 계좌이체는 다음과 같은 경우에 많이 이루어진다.

- 부모와 자녀 사이

- 남편과 아내 사이

- 조부모와 손주 사이

여기서 바로 증여세가 부과될 수 있다. 어떤 항목이 증여세로 들어가고 어떤 항목이 안 들어가는지 살펴보자.

증여세가 비과세되는 열 가지 경우

증여세의 사전적인 의미는 "타인의 증여에 의해 무상으로 취득한 재산을 과세대상으로 하여 그것을 취득한 사람에게 부과하는 조세"이다. 즉 타인한테 무상으로 취득한 재산에 대해 세금을 부과하는 것이다. 그렇기 때문에 가족 간이라고 할지라도 타인으로부터 현금을 받은 행위에 해당해서 단순 계좌이체도 증여세 대상이 될 수 있다.

여기서 비과세가 되는 증여재산이 있다. 국세청에서 말하는 증여세 면제 및 비과세 항목을 보면 첫 번째는 증여재산을 반환하는 경우이고, 두 번째는 농지 등에 대한 증여세 감면이다. 농지 증여세 감면은 농업에 대해서 혜택을 주는 것이다. 부모님이 자녀한테 농지 등을 증여하면 이에 대해 5년 동안 1억 원 한도로 증여세를 면제해 준다.

세 번째는 공익을 목적으로 하는 공익법인 등이 출연받은 재산이다. 네 번째는 장애인이 증여받은 재산에 대해 일정 부분 비과세를 해준다. 그래서 장애인 전용보험에 가입해서 보험금을 지급받는 경우 연간 4000만 원까지 증여세를 내지 않아도 된다. 그런데 이러한 경우가 통상적으로 흔하지는 않다. 비과세 대상인 증여재산 외에 법령에 명시된 증여세 비과세 항목을 살펴보면 다음과 같이 총 열 가지가 있다.

상속세 및 증여세법
제46조(비과세되는 증여재산) 다음 각 호의 어느 하나에 해당하는 금액에 대해서는 증여세를 부과하지 아니한다.
1. 국가나 지방자치단체로부터 증여받은 재산의 가액
2. 내국법인의 종업원으로서 대통령령으로 정하는 요건을 갖춘 종업원단체(이하 "우리사주조합"이라 한다)에 가입한 자가 해당 법인의 주식을 우리사주조합을 통하여 취득한 경우로서 그 조합원이 대통령령으로 정하는 소액주주의 기준에 해당하는 경우 그 주식의 취득가액과 시가의 차액으로 인하여 받은 이익에 상당하는 가액
3. 「정당법」에 따른 정당이 증여받은 재산의 가액
4. 「근로복지기본법」에 따른 사내근로복지기금이나 그 밖에 이와 유사한 것으로서 대통령령으로 정하는 단체가 증여받은 재산의 가액
5. 사회통념상 인정되는 이재구호금품, 치료비, 피부양자의 생활비, 교육비, 그 밖에 이와 유사한 것으로서 대통령령으로 정하는 것
6. 「신용보증기금법」에 따라 설립된 신용보증기금이나 그 밖에 이와 유사한 것으로서 대통령령으로 정하는 단체가 증여받은 재산의 가액
7. 국가, 지방자치단체 또는 공공단체가 증여받은 재산의 가액
8. 장애인을 보험금 수령인으로 하는 보험으로서 대통령령으로 정하는 보험의 보험금
9. 「국가유공자 등 예우 및 지원에 관한 법률」에 따른 국가유공자의 유족이나 「의사상자 등 예우 및 지원에 관한 법률」에 따른 의사자(義死者)의 유족이 증여받은 성금 및 물품 등 재산의 가액
10. 비영리법인의 설립근거가 되는 법령의 변경으로 비영리법인이 해산되거나 업무가 변경됨에 따라 해당 비영리법인의 재산과 권리·의무를 다른 비영리법인이 승계받은 경우 승계받은 해당 재산의 가액

여기서 보통 많이 해당되는 내용이 바로 5항이다. "사회통념상 인정되는 이재구호금품, 치료비, 피부양자의 생활비, 교육비 그 밖에 이와 유사한 것으로서 대통령령으로 정하는 것"이라고 되어 있는데, 대통령령으로 정해진 내용은 아래와 같다.

1. 학자금 또는 장학금 기타 이와 유사한 금품
2. 기념품·축하금·부의금 기타 이와 유사한 금품으로서 통상 필요하다고 인정되는 금품
3. 혼수용품으로서 통상 필요하다고 인정되는 금품

이를 종합해 보면 우리가 가장 많이 적용받는 증여세 비과세 항목은 바로 치료비와 피부양자의 생활비이고, 다음은 교육비, 학자금, 장학금, 기념품, 축하금, 부의금, 혼수용품 등 일상에서 사용하는 항목이다.

그런데 사회 통념상 인정되는 금액이라고 할 때, 예를 들어 자녀한테 기념품으로 1억 원짜리 미술품을 사준다면 비과세 항목이 될까? 당연히 안 된다. 이 정도 되는 금액을 비과세로 인정받으려면 입증 자료가 필요하다.

가족 간에 증여세 비과세를 받을 수 있는 금액이 정해져 있는데 바로 앞서 말한 '증여재산 공제한도'다. 181쪽의 표를 살펴보자. 가장 큰 금액이 부부간 증여에 대한 비과세인데 총합으로 6억 원이 공제되는 것이 아니다. 인당 공제금액이라서 남편이 아내에게, 아내가 남편에게 각각 주는 금액의 한도가 6억 원으로 총 12억 원이 비과세가 된다. 이를 많이 쓰

배우자	6억 원
직계존비속(미성년자일 경우)	5000만 원(2000만 원)
기타 친족(6촌 이내 혈족, 4촌 이내 인척)	1000만 원

는 경우는 크게 두 가지다. 첫 번째는 주식을 양도할 때 내는 양도세를 줄이기 위해서 배우자끼리 많이 증여한다. 예를 들어 미국주식 기준으로 양도세를 22% 내는데 만약 주식 양도차익이 5억 원 정도라면 세금으로만 1억 원 이상을 납부해야 한다. 이때 6억 원을 배우자한테 증여하고 배우자가 바로 매도하면 양도세를 절세하는 최고의 방법인 것이다.

하지만 이 방법도 2023년 1월 1일부터 바뀌어서 양도하는 주식이 배우자에게 증여받은 주식인 경우 증여일로부터 1년 이내에 양도하면 증여한 사람의 취득가액을 기준으로 양도소득세를 계산한다. 그래서 증여한 뒤에 바로 팔면 안 되고 1년이 경과한 뒤 매도해야 한다. 즉 증여한 지 1년이 지나지 않았다면 증여하지 않고 팔았을 때와 같은 양도소득세를 내는 것이다.

두 번째는 부동산이다. 부동산도 똑같이 2억 원에 산 집이 6억 원까지 올랐다고 가정해 보자. 조정대상지역일 때 이 집에 2년 거주를 하지 않아서 비과세를 받지 못한다면 매도할 때 세금만 거의 1억에서 2억 원을 납부해야 한다. 이런 경우에 6억 원짜리 집을 배우자에게 증여하면 양도세를 내지 않는다. 다만 이 경우 취득세는 낸다. 부동산은 증여받았다고 해서 바로 팔 수 있는 것이 아니라 최소 5년은 가지고 있어야 한다. 왜냐하면 5년 안에 팔면 이월 과세가 돼서 기존 취득금액으로 과세가 잡히기 때문이다. 5년 동안 보유한 이후에 매도해야 절세가 가능하다. 하지만 이 방법도 2023년 1월 1일부터는 5년이 아닌 10년으로 늘어났기 때문에 각자의 상황에 맞춰서 활용하자.

계좌이체에 세금이 붙는 경우

그러면 비과세 이외에 가족 간 계좌이체지만 증여세가 부과될 수 있는 경우는 어떤 것이 있는지 알아보자.

첫 번째는 가장 빈번하게 일어나는 경우로 부모가 돈을 주면서 가전제품이나 전자제품을 사달라고 할 때다. 인터넷 구매에 익숙지 않고 요즘 나오는 제품을 비교해서 고르기가 쉽지 않아 자녀에게 많이 부탁한다. 그래서 자연스럽게 자녀는 부모에게 돈을 받고 부모님 집으로 여러 가지를 배송시킨다. 이 외에도 돈이 많이 드는 인테리어나 고가 제품 구매에 이런 방식으로 비용을 지불하는 경우가 많다. 이때 조심해야 한다.

국세청에서 부모와 자녀 간의 계좌이체를 지켜볼 때는 무조건 증여로 추정한다. 그래서 비과세 한도 금액인 5000만 원 이상의 큰돈이 오가는 경우 바로 증여세 납부 영수증이 날아오는 것이다.

"나는 이런 내용을 다 기억하고 있어서 상관없다"라고 말하는 사람도 있는데 지금 말한 증여 조사는 내가 준비를 마친 다음이 아니라 어떤 사건이 벌어졌을 때 즉시 들어온다. 예를 들어 부동산 취득, 탈세, 사망 등 예기치 못한 사건이 일어나면 그 시점에서 최근 10년 동안의 모든 거래

내역을 본다. 이때 10년 가까이 되는 일을 상세히 기억하기는 쉽지 않다.

여기서 증여세로 간주받지 않으려면 증여가 아니라는 증거를 직접 제출해야 한다. 특히 부모와 자식 간의 돈거래는 증여가 아니라고 당사자가 직접 소명해야 한다. 이때 가장 좋은 방법은 송금할 때마다 이체 사유를 메모해 두는 것이다.

그러면 부부 사이에는 어떻게 될까? 부부 사이에는 정말 많은 돈이 오간다. 남편이 아내에게 생활비, 공과금, 용돈을 줄 수도 있고, 아내가 남편한테 의료비, 교육비를 줄 수도 있다. 배우자끼리는 당연히 경제공동체이고, 외벌이의 경우는 매달 생활비도 이체하는 등 여러 이유로 수시로 돈을 주고받는다. 그러다 보니 부부간에 이루어지는 돈거래는 국세청에 입증 의무가 있다.

국세청이 먼저 객관적인 증빙 자료로 입증해야 증여세를 과세할 수 있고, 상세 내역을 알기 위해서는 계좌내역을 일일이 확인해야 하는데 이는 사실상 불가능에 가깝다. 그래서 국세청에서는 정말 객관적인 증거가 있지 않는 한 부부간 계좌이체에 대해서는 증여세를 징수하지 않는다고 한다.

세무조사는 언제 들어올까? 보통 세 가지 경우가 있다.

1. 주식 및 부동산 취득 시 자금출처조사(3년)

2. 사업장 세무조사(5년)

3. 상속세 세무조사(10년): 물려받은 재산 + 10년 이내 증여한 재산

부동산의 자금조달계획서가 증여세를 확인하기 위한 대표적인 예다. 그다음이 사업장 세무조사인데 최근 5년 동안의 내역을 확인한다. 가장 집중적으로 확인하는 것이 바로 상속세 세무조사다. 상속세는 최근 10년 동안 받은 내역을 전부 확인한다.

억울하게 증여세를 내지 않으려면 계좌이체를 할 때 입력하는 메모 기능을 활용하자. 부모가 자녀에게 송금을 할 때나 자녀가 통장 관리를 할 때 송금 내역에다가 메모 기능을 이용해 이유나 목적을 적어두면 좋다. 추후 부모에게 받은 돈이 증여가 아니라는 걸 메모 내역으로 증명할 수 있다.

또한 메모만 남기고 끝이 아니라 별도로 객관적인 증빙 자료를 가지고 있어야 한다. 구입 내역이나 영수증, 현금으로 계산했을 때는 현금영수증이 있어야 나중에 부당한 세금을 내지 않을 수 있다.

결론적으로 가족과 계좌이체 거래를 할 경우에는 메모를 남겨두는 습관을 갖자. 그래야 나중에 발생할 수 있는 문제에 현명하게 대처할 수 있다.

부모 자식 간 현금 거래 절세법

유튜브
같이 보기

부모가 자녀에게 자금을 줄 때는 증여세를 내거나 차용증을 작성해서 돈을 빌려주는 방법이 있다. 두 가지 방법을 적절히 사용하는 것이 가장 좋다. 증여세 부분에서는 비과세를 받을 수 있는 만큼만 증여하고, 그 이후 자금은 차용증을 이용하면 제일 합리적이다.

181쪽의 표를 다시 보면 배우자는 서로 6억 원씩 비과세가 적용된다. 이는 10년 합산 금액이므로 10년마다 6억 원씩 증여하면 세금이 없다. 그리고 자식이나 부모에게 증여할 때는 5000만 원까지 비과세가 적용된다.

증여세율(186쪽 증여세율 표 참조)은 금액대별로 세율이 다르다. 10억 원이 넘어가면 40%의 세율이 나오므로 상당히 많은 세금을 내야 한다. 한눈에 파악하기 힘드니 일반적으로 많이 하는 10억 원 이하로 증여할

| 증여세율 |

과세표준	1억 원 이하	5억 원 이하	10억 원 이하	30억 원 이하	30억 원 초과
세율	10%	20%	30%	40%	50%
누진공제액	없음	1000만 원	6000만 원	1억 6000만 원	4억 6000만 원

| 10억 원 이하 금액별 증여세 |

증여세				
금액	세율	증여공제	누진공제	증여세
1억 원	10%	5000만 원		500만 원
2억 원		5000만 원	1000만 원	2000만 원
2억 1700만 원		5000만 원	1000만 원	2340만 원
3억 원	20%	5000만 원	1000만 원	4000만 원
4억 원		5000만 원	1000만 원	6000만 원
5억 원		5000만 원	1000만 원	8000만 원
6억 원		5000만 원	6000만 원	1억 500만 원
7억 원		5000만 원	6000만 원	1억 3500만 원
8억 원	30%	5000만 원	6000만 원	1억 6500만 원
9억 원		5000만 원	6000만 원	1억 9500만 원
10억 원		5000만 원	6000만 원	2억 2500만 원

경우 얼마의 증여세를 내는지 위의 표에 정리해 놓았다. 이는 비과세, 즉 자식한테 준다고 가정하고 증여공제까지 포함한 금액이다.

5억 원 정도를 증여할 경우 8000만 원을 증여세로 내야 한다. 사실상 4억 2000만 원만 받는 셈이다. 이렇게 나가는 세금이 너무 많아 증여보다 차용증을 더 많이 활용한다. 공제 한도까지만 증여하고, 나머지는 차용증으로 빌려주면 상당 부분 절세가 가능하기 때문이다.

차용증 작성법

차용증을 통해 어떻게 절세하는지 알아보기 위해 먼저 법령을 살펴보자. 차용증을 쓸 때 증여로 간주되면 안 되므로 적절한 이자를 지급해야 한다. 그러니 세법상 법정이자율인 4.6%를 지켜야 한다. 두 번째로 1년 동안 무상으로 대출해 줄 수 있는 이자소득은 최대 1000만 원이다.

상속세 및 증여세법
제41조의4(금전 무상대출 등에 따른 이익의 증여)
① 타인으로부터 금전을 무상으로 또는 적정 이자율보다 낮은 이자율로 대출받은 경우에는 그 금전을 대출받은 날에 다음 각 호의 구분에 따른 금액을 그 금전을 대출받은 자의 증여재산가액으로 한다. 다만, 다음 각 호의 구분에 따른 금액이 대통령령으로 정하는 기준금액 미만인 경우는 제외한다.
1. 무상으로 대출받은 경우: 대출금액에 적징 이자율을 곱하여 계산한 금액
2. 적정 이자율보다 낮은 이자율로 대출받은 경우: 대출금액에 적정 이자율을 곱하여 계산한 금액에서 실제 지급한 이자 상당액을 뺀 금액.

법인세법 시행규칙
제43조(가중평균차입이자율의 계산방법 등)
② 법인세법 시행령 제89조 제3항 각 호 외의 부분 단서에서 "기획재정부령으로 정하는 당좌대출이자율"이란 연간 1,000분의 46을 말한다.

상속세 및 증여세법 시행령
제31조의4(금전 무상대출 등에 따른 이익의 계산방법 등)
② 법 제41조의4 제1항 각 호 외의 부분 단서에서 "대통령령으로 정하는 기준금액"이란 1000만 원을 말한다.

이 내용을 바탕으로 차용증을 쓸 때 어떻게 써야 하는지 표로 정리하면 다음과 같다(189쪽).

가장 눈에 띄는 것은 2억 1700만 원이란 금액이다. 2억 1700만 원은 무이자로 빌려줄 수 있는 최대 금액이다. 187쪽의 따르면 1년 동안 이자가 1000만 원 미만이면 증여로 보지 않는다. 법정 이자율은 4.6%이므로 이를 역산하면 2억 1700만 원까지는 무이자로 빌려줄 수 있다는 말이다. 표 제일 오른쪽의 증여세는 만일 차용증을 쓰지 않고 같은 금액을 그냥 증여할 경우 과세되는 금액이다. 즉 2억 1700만 원을 증여로 줬다면 증여세로 2340만 원이나 내야 한다. 차용증을 써서 무이자로 빌려주면 이 금액을 아낄 수 있는 것이다.

이 이상의 금액을 빌려줄 때 이자가 제일 적게 나가도록 실제 내는 이자 값을 계산해 보자. 앞의 법령에서 "적정 이자율을 곱하여 계산한 금액"은 대출 금액에 법정이자율 4.6%를 곱해서 나온 표의 '법정이자'다. 여기서 "실제 지급한 이자 상당액을 뺀 금액"이 "대통령령으로 정하는 기준금액"인 1000만 원 미만이면 증여세가 부과되지 않는다. 표의 '실제 내는 이자'가 "실제 지급한 이자 상당액을 뺀 금액"으로 법정이자에서 1000만 원을 뺀 것이며, 실제로 차용증을 써서 이자를 낼 때는 이 값에 1원을 더해 두 금액의 차이가 1000만 원 미만이 되게 한다. 이것이 현재 법령을 준수하는 한에서 증여세를 내지 않고 가장 적게 낼 수 있는 이자 금액이다.

실제 이자율은 실제 내는 이자를 토대로 역산한 값이다. 이제 이 표만 확인하면 계산이 간단해진다. 예를 들어 5억 원을 차용증을 써서 빌

(단위: 만 원)

금액	법정이자 (4.6%)	실제 내는 이자	월 납입금	실제 이자율	이자소득세	증여세
10,000	460	0	0	0	무이자, 종합소득세 상관없음	500
20,000	920	0	0	0		2,000
21,700	998	0	0	0		2,340
30,000	1,380	380	31	1.27%	이자소득세 주의	4,000
40,000	1,840	840	70	2.11%		6,000
50,000	2,300	1,300	108	2.61%		8,000
60,000	2,760	1,760	147	2.94%		10,500
70,000	3,220	2,220	185	3.18%	종합소득세 주의	13,500
80,000	3,680	2,680	224	3.36%		16,500
90,000	4,140	3,140	261	3.49%		19,500
100,000	4,600	3,600	300	3.61%		22,500

려준다면 실제 이자는 2.61% 지급하면 되니, 돈을 빌린 사람은 달마다 108만 7500원씩 이자를 지급하면 된다. 표 제일 오른쪽의 증여세와 비교해 보면, 증여세로 돈이 사라지는 것보다 차용증을 써서 빌려준 뒤에 이자를 용돈으로 받는 편이 훨씬 좋다. 다만 이때 이자소득세와 종합소득세를 유의한다. 개인 간 거래라고 할지라도 이자를 받으면 세무적으로 이자소득이 발생하므로 이자에 대한 소득세가 부과된다.

차용증의 이자소득세 계산하기

정석은 부모가 자식한테 돈을 빌려줄 경우 자식이 부모한테 27.5%

를 원천징수하고 이자를 지급하는 것이다. 일반 금융기관에서는 이자소득세로 15.4%만 내지만 차용증에 대한 이자는 비영업대금으로 분류되어 27.5%(지방소득세 2.5% 포함)라는 큰 비율의 세금을 내야 한다. 그러니 자식은 27.5%를 원천징수하고 국세청과 위텍스에 다음 달 10일까지 신고한다.

월 이자 10만 원 = 72,500원 부모에게 지급 + 27,500원 세금 납부

반면 소득자는 금융소득이 2000만 원을 초과하면 종합소득세를 신고해야 한다. 이자소득도 금융소득에 포함되므로 자식에게 받은 이자소득을 합쳐 1년 동안 발생한 금융소득이 2000만 원이 넘지 않는지 확인해야 한다.

기납부된 원천징수액은 기납부세액으로 공제된다. 그래서 이자에 대한 소득세가 높긴 하지만, 증여세로 내는 금액보다는 훨씬 적으므로 증여보다 차용증이 현명한 방법이다.

자금출처조사를 차용증으로 대체하기

차용증을 작성하고 난 후에는 공증을 받아야 한다. 공증을 받는 이유는 해당 날짜에 진짜 차용증이 작성되었는지 확인받기 위함이다. 나중에 어떠한 이유로 자금출처조사를 할 때 만약 당일에 5년 전 날짜로 차용증

을 작성해도 이를 확인하는 입장에서는 언제 작성된 건지 알 방법이 없기 때문이다. 법무사를 통해서 공증을 받는 것이 가장 좋지만 비싸므로 등기소에서 등기사항증명서를 발급받거나 우체국 내용증명을 통해 전달해도 된다. 해당 날짜가 공식적으로 증명되므로 차용증의 효력이 생긴다.

- 법무사 공증: 비쌈
- 등기소 등기사항증명서: 1장당 600원(날짜 찍힘)
- 우체국 내용증명: 보낸 날짜 찍힘

결론은 여러 이유로 자식에게 돈을 빌려줄 일이 있다면 먼저 비과세 한도 내에서 돈을 증여한다. 그 후 나머지 금액은 차용증으로 돈을 빌려준다. 자식 입장에서는 기분 좋게 부모님께 용돈 드리는 셈 치고 이자를 내면 세금을 가장 아낄 수 있다.

- 차용증 쓰고 나서 등기소 확정일자 받기: 공증하는 변호사 사무실
- 기분 좋게 부모님 용돈(이자) 드리기
- 이자를 받는 사람은 종합소득세 신고 조심하기

2부

부동산
투자 방법의
모든 것

5장

전세로 살지 말라고?
생각을 바꾸면
기회가 된다!

세입자와 투자자 모두를 위한
전세 꿀팁을 알아보자!

네이버 부동산: 매물 가격

아파트 가격을 볼 때는 네이버 부동산을 기준으로 한다. 최근 실거래가를 비롯하여 단지 정보, 평형, 공시가격, 학군 등 다양한 정보를 확인할 수 있다. 아파트, 분양권, 재건축 단위로 따로 볼 수도 있다. 매물을 검색하거나 시세를 파악할 때 자주 이용한다.

(출처: 네이버 부동산)

호갱노노: 임대사업률 확인

호갱노노는 다양한 기능을 지도상에서 한눈에 보여준다. 갭가격, 전세가율, 용적률 등을 네이버 부동산으로 보려면 각 단지를 클릭해야 하는데 그에 비해 훨씬 편리하다. 이번 장에서는 임대사업률 기능을 사용할 것이다.

(출처: 호갱노노)

렌트홈: 임대주택 확인

렌트홈 홈페이지에서 임대주택 찾기를 누르면 지도에서 단지별로 임대사업자의 매물을 쉽게 확인할 수 있다.

(출처: 렌트홈)

전세 반값에 구하는 법

유튜브
같이 보기

우리가 집에 거주하는 방법은 크게 세 가지다. 첫 번째는 자가를 매수해서 사는 것, 두 번째는 월세, 세 번째는 전세로 사는 방법이다. 특히 전세 제도는 우리나라에만 있는 독특한 임대 형태로 전세 세입자뿐만 아니라 투자자 입장에서도 상당히 유용하다.

'나는 투자자인데 전세를 왜 알아야 하지? 몰라도 상관없는데?'

이렇게 생각하면 큰 오산이다. 시세차익형 투자로 많이들 선택하는 갭투자도 전세 제도를 기반으로 한다. 전세 제도가 있기 때문에 적은 돈으로도 아파트에 투자할 수 있다. 더 나아가 전세 세입자를 받을 때도 전세 제도를 잘 알고 있으면 유용하게 활용할 수 있다.

몇몇 투자자나 전문가는 "전세 살지 마세요. 월세 사세요"라고 하는데, 반은 맞고 반은 틀린 말이다. 이 말은 전세로 살면 목돈이 묶이므로 월세로 지내면서 현금을 확보해 그 돈으로 투자하라는 의미다. 하지만 최대 90%까지 대출이 나오고 최대 10년 동안 전세금이 오르지 않는 집을 구한다면 오히려 월세로 사는 것보다 더욱 안정적인 투자가 가능하다. 단, 금리가 높을 때는 대출이자와 월세를 비교해서 현명하게 선택하도록 하자. 방법을 많이 알고 있을수록 여러 가지를 비교해 최선의 선택을 할 수 있다.

이제부터 본격적으로 우리가 활용할 전세 제도에 대해서 알아보자.

민간임대주택의 특징

좀 더 저렴하게 전세를 얻는 방법으로 임대사업자가 민간임대주택으로 등록한 아파트에 입주하는 것을 강력히 추천한다. 최대 10년 동안 안정적으로 전셋집에 거주할 수 있고, 전세금 인상도 5% 상한선이 있어 크게 오를 일이 없다. 임대차3법 아닌가 하고 생각할 수 있지만, 계약갱신청구권와는 전혀 다르다. 이처럼 전세 세입자로 거주하거나 전세를 활용해 투자할 때 전세 제도에 대해서 잘 알고 있으면 제대로 써먹을 수 있다.

결론부터 말하면 전세를 반값에 들어가는 방법은 바로 민간임대주택으로 등록된 아파트를 구하는 것이다. 임대사업자를 투자 쪽으로만 생각하는 사람이 많을 것이다. 하지만 세입자 입장에서도 민간임대주택의 특징을 알면 매력적인 전세 물건임을 알 수 있다.

임대사업자 물건의 특징은 다음과 같다.

1. 취득가액 수도권 6억 원 이하, 비수도권 3억 원 이하 주택
2. 민간임대주택으로 등록할 수 있는 아파트는 2020년 7·10대책으로 폐지
   (2022년 12월 21일 정부 발표로 아파트 등록 부활 예정)

첫 번째, 민간임대주택으로 등록할 수 있는 물건은 수도권 기준 6억 원 이하 주택만 가능하다. 2022년 서울 아파트 평균 매매가가 10억 원이 넘는데 조건에 맞는 임대사업자 물건이 있을지 의문이 들 수 있다. 임대사업자가 유행한 시기는 2018~2020년으로 이때만 해도 서울, 경기도 주택 대부분이 6억 원 이하였다.

두 번째, 2020년 7·10대책으로 아파트는 민간임대주택으로 등록할 수 없다. 임차인과 임대인 모두에게 좋은 제도였으나, 투기 세력 차단이라는 명목을 들어 4년 단기 임대는 아예 폐지되었고 장기 8년 임대사업자도 아파트는 등록할 수 없게 되었다. 이날을 임대사업자의 끝이라고도 부른다. 이후 등록되는 임대사업자 물건은 대부분 다세대 주택이다.

그러니 구할 수 있는 민간임대주택 전세 매물은 점점 사라지고 있다. 그나마 다행인 점은 임대사업자가 2018~2020년에 유행해서 아직까지는 거주할 수 있는 기간이 많이 남았다는 것이다. 만약 2020년에 민간임대주택으로 등록한 물건이라면 장기 8년에다가 기간이 끝난 후에는 계약갱신청구권까지 사용해 최대 2030년까지 안정적인 거주가 가능하다. 2022년에 구한다고 해도 7~8년은 안정적으로 살 수 있다.

2020년 임대사업자
8년 장기 등록

8년 뒤

계약갱신청구권
2년 사용

최대 2030년까지
안정적으로
거주할 수 있음

민간임대주택의 장점

임차인에게는 두 가지 혜택이 있다. 첫 번째, 재계약할 때마다 전세금을 5% 이상 올리지 못한다. 이는 이제 많이 익숙할 것이다. 바로 임대차3법에서 시행 중인 계약갱신청구권의 내용이다. 그런데 임대차3법의 경우 딱 한 번만 5% 한도 내에서 올릴 수 있고, 그 뒤에는 제약이 없어 시세대로 계약해야 한다. 임대사업자 물건은 최대 8년까지 전세금을 5% 이상 못 올린다. 이것만 해도 어마어마한 혜택이다. 즉 8~10년 동안 전세금 걱정 없이 살 수 있는 제도다.

두 번째는 거주 안정성이다. 임대의무기간인 4년 혹은 8년 동안은 재계약 갱신 거절이 불가능하다. 즉, 집주인이 나가라고 해도 나갈 필요가 없고, 내 발로 나가지 않는 이상 임대 기간 동안 쫓겨날 일이 없다.

그러므로 민간임대주택에 전세로 들어간다면 임대의무기간인 8년에 임대차3법으로 인한 2년을 더해 총 10년 동안 전세금 및 이사 걱정 없이 살 수 있다. 이를 간략하게 정리하면 아래와 같다.

1. 전세금

 - 재계약 시(보통 2년) 5% 이상 못 올림. 계약갱신청구권 사용할 필요 없음

 - 2022년 기준 2~3년 전 전세 시세로 입주 가능. 2018~2020년 임대사업자가 유행했기 때문

2. 거주 기간

 - 단기 4년, 장기 10년

 - 임대사업자가 등록한 기간 동안 거주 가능. 임대인은 재계약 거절 불가

 - 임대사업자 기간이 끝난 후 2년 추가로 계약갱신청구권 사용 가능

3. 말소 조건

 - 임차인 동의 없이 말소 불가

예를 들어 2022년 전세 시세가 5억 원이라도 2~3년 전에는 2억~3억 원에 형성되었을 것이다(참고로 전세가격이 폭등한 시기는 2020년 8월 임대차 3법 이후다). 임대사업자의 아파트를 들어갔다면 2~3년 전 시세인 2억~3억 원에 10년 동안 최소한의 전세금 인상으로 거주할 수 있다. 90% 대출까지 받았다면 내 돈은 2000만~3000만 원밖에 필요 없다. 임차인한테는 정말 강력한 혜택이다.

임대인은 어떤 혜택이 있어서 임대사업자 등록을 할까? 임대인 입장에서는 취득세 절감, 양도세 절감, 종부세 배제 등 부동산 세금과 관련한 다양한 혜택이 주어진다. 그래서 임대사업자 제도는 임대인과 임차인 모두에게 이득이다. 하지만 임대사업자를 투기 세력으로 몰면서 사실상 임대사업자의 혜택이 사라지다시피 했다.

| 임대사업자의 임대차계약 후 주요 의무 사항 |

주요 의무 사항	불이행 시 과태료
임대료 증액 제한 의무: 5% 이내	3000만 원 이하
임대의무기간 준수 의무: 임대의무기간 중 임대하지 않거나 (본인 포함) 무단 양도 불가	임대주택당 3000만 원 이하
임대차계약 유지 의무: 임차인에게 귀책사유가 없는 한 임대차계약 해제·해지 및 재계약 거절 불가	1000만 원 이하

2020년 8월부터 임대차3법이 시행된 후 전세가가 정말 큰 폭으로 상승했다. 그 뒤로 임대사업자가 전세금을 올려 받기 위해서 임차인을 내보냈다고 생각할 수도 있는데, 임대사업자의 과태료를 보면 이는 불가능에 가깝다. 위의 표처럼 큰 액수의 과태료를 내면서까지 법을 지키지 않는 임대사업자는 없을 것이다.

이렇게 폭등하기 전 전세가로 최대 8~10년 동안 살 수 있는 집을 찾아보자. 민간임대주택이 좋다는 것을 알았으니 이제 매물을 찾는 방법을 알아보도록 하자.

반값 전세 물건 찾기

전세를 찾아본 사람이라면 다음 페이지의 그림과 같은 거래 내역을 보고 한 번쯤 의심이 들었던 적이 있을 것이다. 강조한 부분을 보면 전세 가가 많게는 1억~1억 5000만 원까지 차이가 난다. 상식적으로 같은 시기에 전세가격이 이렇게 차이가 나는 건 있을 수 없는 일이다.

자, 이제는 민간임대주택이 있음을 아는 상태에서 다시 살펴보자. 매물을 보는 시야가 달라질 것이다. 또한 전세계약을 할 때 금액 끝자리 수를 250만 원, 550만 원, 600만 원처럼 애매하게 우수리를 둔 채로 계약하는 일이 흔하겠는가? 절대 아니다. 이 물건들은 전부 5%만 올린 것이다. 예를 들어서 3억 2550만 원짜리는 기존에 3억 1000만 원이었을 것이다. 3억 1000만 원에서 5%를 증액하면 3억 2550만 원이 된다.

이 거래 내역의 비밀을 알겠는가? 바로 5%만 인상된 임대사업자 매

2022.10.	4억 5,000(14일,3층)	5억 1,000(7일,6층)
	4억 4,100(3일,5층)	
2022.06.	4억 6,000(27일,7층)	4억 6,000(27일,7층)
	3억 3,600(15일,7층)	
2022.05.	3억 1,500(18일,7층)	4억(3일,2층)
2021.12.	3억 1,600(18일,4층)	4억 9,000(11일,6층)
	3억 2,550(10일,2층)	4억 9,000(4일,4층)
	4억 7,000(3일,8층)	4억 7,000(3일,8층)
2021.11.	3억 7,250(20일,5층)	4억 7,500(13일,5층)
	4억 7,500(13일,5층)	4억 7,500(13일,5층)
2021.07.	3억 2,500(6일,2층)	
2021.06.	3억 2,500(5일,2층)	
2021.05.	3억 1,500(29일,8층)	5억 5,000(10일,4층)
2021.04.	3억(17일,3층)	
2021.03.	3억 1,500(21일,4층)	3억 1,500(12일,3층)

3억 2550만 원짜리 매물처럼 금액 끝자리수가 애매한 경우, 이전에 3억 1000만 원이었던 전세가에서 5%만 인상하여 계약한 매물일 것이다.
(출처: 네이버 부동산)

물이다. 그런데 사실 2023년 현재 임대사업자 매물을 구하려면 앞서 말했듯이 기존에 살던 임차인이 자발적으로 나가는 것이 전제조건이다. 그래서 물건이 잘 나오지 않는다. 당장 나와 있는 일반 전세 매물은 전부 가격이 높을 수밖에 없다.

이렇게 얼마 있지도 않은 임대사업자 매물을 어떻게 찾아서 계약할 수 있을까?

민간임대주택을 빨리 찾고 계약하는 법

내가 집을 구하려는 동네에 민간임대주택이 많은지부터 확인한다. 호갱노노에서 손쉽게 볼 수 있다. '임대사업률'을 클릭하면 단지별로 임대사업자 등록 비율이 얼마나 되는지 나온다. 원하는 지역을 찾아봤을 때 11%, 17% 정도라면 상당히 많은 아파트가 민간임대주택으로 등록되어 있다는 말이다.

렌트홈에서는 민간임대주택을 더욱 명확히 알아볼 수 있다. 홈페이지에서 '임대주택 찾기'로 들어가면 단지별로 얼마나 등록되어 있는지 나온다.

다음으로는 단지 주변 중개소에 전부 연락하거나 방문하자. 이 단계에서 각별한 노력이 필요하다. 다시 말하지만 임대사업자 물건은 잘 안 나온다. 기존 세입자가 자발적으로 이사를 해야만 나오기 때문이다. 하지만 여러분이 전셋집을 구하는 한두 달 안에 1개 이상은 나오게 되어 있다. 바로 이 물건을 노려야 한다. 즉 누가 단 하나뿐인 전세 물건을 가져가느냐의 싸움이다.

간간이 나오는 물량을 잡기 위해서는 첫 번째, 중개소에서 연락이 왔을 때 바로 결정할 수 있도록 미리 단지 내부를 임장한다. 내가 구하는 임대사업자 아파트의 내부나 건물 상태, 그 주변을 임장해 두면 추후 중개소에서 연락이 왔을 때 고민하는 데 시간을 낭비하지 않고 바로 결정할 수 있다. 고민하는 순간 물건은 다른 사람한테 넘어간다. 중개소에서는 가계약금을 먼저 넣는 사람이 임자이기 때문이다.

두 번째로 임장을 다니면서 주변에 있는 모든 중개소에 들러 미리 말해둔다. 임대사업자 물건이 어느 중개소에 나올지 모른다. 하지만 나오자마자 바로 나가므로 주변에 물건을 내놓을 만한 중개소를 전부 돌아다니며 말해놓자. 중개사에게도 복비를 조금 더 얹어준다든지, 연락이 오면 바로 가계약금을 입금하겠다든지 등의 방법으로 어필해 두자.

세 번째는 기다리는 것이다. 이때도 가만히 있지 말고 시간이 날 때마다 중개소에 전화를 돌려 새로 나온 매물은 없는지 점검한다. 이렇게 품을 들여야 하는 기간은 길어봐야 두 달이다. 한두 달 고생해서 저렴한 전세를 구할 수 있다면 나쁘지 않은 거래이지 않을까?

드디어 중개소에서 임대사업자 물건이 나왔다고 연락이 온다면, 제일 먼저 등기부등본을 반드시 확인한다. 매매든 전세든 월세든 등기부등본을 안 보고 거래하는 것은 상대방의 나이, 성격, 얼굴 등 아무 정보도 없이 결혼하는 것과 같다. 급하더라도 중개소에 요청하든 내가 직접 등기부등본을 떼어보든 일단 확인하고, 아무 문제가 없다면 그때 누구보다 빠르게 계약금을 넣는다.

'집을 보고 계약해야지'라고 생각해서 직접 가보면 네다섯 팀이 동시에 집을 본 후에 가위바위보로 누가 살지 결정하는 사태까지 이를 수 있다. 주변 시세보다 1억~2억 원이나 싼 전세 물건은 절대로 오래 기다려주지 않는다. 집을 보러 가는 길에 이미 계약이 성사되는 경우도 많다.

내 경험담을 말해보자면, 임대사업자 물건이 시세보다 1억 5000만 원이나 싸게 나온 걸 확인하고 전화했다. 중개소에 집을 보고 싶다고 말하니 이미 저녁 8시에 세 팀이 예약되어 있으므로 그때 시간 맞춰서 오라고 했다. 그때 들었던 생각이 8시에 가면 이미 끝났거나 그 전에 누가 계약하겠구나 싶었다. 나는 이미 그 단지의 내부를 봤기 때문에 등기부 등본을 확인하고는 집도 안 본 채로 바로 가계약금을 넣어 거래를 성사시켰다. 나보다 먼저 예약한 세 팀은 당연히 집을 보지 못했고, 나 혼자 여유롭게 8시에 설레는 마음으로 집 안을 구경했다. 정말 운이 좋게도 이전에 임장했던 같은 단지의 집보다 컨디션이 좋았다. 중개소에서 말해주기를 4년 전에 전체 리모델링을 했고 당시 살고 있던 임차인은 신혼부부라 예쁘게 꾸며져 있었다.

좋은 기회는 오래 기다려주지 않는다. 임대사업자 물건으로 전세를 찾는다면 미리 주변 단지로라도 임장을 마쳐놓고 가계약금을 준비해두자.

1. 전세가가 오르기 전인 2020년 8월 이전의 전세가격으로 최장 10년 동안 살 수 있는 전세 물건이다.
2. 2020년 이후로 아파트는 민간임대주택으로 등록할 수 없으므로 공급이 끊겼고, 혜택을 받을 수 있는 기간이 점점 줄어든다.
3. 기존 임차인이 자발적으로 이사를 해야 물건이 나오므로 매물이 많지 않고 빨리 사라진다.

특히 2020~2021년에 전세로 들어간 세입자는 현재 가격이 상승한 전셋집에 살 가능성이 높다. 그래서 2년이 지나서 전세 계약이 만료될 때쯤 임대사업자 물건을 구해서 옮긴다면 거주 안정성과 투자금 확보라는 두 마리의 토끼를 잡을 수 있다. 전세가가 많이 하락할 땐 더욱 저렴해진 임대사업자 물건을 구할 수도 있다. 그러니 기존에 비싸게 전세 살고 있던 사람은 지금이 투자금을 마련할 기회가 될 수 있다. 전세금이 싸고 거주가 안정적인 임대사업자 매물로 갈아타자.

계약갱신청구권을 사용하지 말 것

민간임대주택에 살고 있거나 이제 들어갈 예정이라면 한 가지 주의사항이 있다. 임대의무기간 중에는 임대차3법에서 실행하고 있는 계약갱신청구권을 사용하지 않는 것이다. 계약갱신청구권을 먼저 사용해 버리면 추후 임대의무기간이 만료되었을 때 임대인은 당연히 주변 시세대로 전세금을 올려 받을 것이다. 하지만 임대의무기간이 끝나고 나서 계약갱신청구권을 쓰면 저렴한 가격의 전세로 2년 더 거주할 수 있다.

임대차3법과 임대사업자 제도는 완전히 다른 법이다. 임대차3법은 주택임대차보호법에 따라 시행되고, 임대사업자는 민간임대주택에 관한 특별법(이하 민특법)에 따라 시행된다. 임대의무기간 동안에는 2년마다 계약갱신을 할 때 민특법에 의거해 5% 이내로 전세금이 인상된다. 하지만 임대인이 이를 이용해 계약갱신청구권을 사용한다는 특약을 넣어서 계약을 갱신하려고 할 수 있다. 만약 이 내용을 모르는 세입자라면 아무 생각 없이 그대로 계약을 진행할 것이다.

그런데 임대사업자는 어차피 민특법에 의해서 임대의무기간 내에는 무조건 재계약해야 하고, 5% 내로만 인상할 수 있다. 그러니 중간에 계약갱신청구권을 사용한다면 임차인의 권리를 헛되게 소모하는 것이다. 이러면 임대의무기간이 만료된 이후에 계약갱신청구권을 쓸 수 없다. 주변의 오른 전세 시세를 주고 거주해야 한다.

민간임대주택에 전세를 살고 있다면 계약갱신청구권은 절대 사용하지 말기를 당부한다. 만약 임대인이 계약갱신청구권을 사용하지 않았다는 이유로 계약 갱신을 거절한다 해도 전혀 걱정할 필요가 없다. 이는 애초에 성립하지 않는 사유이기 때문이다.

임대인이 계속 거절한다면 어떻게 할까? 첫째, 임대인에게 내용증명을 보낸다. 내가 해당 집에 계속 거주하고 싶다는 내용으로 보내면 된다. 그 이후에 내용증명, 임대인과의 녹취, 문자 내용을 바탕으로 해당 지자체에 민원을 넣는다. 임차인에게 귀책사유가 없는데도 임대인이 재계약을 거절하면 과태료 1000만 원이 부과되며 임대사업자 등록이 취소될 경우 임대인의 취득세, 양도세, 종부세 절감 혜택은 모두 사라진다. 이에 따라 임대인 입장에서는 계약갱신청구권을 사용하지 않았다는 이유로 재계약을 거절하지 못할 것이다.

임대인이든 임차인이든 각자의 의무를 다했을 때 권리가 생긴다는 사실을 잊지 말자.

전세보증금을 지키는 다섯 가지 방법

유튜브
같이 보기

전세보증금은 옛날부터 고질적인 문제였다. 이사 가려고 하면 집주인이 전세보증금을 안 준다든가, 잠수를 탄다든가 등 여러 사건사고가 많았다. 특히 하락장에는 역전세가 발생하는 곳이 많으니 전세보증금을 지키는 방법을 잘 알고 대비해야 한다. 자신의 상황에 맞는 대처법만 안다면 큰 문제는 생기지 않을 것이다.

이사를 갈 경우 대체로 다섯 가지의 상황이 있다. 여기서 벗어나는 경우는 잘 없다. 상황별로 어떤 대처를 할 수 있는지 알아보자.

1. 2년 내에 이사하는 경우

2. 2년 후에 이사하는 경우

　① 묵시적 갱신일 경우

② 계약갱신청구권을 사용한 경우

③ 증액이나 동일하게 2년 재계약을 한 경우

④ 구두로 연장한 경우

보통 2년을 계약하지만 그전에 이사 가야 할 경우도 있고, 2년 이후에 내가 어떻게 계약 갱신을 했는지에 따라서도 대처법이 달라진다.

2년 내에 이사하는 경우

첫 번째로 거주한 지 2년 미만일 때 이사하는 경우다. 이 상황은 임차인이 계약 기간을 못 지킨 것이다. 그러므로 임대인이 아니라 임차인에게 귀책사유가 있다. 즉 주택임대차보호법에서 임대차계약은 임차인이 2년을 산다고 보장하는 계약이므로, 입장을 바꿔 말하면 임대인도 2년 동안 보증금 반환 의무가 없는 것이다.

그래서 2년 미만일 때 이사하려면 최대한 임대인과 잘 협의해야 한다. 임차인에게 귀책사유가 있어 보증금을 주지 않겠다고 버텨도 받을 방법이 없다. 모든 권리는 의무를 다했을 때 발생하기 때문이다.

그럼에도 불구하고 2년이 되기 전에 이사를 가야 한다면 어떻게 해야 할까? 최대한 빠르게 다음 세입자를 구한다. 집주인도 나의 보증금을 은행에만 묵혀두지는 않을 것이다. 이런저런 이유로 내게 줄 보증금을 당장 마련하지 못할 가능성이 상당히 높다. 다음 세입자의 보증금으로 돌려받는 것이 가장 빠른 길이다. 여기에 복비 문제도 있는데, 사실 임차인이 복비를 낼 의무는 없다. 하지만 이 경우엔 임차인에게 귀책사유가 있으므로 임차인이 다음 세입자의 복비까지 부담하는 것이 관례다.

다음 세입자를 빨리 구하는 방법은 2장의 '아파트 매도의 기술'(83쪽) 내용을 참조하자. 아파트를 빨리 파는 방법과 전세를 빨리 빼는 방법은 크게 다르지 않다. 기본적으로 최대한 많은 중개소에 매물을 내놓는 편이 좋다. 임대인 입장에서는 급할 게 없어 평소에 거래했던 중개소 한 군데에만 내놓을 수도 있다. 그러니 지금 살고 있는 단지뿐만 아니라 주변의 다른 지역에도 전부 내놓자.

1. 임대차계약은 임차인이 2년을 산다고 보장하는 계약이므로, 임대인도 2년 동안 보증금을 반환할 의무가 없다.
2. 2년이 되기 전에 이사 갈 경우는 최대한 임대인과 잘 협의해야 하며, 다음 세입자를 빨리 구하는 것이 최선이다.
3. 이 경우 다음에 들어올 임차인과 계약할 때 복비는 보통 이전 임차인이 부담한다.

묵시적 갱신으로 2년 후에 이사하는 경우

두 번째는 거주한 지 2년이 지났고 묵시적으로 계약이 갱신된 경우다. 먼저 묵시적 갱신이 무엇인지 알아보자. 주택임대차보호법에는 다음과 같이 나와 있다.

주택임대차보호법
제6조(계약의 갱신)
① 임대인이 임대차기간이 끝나기 6개월 전부터 2개월 전까지의 기간에 임차인에게 갱신 거절의 통지를 하지 아니하거나 계약 조건을 변경하지 아니하면, 갱신하지 아니한다는 뜻의 통지를 하지 아니한 경우에는 그 기간이 끝난 때에 전 임대차와 동일한 조건으로 다시 임대차한 것으로 본다. 임차인이 임대차기간이 끝나기 2개월 전까지 통지하지 아니한 경우에도 또한 같다.

그러면 만약 집주인이 임대차계약이 끝나기 한 달 전에 연락했다면 어떻게 되는가? 법으로 '6개월 전부터 2개월 전까지'라고 명시되어 있기 때문에 한 달 전에는 묵시적 계약이 이미 성립되어 임차인은 임대인의 요구와 상관없이 2년 동안 거주할 수 있다.

한 달 전에 연락해서 "집을 좀 나가 주세요"라고 말했더라도 집주인한테 "두 달 전까지 말을 안 해주셔서 이미 묵시적 계약 갱신이 됐기 때문에 2년 동안 거주할 권리가 있다"라고 하면 된다. 이때 팁은 만약 지금 사는 집에서 그냥 계속 살고 싶다면 임대인이 먼저 말하기 전까지는 아무 말도 꺼내지 말자. 계약갱신권을 청구할 필요도 없고, 그냥 가만히 있는 게 가장 좋다.

다시 본론으로 돌아와서 묵시적 갱신으로 계약 갱신이 되었는데 내가 이사를 가야 한다면 어떻게 해야 할까? 이럴 때는 집주인한테 이사를 가겠다고 당당하게 말한다. 이 경우도 법에 명시되어 있다.

주택임대차보호법

제4조(임대차기간 등)

① 기간을 정하지 아니하거나 2년 미만으로 정한 임대차는 그 기간을 2년으로 본다. 다만, 임차인은 2년 미만으로 정한 기간이 유효함을 주장할 수 있다.

제6조의2(묵시적 갱신의 경우 계약의 해지)

① 제6조 제1항에 따라 계약이 갱신된 경우 같은 조 제2항에도 불구하고 임차인은 언제든지 임대인에게 계약 해지를 통지할 수 있다.

② 제1항에 따른 해지는 임대인이 그 통지를 받은 날부터 3개월이 지나면 그 효력이 발생한다.

이때 만약 집주인이 전세금을 안 준다면 어떻게 할까? 집주인과 협의를 시도하되 법적 절차도 같이 진행하는 편이 좋다. 둘 중 하나만 하면 안 된다. 즉 협의만 해도 안 되고 법적 절차만 진행해도 안 된다. 왜냐하면 중요한 것은 집주인과 싸우는 것이 아니라 보증금을 빨리 돌려받고 이사를 가는 것이기 때문이다. 집주인과 협의해 보니 보증금을 줄 수 없는 상황이라고 판단했다면 빠르게 다음 세입자를 구하는 것으로 넘어가야 한다. 어쨌든 나는 돈을 받고 나가야 하기 때문이다. 집주인과 협의해서 다음 임차인을 구하는 것이 가장 좋고, 만약 그래도 안 되겠다는 생각이 들면 그때부터 법적 절차를 하나씩 진행하면 된다.

법적 절차를 진행하려면 임차인이 임대인한테 "이사 가겠습니다"라고 말한 이후부터 3개월이 지나야 효력이 발생한다. 즉 임차인이 집을 나가겠다고 말하고 3개월이 지나야 임대인이 돈을 줄 의무가 생긴다. 이사를 통보하고 3개월이 지나면 먼저 임대인에게 내용증명을 보내고, 그다음 임차권등기명령을 진행한다.

바로 다음에 설명하겠지만 만약 살던 집이 경매로 넘어갔을 때 전세금을 보장받으려면 임차인이 대항력을 가지고 있어야 한다. 만약 지금 당장 다음 집으로 이사해야 하는 상황이라고 해서 주소지를 옮겨 전입신고를 해버리면 아직 돌려받지 못한 전세금을 받을 권리가 없어진다.

임차권등기명령 제도는 보증금을 받지 않고 주소를 옮겨도 대항력 또는 우선변제권이 유지되어 마음 놓고 이사 갈 수 있도록 보호해 주는 제도다. 임차권등기명령은 임대차가 끝난 후 임차주택의 소재지를 관할하는 지방법원 또는 시·군 법원에 신청한다. 여기서 주의할 점은 임차권등기가 완료될 때까지는 절대로 다른 주소지에 전입을 하면 안 된다는 것이다.

추가로 전세보증보험을 들어두면 이후의 법적 절차를 힘들게 진행할 필요가 없어진다. 아래와 같은 법적 절차가 진행되기 때문이다.

1. 이사를 통보하고 3개월 뒤에 효력 발생

2. 내용증명 및 임차권등기명령

   – 이사를 가도 대항력을 유지할 수 있다.

   – 보증보험에 신청해서 보증금을 선지급받는다.

   – 임차권등기가 될 때까지 절대 전입하지 않는다.

3. 전세보증금반환소송

4. 강제경매 신청

5. 배당신청

6. 전세금 회수

전세보증보험을 들어두면 임차권등기까지만 진행한 후 보증금을 지급받고 그다음은 보증보험사에서 진행해 준다. 만약 전세보증보험을 가입하지 않았다면 전세보증금반환소송을 통해서 승소하고, 해당 판결문으로 강제경매를 신청해 경매를 거쳐서 낙찰되고 배당을 받아 전세금을 회수해야 한다. 상당히 많은 시간이 걸리는 일이다. 그래서 보증금이 크다면 가급적 전세보증보험을 들어두는 것이 추후 스트레스 방지에 좋다.

계약갱신청구권으로 2년 후에 이사하는 경우

계약갱신권 청구에 의해 연장된 계약도 법령에 명시되어 있다.

계약갱신권도 집주인이 계약이 만료되기 6개월에서 2개월 전 사이에 "집을 나가 주세요"라고 말했는데 만약 내가 잊고 있다가 한 달 전에 "계약갱신권 쓸게요"라고 말하면 성립이 안 된다. 꼭 해당 기간 안에 사용하자.

계약갱신청구권에 의해서 갱신된 계약도 법적으로 계약해지는 묵시적 갱신 계약과 동일하다고 되어 있다. 즉 이전 묵시적 계약과 동일하게 계약해지 통보 이후 3개월 뒤에 효력이 발생하고, 다음 절차는 이전과 똑같이 진행하면 된다.

제6조의3(계약갱신 요구 등)

① 제6조에도 불구하고 임대인은 임차인이 제6조제1항 전단의 기간 이내에 계약갱신을 요구할 경우 정당한 사유 없이 거절하지 못한다.

② 임차인은 제1항에 따른 계약갱신요구권을 1회에 한하여 행사할 수 있다. 이 경우 갱신되는 임대차의 존속기간은 2년으로 본다.

④ 제1항에 따라 갱신되는 임대차의 해지에 관하여는 제6조의2(묵시적 갱신의 경우 계약의 해지)를 준용한다.

부칙 〈법률 제17363호, 2020. 6. 9.〉

제2조(계약 갱신에 관한 적용례)

제6조제1항(계약의 갱신)의 개정규정은 이 법 시행 후 최초로 체결되거나 갱신된 임대차부터 적용한다.

이 외에 증액하거나 동일한 금액으로 2년 재계약 후 이사하는 경우는 앞선 묵시적 계약이나 계약갱신청구권에 의해 계약이 갱신되지 않았으므로 새로운 계약이 체결된 것으로 본다. 이처럼 새로운 계약이 체결되면 어떻게 될까? 2년 미만일 때 이사 갈 경우와 똑같은 상황이다. 임대인도 2년 동안 보증금을 반환할 의무가 없다. 그래서 이럴 땐 앞서 설명한 것처럼 최대한 임대인과 잘 협의해서 다음 임차인을 최대한 빨리 구해주자.

구두로 연장한 경우도 있을 것이다. 보통 임대인이 임차인한테 혹시 더 살 의향이 있냐고 물어보고 임차인은 "더 살고 싶다"라고 대답해 임대인이 승낙하면서 끝난다. 전화나 구두로만 상의해서 계약서도 쓰지 않았기에 따로 계약갱신청구권을 쓴 것도 아니고 묵시적 계약도 아니다. 이렇게 구두상으로 계약이 연장될 경우는 어떻게 할까?

구두계약도 계약서를 작성한 것과 동일한 효과를 가진다. 즉 이전 상황과 동일하게 새로운 2년 계약이 체결된 것으로 본다. 기간을 설정하지 않았다면 계약 기간은 2년으로 본다. 이렇게 계약이 연장된 경우, 이사를 가고 싶다면 이전 상황과 똑같이 최대한 임대인과 잘 협의해서 다음 임차인을 되도록 빨리 구한다.

> **주택임대차보호법**
> **제4조(임대차기간 등)**
> ① 기간을 정하지 아니하거나 2년 미만으로 정한 임대차는 그 기간을 2년으로 본다.
> 다만, 임차인은 2년 미만으로 정한 기간이 유효함을 주장할 수 있다.
> ② 임대차기간이 끝난 경우에도 임차인이 보증금을 반환받을 때까지는 임대차관계가 존속되는 것으로 본다.

결론적으로 전세를 연장할 때 임차인 입장에서는 묵시적 계약으로 갱신하거나, 거주 기한이 만료되기 6개월에서 2개월 전에 계약갱신청구권을 사용하는 것이 가장 좋다. 그중에서도 묵시적 갱신 계약이 좋으므로 임대인이 별말을 하지 않는다면 임차인은 가만히 있으면 된다. 묵시적 갱신으로 연장된 경우 추후 더 살고 싶다면 계약갱신청구권도 사용할 수 있기 때문이다. 그리고 만약 전화가 와서 구두로 계약을 연장하는 경우에도 임대인이 별다른 조건 없이 임대차기간을 연장하려고 하면, 임대인에게 먼저 묵시적 갱신 계약으로 가자고 하거나 계약갱신청구권을 사용하는 것이 좋다.

반대로 임대인 입장에서는 어떤 게 가장 좋을까? 6개월에서 2개월 사이에 임차인에게 연락해서 계약갱신청구권을 사용한 계약서를 작성하는 것이 가장 좋다. 만약 계약갱신청구권을 사용하지 않는다면 임대인 입장에서는 추후 거주 기간을 다 채우고도 2년을 더 연장해 줘야 하기 때문이다.

전세 사기 안 당하는 법

유튜브
같이 보기

경매를 공부하다 보면 경매인에게는 좋은 매물일지 몰라도 그 아파트에 살고 있던 세입자에겐 좋지 않은 경우가 많다. 앞으로 악질적인 집주인한테 당하지 않도록 전세 사기를 예방하는 방법을 알려주겠다. 그러기 위해 먼저 전세 사기가 어떻게 진행되는지를 알아보자.

1. 이사한 날 전입신고를 한 경우
   - 보통 오전에 이사를 한 다음 오후에 전입신고를 하므로, 집주인이 오전에 전입세대열람원을 떼서 대출받음
   - 같은 날 전입신고와 근저당(대출)이 이루어지면 근저당이 우선
   - 대출금과 전세금을 합한 금액이 집 시세보다 높으면 집주인이 안 갚을 가능성이 상당히 높음

2. 세입자가 이사한 다음 날이나 그 이후에 전입신고한 경우

    – 집주인한테 사기 치라고 배려해 주는 것이나 다름없음

3. 집주인이 돈이 모자라다며 대출을 조금 받을 테니 그 후에 전입신고해 달라고 요청하는 경우

    – 시세가 8억 원이면 전세금은 4억 원, 대출은 3억 5000만 원을 받는다.

    – 부동산과 모의해서 하는 경우

4. 등기부등본을 볼 줄 몰라서 대출이 많은 집인데도 전세로 들어가는 경우

이삿날 전입신고를 해도 전세 사기 당할 수 있다

먼저 첫 번째 사례를 보자. 임차인 배 씨가 2018년 12월 27일에 전입했다(222쪽 사진의 임차인현황 참조). 일반적인 경우처럼 당일에 이사를 마치고 주민센터에 가서 전입신고를 했을 것이다.

그런데 같은 날 집주인이 은행에서 주택담보대출(이하 '주담대')을 받아버렸다. 주담대를 받으면 등기부등본상에 근저당권이 설정된다(222쪽 사진의 건물 등기부현황 참조). 문제는 같은 날에 전입신고와 근저당이 설정되면 배 씨의 전세보증금은 온전히 보장받지 못한다는 것이다. 은행이 우선해서 대출금을 변제받기 때문이다.

이 아파트의 첫 번째 근저당이 3억 8400만 원인데 만약 3억 8000만 원에 낙찰받았다면 임차인은 보증금을 한 푼도 못 받고 집에서 쫓겨난다. 너무 억울하지 않은가? 평범하게 전세 계약을 했고, 이사 당일에

임차인현황 [말소기준권리 : 2018.012.27. 근저당권, 배당요구종기일 : 2020/12/15]   주택임대차보호법 기준 · 상가임대차보호법 기준

임차인	용도/점유	전입일자	확정일자	배당요구일	보증금/월세	대항력	비고
배OOOO	전부	2018.12.27.	2018.12.14.	2020.10.12	380,000,000	X	
주OOOO	전부	2018.12.27.	2018.12.14.	2020.12.01	380,000,000	X	

건물 등기부현황

구분	성립일자	권리소유	권리자	권리금액	권리금액
1		소유권	정OOOOO		소멸
2	2018년12월27일	근저당권	검OOOOO	384,000,000원	소멸기준
3	2020년5월6일	압류	국OOOOO		소멸
4	2020년7월16일	가압류	정OOOOO	400,000,000원	소멸
5	2020년9월17일	임의경매	검OOOOO		소멸
6	2020년10월27일	가압류	롯OOOOO	21,620,733원	소멸
7	2020년11월2일	가압류	주OOOOO	280,000,000원	소멸
8	2020년11월18일	가압류	한OOOOO	5,157,074원	소멸
9	2021년1월28일	임차권설정	배OOOOO	380,000,000원	소멸

경과	회차	매각기일	최저가	비율
225일	1	2021-04-28	798,000,000원	100%
262일	2	2021-06-04	558,600,000원	70%

낙찰 740,000,000 (93%)

임차인이 2018년 12월 27일에 전입신고를 하였으나 같은 날 집주인이 주담대를 받아 근저당권이 설정된 매물이다. 같은 날 전입신고와 근저당이 설정되면 은행이 우선해서 대출금을 변제받으므로 임차인의 보증금은 온전히 보장받지 못한다(위). 이 집은 7억 4000만 원에 낙찰되었는데(아래), 은행 대출 금액은 3억 8400만 원이었고 보증금은 3억 8000만 원으로 합치면 7억 6400만 원이므로 후순위인 임차인은 보증금에서 2400만 원을 못 받는 상황이다. (출처: 마이옥션)

늦지 않게 전입신고까지 마쳤다. 그런데도 이런 일이 벌어진 것이다.

어떻게 이런 일이 발생할까? 여러분이 은행 직원이라고 생각해 보자. 어떤 사람이 주담대를 받으러 왔다. 은행은 빌려준 돈만 안전하게 받으면 되니 집에 세 들어 사는 사람이 없는지 확인하려고 전입세대열람원을 요구한다. 전입세대열람원에 아무도 전입신고가 되어 있지 않으면 은행은 대출을 해준다. 은행은 대출 실행 당일에도 확인하지만 그때도 전입신고를 한 사람이 없으니 임대차계약을 했는지 확인할 방법이 없다. 은행 입장에서는 전혀 문제가 없는 것이다.

하지만 임차인은 이사 당일이라도 전입신고를 하기 전까지는 전입세대열람원에 조회되지도 않고, 대항력은 다음 날 0시부터 발생하기 때문에 그날 바로 효력이 생기는 근저당보다 무조건 후순위로 밀린다. 여기서 대항력이란 경매 낙찰자에게 임차인으로서의 권리를 주장할 수 있는 힘이다. 전셋집을 구하는 데 이런 것까지 알아야 하나 싶겠지만 몇억이나 되는 돈을 안전하게 지키려면 기본적인 경매 관련 공부는 필수다(자세한 내용은 10장 참조).

이 집은 7억 4000만 원에 낙찰이 됐다. 그런데 은행 대출 3억 8400만 원과 전세보증금 3억 8000만 원을 더하면 7억 6400만 원이다. 낙찰 가격이 7억 4000만 원이므로 후순위인 임차인은 2400만 원을 못 받는 위기에 처한 것이다. 결과적으로 임차인은 보증금을 다 돌려받긴 했다. 주택도시보증공사의 전세보증보험을 들어뒀기 때문이다. 결국 2400만 원의 손실은 주택도시보증공사가 입었다.

전입신고를 미루면 어떻게 될까?

두 번째 사례를 살펴보자. 세입자가 이삿날 귀찮아서 다음 날이나 그 이후에 전입신고하면 어떻게 되는지 알 수 있는 경매 사건이다. 솔직히 이런 사람이 많을 것이다. 이삿날 바쁘기도 하고, 경매의 권리 사항에 대해 모르는 사람은 전세금 문제가 생길 수 있음을 생각하지 못하기 때문이다. 이것저것 하다 보면 주민센터가 어느새 문을 닫고, 다음 날이나 시간이 더 지난 후에 전입신고를 하는 사람도 많다.

이 사례의 임차인 김 씨는 2018년 8월 27일에 계약했을 것이다. 하지만 전입신고를 하루 늦게 했다. 그 하루 동안 집주인은 은행에서 주택담보대출을 받았다. 그러면 임차인의 보증금은 대항력에서 근저당보다 후순위로 밀린다. 낙찰가가 낮으면 이 돈의 전액을 온전히 돌려받지 못

임차인현황 [말소기준권리 : 2018. 08. 27. 근저당권, 배당요구종기일 : 2020/10/08]　주택임대차보호법 기준　상가임대차보호법 기준

임차인	용도/점유	전입일자	확정일자	배당요구일	보증금/월세	대항력	비고
김0000	전부	2018.8.28.	2018.08.10.	2020.09.24	285,000,000	X	
주0000	전부	2018.08.28	2018.08.10	2020.09.28	285,000,000	X	

건물 등기부현황

구분	성립일자	권리소유	권리자	권리금액	권리금액
1		소유권	이00000		소멸
2	2018년8월27일	근저당권	새00000	354,000,000원	소멸기준
3	2019년10월1일	압류	국00000		소멸
4	2020년7월16일	임의경매	새00000		소멸
5	2020년9월23일	가압류	주00000	657,000,000원	소멸
6	2020년9월29일	임차권설정	김00000	285,000,000원	소멸

근저당권이 2018년 8월 27일이고 임차인의 전입일자가 그보다 하루 늦은 28일인 매물이다. 이렇게 전입신고가 하루라도 늦으면 후순위로 밀려서 보증금을 온전히 돌려받지 못할 수 있다.(출처: 마이옥션)

할 수도 있다.

세 번째 사례도 앞의 사례들과 크게 다르지 않다. 중개소를 많이 돌아다녀 보면 전세금이 주변 시세보다 싼 아파트가 보인다. 그리고 중개소는 어김없이 "대출 조금만 남기고, 전세 싸게 들어가는 거라서 괜찮아요"라고 말한다. 이는 이미 주담대를 받은 집을 저렴하게 전세 매물로 내놓았다는 뜻이다. 지금까지 내용을 봤다면 권리분석이나 대항력에 대해 자세히는 모르더라도 나보다 우선순위인 은행 근저당권이 있다는 사실만으로 내 보증금이 안전하지 않음을 알 수 있다. 즉 전세금이 싸다고 이런 전세 물건에 들어갔다가는 나중에 지옥을 맛볼 수도 있다. 특히 하락장 시기에는 더욱 힘들어진다.

네 번째 사례는 등기부등본을 볼 줄 몰라서 당하는 경우다. 대출이 많이 잡혀 있는데 확인하지 못하고 전세금이 소액이라고만 생각해 그냥 들어가는 것이다. 소액이라 하더라도 몇천만 원이 전부 날아갈 수 있으니 꼭 확인하자.

전세 사기를 당하지 않으려면 알아야 할 것

전세 사기를 안 당하려면 어떻게 해야 할까? 우선 전입신고와 확정일자의 정확한 차이점을 알아두자.

1. 전입신고: 임대차 내용을 주장할 수 있는 대항력을 갖추는 조건

2. 확정일자: 우선변제권을 가질 수 있는 조건으로 집이 경매나 공매로 나왔을 때 배당받는 순위를 정하는 데 사용

주택임대차보호법
제3조(대항력 등)
① 임대차는 그 등기가 없는 경우에도 임차인이 주택의 인도와 주민등록을 마친 때에는 그다음 날부터 제삼자에 대하여 효력이 생긴다. 이 경우 전입신고를 한 때에 주민등록이 된 것으로 본다.

제3조의2(보증금의 회수)
② 제3조제1항·제2항 또는 제3항의 대항요건과 임대차계약증서(제3조제2항 및 제3항의 경우에는 법인과 임대인 사이의 임대차계약증서를 말한다)상의 확정일자를 갖춘 임차인은 「민사집행법」에 따른 경매 또는 「국세징수법」에 따른 공매를 할 때에 임차주택(대지를 포함한다)의 환가대금에서 후순위권리자나 그 밖의 채권자보다 우선하여 보증금을 변제받을 권리가 있다.

가장 중요한 것은 전입신고다. 전입신고는 주택임대차보호법으로 임대차 내용을 주장할 수 있는 대항력을 갖추는 조건이다. 대항력은 집주인이 돈을 안 주거나 경매로 집이 나갔을 때 보증금인 내 돈을 지킬 수 있는 권리다. 전입신고와 같이 등장하는 확정일자는 경매에서 우선변제권을 갖추기 위해 필요한 요소 중 하나다. 대항력을 갖춘 상태에서 확정일자를 가지고 있으면 우선변제권이 생긴다.

내가 살던 집이 경매에서 5억 원에 낙찰됐다고 가정하자. 근저당권 날짜가 2022년 8월 1일이고, 내가 전입신고를 하고 확정일자를 받은 날이 2022년 7월 1일이라면 이때 우선변제권이 발생하여 경매 낙찰금 5억

원 중 전세보증금을 내가 먼저 배당받는다. 만약 내 보증금이 3억 원이면 전액 배당받아 보증금을 지킬 수 있는 것이다.

우선변제권도 대항력을 갖춰야 성립하므로 전세금을 지키려면 전입신고가 필수다. 전입신고 없는 확정일자는 아무 의미가 없다.

대항력에 대해서 조금 더 자세히 알아보자. 대항력을 갖추기 위해서는 두 가지 조건이 필요하다. 바로 주택의 인도와 전입신고다. 그런데 대항력은 전입신고한 다음 날 0시부터 대항력이 발생한다. 첫 번째 사례가 이 점을 이용한 사기 방법이다.

대항력의 조건

1. 주택의 인도, 즉 잔금일

2. 전입신고

3. 대항력이 생기는 날은 전입신고 한 날이 아닌 다음 날 0시

우선변제권은 배당 순위를 결정한다. 전입신고 없는 확정일자는 아무 의미가 없는 이유가 바로 여기에 있다. 우선변제권을 받기 위해서는 먼저 대항력을 갖춰야 하기 때문이다. 즉 전입신고를 안 하면 대항력이 없어 확정일자를 받아도 우선변제권이 성립되지 않는다. 그리고 우선변제권은 전입신고와 달리 확정일자를 받은 그 날짜에 자격이 주어진다. 지금까지 설명한 대항력과 우선변제권을 뒤에서 예제로 풀어보도록 하자.

우선변제권의 조건

1. 대항력 갖춰야 함

2. 계약서에 확정일자 받기

3. 확정일자 받은 날 효력이 발생함

전세 사기를 예방하는 방법

지금까지 전세 사기에 대해서 설명했다. 이를 방지하는 방법을 알아보자. 우선 계약할 때 확인해야 할 것이 많다.

1. 계약 전에 대출이 있는 경우 근저당 금액 확인

   – 전세금 받을 때 말소한다는 조건 넣기

   – 잔금일 말소확인증 꼭 확인하기

   – 등기부등본에 실제로 말소되었는지 꼭 확인

2. 특약사항에 아래 문구 넣기

   – "잔금일 다음 날까지 현 등기부등본 사항을 유지한다."

3. 대출이 있는데도 꼭 전세를 들어가야 한다면 시세 파악하기

   – 대출과 전세금의 합이 주변 시세의 50~60% 미만 추천

4. 잔금일 전에 미리 전입신고하기

5. 잔금일과 다음 날 모두 직접 등기부등본 발급받기

6. 비용이 들어도 전세보증보험 꼭 들기

첫 번째로 계약 전에 무조건 등기부등본을 떼어달라고 한다. 근저당 금액이 있는지 꼭 확인하고, 만약 근저당이나 다른 권리들이 있다면 전세금을 받을 때 말소한다는 조건을 반드시 넣는다. 잔금일에 돈을 입금하고, 집주인한테 바로 말소확인증을 보여달라고 한다. 직접 눈으로 확인한 후 다음 날에 등기부등본상에서 실제로 말소되었는지 한 번 더 확인한다.

그다음 계약서에 특약사항으로 "잔금일 다음 날까지 현 등기부등본 사항을 유지한다"라는 문구를 기입한다. 왜 잔금일 다음 날까지인지는 지금까지 내용을 읽었다면 알 것이다. 바로 대항력이 다음 날 0시에 발생하기 때문에 잔금일 다음 날까지 등기부등본상에 등록되는 아무 권리도 잡지 말라는 것이다. 보통 중개소에서 해당 문구를 넣어주는데 만약 없다면 꼭 기입하자.

전세금이 저렴해서 대출이 있는 걸 알면서 들어가려는 사람도 있을 것이다. 이런 경우는 부동산 시세를 잘 파악해야 한다. 예를 들어서 강남에 30억 원짜리 아파트가 있는데 한 3억 원 정도 대출이 있고, 자신의 전세금이 4억 원가량 들어간다면 이 물건은 경매로 나가더라도 최소 20억 원 이상에 낙찰될 것이기 때문에 내 보증금은 비교적 안전하다. 개인적으로는 대출과 전세금을 더한 비용이 주변 시세 대비 50~60% 가격이면 안전하다고 본다.

나는 전세를 들어갈 때 잔금일이 아니라 잔금일 이전에 전입신고를 한다. 왜 이렇게 하는지 이유를 알겠는가? 앞서 은행에서 어떤 식으로 대출을 실행하는지 설명했었다. 앞의 사례처럼 집주인이 작정하고 잔금일에 대출받기로 마음을 먹었다고 가정해 보자. 그러면 대출 실행일에 은행에서 한 번 더 전입세대열람원을 요청할 것이다.

만약 여러분이 잔금일에 전입신고를 한다면 당일 오전에 발급받는 전입세대열람원에는 아무도 없다고 나올 것이다. 하지만 그 이전에 전입신고를 했다면? 대출 실행일에 전입세대열람원에는 여러분의 이름이 있고, 은행에서는 변제 우선순위가 뒤로 밀리므로 대출을 승인해 주지 않을 것이다. 즉 집주인이 대출을 받지 못하므로 사기를 원천 차단할 수 있다.

미리 전입신고가 가능하냐고 물어보기도 하는데, 참고로 전입신고는 임대차계약서가 없어도 가능하다. 예를 들어 여러분이 부모님 집에 전입신고를 할 때 임대차계약서를 제출하는가? 친구 집에 동거하려고 전입신고할 때 임대차계약서가 필요한가? 아니다. 이 부분을 잘못 알고 있는 사람이 많다. 참고로 인터넷으로도 전입신고를 할 수 있다.

잔금일과 그다음 날에도 직접 등기부등본을 떼보기를 권한다. 간혹 중개소에서 옛날에 뽑아놓은 등기부등본을 보여주는 경우가 있다. 중개소에서 주는 것을 너무 믿지 말고, 내 자산은 내가 지켜야 함을 명심하자. 등기부등본은 인터넷에서 700원이면 발급된다. 몇백 원 아끼려고 몇억 원 날리는 실수는 하지 말자.

비용이 아까워도 전세보증보험은 들어두는 편이 좋다. 내가 1순위로 권리상 아무 문제가 없더라도 집주인이 보증금을 안 돌려주면 소송, 경매, 배당신청, 배당 등 법적 절차를 직접 진행해야 하기 때문이다. 정신적으로도 시간적으로도 에너지가 정말 많이 소모된다. 전세보증보험을 들어두면 소송과 경매로 넘어가기 전에 보험사로부터 미리 보증금을 전액 돌려받을 수 있고, 실제 손해를 보더라도 보증보험사가 책임지기 때문에 내 보증금은 보호된다. 만일의 사태를 대비해 전세보증보험은 들어두자.

대항력과 우선변제권 문제 풀어보기

대항력과 우선변제권, 그리고 은행 근저당과의 관계를 알기 위해서 몇 가지 예제를 풀어보자. 이참에 확실히 알고 가면 좋겠다.

1. 8/9 전입신고 + 확정일자 = 대항력과 우선변제권 날짜는?

앞서 대항력은 전입신고 다음 날에 생긴다고 했다. 따라서 8월 10일에 대항력이 발생한다. 우선변제권은 확정일자를 받은 당일에 효력이 발생하는데, 먼저 대항력을 갖춰야 하므로 대항력과 동일하게 8월 10일에 우선변제권이 생긴다.

2. 8/9 전입신고 + 8/10 확정일자 = 대항력과 우선변제권 날짜는?

전입신고 다음 날인 8월 10일이다. 우선변제권은 대항력과 확정일자 전부 살펴야 한다. 10일에 확정일자를 받았으므로 우선변제권 날짜도 8월 10일이다.

| 대항력과 우선변제권 관련 문제 10 |

	날짜	권리	대항력 날짜	우선변제권 날짜
1	8/9	전입 + 확정		
2	8/9	전입		
	8/10	확정		
3	8/9	전입		
	8/29	확정		
4	8/9	확정		선순위
	8/21	전입		
5	8/9	전입		
	8/9	근저당		
6	8/9	전입		
	8/10	근저당		
7	8/9	전입 + 확정		배당순위
	8/9	근저딩		
8	8/9	전입 + 확정		
	8/10	근저당		
9	8/9	전입		
	8/10	확정		
	8/10	근저당		
10	8/9	전입		
	8/10	근저당		
	8/15	확정		

3. 8/9 전입신고 + 8/29 확정일자 = 대항력과 우선변제권 날짜는?

8월 9일 전입을 했으므로 하루 뒤인 8월 10일에 대항력이 생긴다. 우선변제권은 확정일자를 받은 당일에 효력이 생긴다. 그러므로 확정일자는 8월 29일이고, 이미 대항력이 갖춰져 있어 8월 29일에 우선변제권이 생긴다.

4. 8/21 전입신고 + 8/9 확정일자 = 대항력과 우선변제권 날짜는?

4번 문제는 날짜가 뒤바뀌었다. 8월 9일에 확정일자를 받았고, 8월 21일에 전입신고를 했다. 대항력은 전입신고 다음 날인 8월 22일에 발생한다. 그러면 우선변제권 날짜는 언제일까? 확정일자를 8월 9일에 받았으니 8월 9일? 전입신고를 한 8월 21일? 아니면 8월 22일일까?

정답은 8월 22일이다. 우선변제권의 첫 번째 조건이 무엇이었는가? 바로 대항력을 갖추어야 한다는 것이다. 한마디로 대항력이 갖춰진 날짜부터 우선변제권이 성립한다. 그래서 전입신고가 이루어지지 않는 확정일자는 의미가 없다.

5. 8/9 전입신고 + 근저당 = 선순위 권리는?

8월 9일 같은 날 전입신고와 근저당이 이루어졌다. 대항력 날짜는 언제일까? 8월 10일이다. 우선변제권은 확정일자를 안 받아서 없다.

이제부터 선순위도 같이 맞혀보자. 근저당과 전입신고 중에 선순위 권리는 무엇일까? 정답은 근저당이다. 근저당은 설정 당일인 9일에 효력이 발생한다. 대항력은 하루 뒤인 8월 10일이므로 선순위는 근저당이다.

6. 8/9 전입신고 + 8/10 근저당 = 선순위 권리는?

근저당이 전입신고보다 하루 늦게 설정되었다. 먼저 대항력 날짜는 언제일까? 전입일이 8월 9일이므로 대항력 날짜는 8월 10일이 된다. 우선변제권은 있을까? 확정일자를 안 받았으니까 없다. 근저당은 당일에 효력이 생기니 근저당도 대항력 날짜와 같은 8월 10일이다. 그러면 선순위는 누가 될까?

정답은 대항력이 생긴 전입이 선순위가 된다. 대항력의 경우 전입한 다음 날 0시부터 효력이 발생한다. 그러면 근저당을 0시보다 빠르게 설정할 수 있는가? 은행이 9~10시에 문을 여므로 0시보다 빠르게 근저당이 실행되는 일은 있을 수 없다. 그래서 선순위는 전입이 된다.

7. 8/9 전입신고 + 확정일자 + 근저당 = 선순위 권리는?

8월 9일 같은 날 전입신고와 확정일자가 정해졌다. 그럼 대항력은 언제일까? 8월 10일이 될 것이고, 우선변제권도 8월 10일에 성립한다. 그러면 선순위는 어떻게 될까? 선순위는 8월 9일인 근저당이나.

8. 8/9 전입신고 + 확정일자 + 8/10 근저당 = 선순위 권리와 우선배당은?

8월 9일에 전입신고와 확정일자가 이루어졌기 때문에 대항력은 8월 10일이고, 우선변제권도 8월 10일이 된다. 이제는 쉽지 않은가? 그리고 근저당이 8월 10일이기 때문에 선순위는 0시에 효력이 발생하는 전입이 빠르다.

이제 경매에서 배당 순위도 같이 생각해 보자. 배당 순위는 어떻게 될까? 배당 순위를 결정하는 것은 우선변제권이다. 우선변제권 날짜는 8월 10일이고, 근저당도 8월 10일이다. 그러면 과연 배당은 누가 먼저 받을까? 정답은 임차인이 먼저 받는다.

다시 우선변제권의 조건을 보면 대항력을 갖춘 상태에서 확정일자를 받고 당일에 효력이 생긴다고 했다. 그러면 여기서 우선변제권의 효력이 발생한 시간은 대항력이 발생한 0시다.

그러므로 이 경우 경매 이후에 돈을 배분받을 때 임차인이 먼저 받고 남은 돈을 은행이 받는다. 또한 임차인이 선순위므로 만약 임차인이 돈을 덜 받았더라도 대항력이 근저당보다 앞서서 낙찰자가 보증금과 근저당을 모두 인수해야 한다. 즉 임차인 입장에서는 안전한 물건이다.

9. 8/9 전입신고 + 8/10 확정일자 + 근저당 = 선순위 권리와 우선 배당은?

8월 9일에 전입해서 대항력은 8월 10일에 발생했다. 그러면 우선변제권 날짜는 언제인가? 8월 10일에 확정일자를 받았으므로 당일인 8월 10일이 우선변제권 날짜다. 근저당은 8월 10일에 설정했다. 대항력이 0시에 발생하기 때문에 선순위는 전입이 된다.

배당 순위는 어떻게 될까? 대항력이 0시에 발생했으므로 임차인이 먼저 배당을 받을까? 정답은 근저당과 임차인이 동일하게 50:50으로 배당받는다. 우선변제권은 확정일자를 받은 당일 효력이 발생하고, 근저당도 당일에 효력이 발생한다. 8번의 경우 8월 9일에 먼저 확정일자를 받아서 다음 날 0시에 우선변제권도 같이 효력이 발생했는데, 이 경우는 8월 10일에 확정일자를 신청해서 0시에 효력이 발생하지 않는다. 주민센터가 열려 있는 시간에 가서 확정일자를 받았을 것이고, 근저당도 마찬가지로 은행 영업시간 중에 처리되었을 것이다. 원칙적으로는 시간순으로 순위를 매겨야 하지만, 현실적으로 불가능하므로 이 경우 동일 순위가 된다.

동일 순위가 되면 낙찰 금액이 5억 원이고, 내 전세금이 3억 원, 근저당이 5억 원이라고 했을 때 2억 5000만 원씩 배당받는다. 보증금 5000만 원은 선순위 대항력이 있으므로 인수한 낙찰자에게 받을 수 있다.

10. 8/9 전입신고 + 8/15 확정일자 + 8/10 근저당 = 선순위 권리와 우선 배당은?

마지막 문제다. 전입신고를 8월 9일에 했기 때문에 대항력 날짜는 8월 10일이다. 근저당이 8월 10일이므로 선순위는 전입이다. 확정일자를 15일에 받았으므로 우선변제권도 15일이다.

배당 순위는 10일인 근저당이 임차인보다 앞선다. 만약 5억 원에 낙찰받았고, 근저당이 7억 원 정도 있다면 5억 원이 전부 다 은행에 먼저 배당된다. 그러면 임차인은 전세보증금을 한 푼도 못 받는 걸까? 아니다. 근저당 다음으로 배당을 받고, 나머지는 선순위 대항력이 있어 인수받은 낙찰자에게 받을 수 있다. 이제 전입신고의 중요성을 알겠는가? 전입신고만 제대로 한다면 여러분의 전세금을 안전하게 지킬 수 있다.

지금까지 총 열 문제를 풀어봤다. 직접 다 풀어봤다면 전입신고와 확정일자, 주담대인 근저당과의 권리관계가 경매에서 어떻게 작용하는지 확실하게 익혔을 것이다. 익숙해질 때까지 반복해서 연습해 보자. 부동산 사기는 대부분 이러한 정보를 몰라서 당한다. 이번 기회로 전세 사기의 예방과 대처 방법을 확실히 알았기를 바란다.

| 대항력과 우선변제권 관련 문제 10 정답 |

	날짜	권리	대항력 날짜	우선변제권 날짜		
1	8/9	전입 + 확정	8/10	8/10		
2	8/9	전입	8/10	8/10		
	8/10	확정				
3	8/9	전입	8/10	8/29		
	8/29	확정				
4	8/9	확정	8/22	8/22	선순위	
	8/21	전입				
5	8/9	전입	8/10	X	근저당	
	8/9	근저당				
6	8/9	전입	8/10	X	전입	
	8/10	근저당				
7	8/9	전입 + 확정	8/10	8/10	근저당	배당순위
	8/9	근저당				
8	8/9	전입 + 확정	8/10	8/10	전입	임차인
	8/10	근저당				
9	8/9	전입	8/10	8/10	전입	동일
	8/10	확정				
	8/10	근저당				
10	8/9	전입	8/10	8/15	전입	근저당
	8/10	근저당				
	8/15	확정				

전세대출의 모든 것

투자자로서 전세 제도뿐만 아니라 전세대출에 대해서도 잘 알아둘 필요가 있다. '투자자라서 전세대출은 나와 상관없어'라고 생각한다면 큰 오산이다. 투자를 계속하다 보면 갭투자도 접하게 될 텐데 전세대출을 잘 모른다면? 세입자를 잘 들일 수도 없을뿐더러 갭투자에 관한 여러 이해관계를 알기 어려울 것이다. 빠르고 원만하게 계약이 성사되려면 당연히 임차인에 대해서도 잘 알아야 한다. 이를 위해 전세대출을 제대로 알아보자.

전세 자금을 은행에서 대출해 준다고 생각하는 사람이 많다. 그러나 은행의 역할은 영업사원에 그친다고 봐야 한다. 은행은 보증사에서 보증서를 받고 그에 따라서 전세대출을 해주는 것이 전부다.

우리나라의 보증사는 주택도시기금, 주택금융공사(HF), 주택도시보증공사(HUG), 서울보증보험(SGI서울보증)이 있다. 주택도시기금은 정부에서 시행하는 전세대출의 성격을 지니고 있다. 신혼부부, 청년전용 등 정책적으로 전세대출을 지원하는 상품이 모여 있다.

주택도시기금의 전세대출 종류*

– 중소기업취업청년 전월세보증금대출*

– 청년전용 보증부월세대출

– 청년전용 버팀목전세자금

– 주거안정월세대출

– 신혼부부전용 전세자금

– 버팀목전세자금

– 노후고시원거주자 주거이전대출

– 전세보증금반환보증(전세금안심대출보증)

최신 정책
같이 보기

청년 지원
대출 제도

나머지 3개의 보증사 중 가장 많이 이용하는 전세대출은 주택금융공사 상품이다. 보통 은행이나 인터넷은행(카카오 등)을 통해 전세대출을 알아보면 대부분 주택금융공사 상품을 안내해 준다. 그래서 전세를 구하는 사람들도 주택도시보증공사나 서울보증보험 전세대출에 대해선 모르는 경우가 많다. 두 보증사가 주택금융공사와 가장 크게 다른 점은 전세대출 금액이다. 금액이 차이 나는 이유는 보증사별로 전세대출을 해주는 방식이 다르기 때문이다.

전세대출의 기본 구조

전세대출의 구조에 대해서 좀 더 살펴보자. 주택금융공사와 주택도시보증공사, 서울보증보험 전세대출의 가장 큰 차이점은 바로 질권설정이다. 간단히 말하면 돈을 갚는 주체가 임차인(세입자)인지 혹은 집을 담보로 잡고 돈을 빌릴 수 있는, 즉 부동산에 질권설정을 할 수 있는 임대인(집주인)인지가 다른 것이다.

주택금융공사의 경우 전세계약이 만료된 후 전세금을 은행에 갚는 주체는 세입자다. 반면 질권설정을 하면 은행은 부동산을 담보로 집주인에게 대출금을 보내주고, 계약이 만료되면 집주인이 은행에 전세금을 갚는다. 즉 돈을 빌리고 받는 주체가 세입자인지 아니면 집주인인지가 가장 크게 다르다.

대출한도에 차이가 있는 이유도 여기에 있다. 주택금융공사로부터 대출을 받는 주체는 세입자이기 때문에 개인의 신용도로 대출금액이 결정된다. 그래서 표와 같이 최대 대출금액이 4억 원으로 상대적으로 적고, 개인별로 연봉 대비 보통 3.5배 정도로 대출금이 나온다. 장점은 부동산에 질권설정을 하지 않기 때문에 임대인 동의가 필요치 않으므로 자유롭게 대출이 가능하다는 점이다.

반면 질권설정을 하면 대출금을 받고 상환하는 주체가 집주인이 된다. 이때는 대출자의 신용이 아니라 대출해 주는 담보, 즉 아파트 가격이 중요하다. 그래서 주택금융공사보다 대출금이 훨씬 많이 나온다. 대출받는 개인의 신용도가 크게 중요하지 않기 때문에 소득이 적거나 무소득

| 보증사별 전세대출 차이 |

	주택금융공사	주택도시보증공사	서울보증보험
전세가액	수도권 7억 원 이하, 그 외 5억 원	수도권 7억 원 이하, 그 외 5억 원	상관없음
최대 대출금액	4억 원	4.5억 원	5억 원
대출한도	임차보증금의 80% 범위	임차보증금의 80% 범위 (신혼부부 및 청년가구는 90%)	90~95%
중도상환 수수료	X	X	O
질권설정	없음	있음 임대인 동의 필요	있음 임대인 동의 필요

| 전세대출의 기본 구조 |

주택금융공사

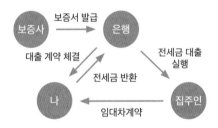

주택도시보증공사 / 서울보증보험

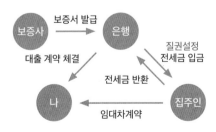

이라도 전세대출을 받을 수 있다.

이제 자신이 임대인 입장이라고 가정해 보자. 전세 세입자를 구한다고 중개소에 올렸는데 신혼부부가 와서 자금이 부족하니 전세금을 깎아달라고 한다. 임차인 대부분은 주택도시보증공사, 서울보증보험의 존재를 모르고 있다. 이때 주택도시보증공사로 전세대출을 받으면 90%까지 대출을 받을 수 있다고 알려주며 중개소에 연락해서 질권설정을 동의해 주겠다고 말해주자. 그러면 큰 문제가 없는 한 전세계약이 체결될 것이다.

반대로 전셋집을 구하는 임차인 입장이라면? 내 연봉이 적거나 전세대출을 좀 더 받아야 한다면 집주인한테 양해를 구해 질권설정에 동의해 달라고 부탁하고 주택도시보증공사 전세대출을 받으면 된다. 그리고 주택도시보증공사로 대출받으면 대출상환 주체가 집주인이기 때문에 나중에도 크게 신경 쓸 일이 없다.

서울보증보험의 장점은 전세가액에 상한이 없다는 것이다. 주택금융공사나 주택도시보증공사는 수도권 기준 7억 원 이하로 계약하는 전세에 대해서만 대출이 가능하다. 만약 내가 전세 8억 원짜리 집에 들어갈 일이 생겼다면 전세대출을 받을 수 있는 곳은 서울보증보험밖에 없다. 그래서 보통 고가 전세를 들어가면 서울보증보험을 이용한다.

DSR 규제

추가로 대출과 관련해 2022년 기준 가장 크게 적용되고 있는 규제인 DSR(총부채원리금상환비율) 규제를 살펴보자.

DSR = 연간 총부채 원리금 상환액 / 연소득

DSR은 연봉에 맞춰서 대출한도를 정하는 것이다. 지금 DSR 규제 단계는 3단계로 자신이 받은 모든 대출을 다 합해 1억 원을 초과하면 DSR 40% 이내로 받을 수 있다. 현재 LTV(담보인정비율)의 경우 생애 최초 구매자는 80%까지 규제를 풀어줬지만, DSR 규제 제한이 풀리지 않으면 고소득자가 아닌 이상 큰 효과가 없다.

244쪽 위의 표는 DSR 40%, 주담대 30년, 이자 4%, 원리금균등 조건으로 계산한 결과다. 표를 보는 방법은 왼쪽에서 자신의 연봉을 찾은 다음 주담대에서 최대로 받을 수 있는 한도를 확인한다. 예를 들어 연봉이 5000만 원이고 기존 대출 없이 주담대를 받는다면 3억 4000만 원까지 가능하다. 그러니 5억 원의 집을 매수하면 LTV 80%라서 4억 원까지 대출이 가능하지만, 이때 DSR을 적용하면 4억 원이 아닌 3억 4000만 원밖에 대출을 받지 못한다.

표 오른쪽의 금액은 신용대출이 있을 때 주담대를 받을 수 있는 한도다. 예를 들어 연봉이 5000만 원인데 신용대출을 4000만 원 받았다면, 주담대는 최대 1억 8000만 원 정도 받을 수 있다.

| 연봉에 따른 주택담보대출한도 |

(단위: 만 원)

연봉	DSR 40%	월 상환액	주담대 대출한도	신용대출금액, 4%				
				2,000	4,000	6,000	8,000	10,000
3,000	1,200	100	20,950	12,570	4,190	-	-	-
4,000	1,600	133	27,933	19,553	11,173	2,793	-	-
5,000	2,000	167	34,917	26,537	18,157	9,777	1,397	-
6,000	2,400	200	41,900	33,520	25,140	16,760	8,380	-
7,000	2,800	233	48,883	40,503	32,123	23,743	15,363	6,983
8,000	3,200	267	55,867	47,487	39,107	30,727	22,347	13,967
9,000	3,600	300	62,850	54,470	46,090	37,710	29,330	20,950
10,000	4,000	333	69,833	61,453	53,073	44,693	36,313	27,933

주택담보대출은 이자율 4%, 원리금균등상환 방식을 기준으로 한다.

| 연봉과 DSR에 따른 주택담보대출한도 |

(단위: 만 원)

연봉	DSR						
	40%	50%	60%	70%	80%	90%	100%
3,000	20,950	26,188	31,425	36,663	41,900	47,138	52,375
4,000	27,933	34,917	41,900	48,883	55,867	62,850	69,833
5,000	34,917	43,646	52,375	61,104	69,833	78,563	87,292
6,000	41,900	52,375	62,850	73,325	83,800	94,275	104,750
7,000	48,883	61,104	73,325	85,546	97,767	109,988	122,208
8,000	55,867	69,833	83,800	97,767	111,733	125,700	139,667
9,000	62,850	78,563	94,275	109,988	125,700	141,413	157,125
10,000	69,833	87,292	104,750	122,208	139,667	157,125	174,583

만약 주담대를 최대한 많이 받고 싶다면 신용대출을 전부 다 상환해야 한다. 표를 참고하여 각자 연봉에 따라 얼마나 대출을 받을 수 있는지 확인해 보자. DSR 규제가 얼마나 풀리느냐에 따라서 대출한도가 크게 달라진다. 표로 알 수 있듯이 LTV를 아무리 많이 풀어줘도 고액 연봉자가 아니면 DSR의 상한에 걸려 그만큼의 혜택을 못 받기 때문이다.*

유튜브
같이 보기

244쪽 아래 표는 DSR에 따라서 대출한도가 얼마나 늘어나는지 계산한 것이다. 연봉 5000만 원 기준으로 DSR이 10% 늘어날 때마다 적게는 6000만 원에서 8000만 원까지 늘어난다. 이 표로 향후 DSR에 따른 대출한도를 확인할 수 있다.

분양전환 임대주택에 투자하기

유튜브
같이 보기

전세와 관련된 투자 상품을 찾는다면 임대주택의 분양전환을 살펴보자. 분양전환 임대주택의 경우 주택 투자지만 전세 세입자로 들어가기 때문에 표면상으로는 무주택과 똑같은 취급을 받는다. 이에 따라 다양한 조합으로 투자할 수 있다.

분양전환 임대주택은 당첨되고 10년 동안 그 집에서 전세를 살다가 10년 뒤에 주택을 분양받는 것이다. 이때 보유한 주택 수가 추가되지 않는 것이 가장 큰 이득이다. 요즘은 취득세, 양도세, 종부세 등 부동산에서 주택 수가 세금에 막대한 영향을 미친다. 그런데 분양전환 임대주택의 경우 주택 수에 포함되지 않으면서 신축 아파트를 취득할 수 있어 정말 좋은 방법이다. 또한 주택 수에 포함되지 않다 보니 청약을 준비하는 사람도 자유롭게 투자할 수 있다. 분양전환 임대주택은 분양 가격만 팬찮다면 세금적인 측면에서 무주택자, 다주택자 모두에게 좋은 투자 상품이다.

우선 장단점을 먼저 살펴보자.

1. 장점

  − 분양전환 임대주택은 전세 개념, 당첨되고 난 뒤 추후 주택을 분양받는다.

  − 분양전환 임대주택에 살면서 청약을 넣을 수 있다. 청약을 노리는 사람에게도 좋다.

  − 주택 수에 포함되지 않으므로 부동산 세금에서 자유롭다.

2. 단점

  − 최근 인기가 많아져 자금이 많이 필요하다.

  − 확정분양가와 확정분양형인 임대주택을 골라야 한다.

분양전환 임대주택이란

임대주택이 정확히 무엇인지 살펴보면 사실 전세와 크게 다르지 않다.

1. 전세금: 재계약 때마다 5% 이상 못 올림. 10년 동안 계약갱신권 사용할 필요가 없다.

2. 거주 기간: 단기 4년, 장기 10년. 임대사업자가 임대등록한 기간까지 계속 살 수 있다(재계약 거절 불가).

3. 말소 조건: 임차인 동의 없이는 말소 불가하다.

내용을 보면 앞에서 본 것과 많이 비슷하지 않은가? 바로 이전에 배운 임대사업자 물건과 똑같다. 이러한 분양 방법이 나온 이유는 분양가상한제 때문이다. 입지가 좋은 곳에서 분양하는 건설사는 당연히 분양가를 높여서 수익을 극대화하고 싶다. 하지만 분양가상한제 때문에 분양가를 높이지 못한다. 입지가 좋은데도 불구하고 로또 청약이라고 불리는 값으로 주변 시세보다 저렴하게 분양할 수밖에 없다. 그래서 건설사들이 찾은 방법이 바로 건설임대사업자로 등록해서 10년 동안 임대하고, 10년 뒤에 일반분양을 하는 것이다.

이렇게 분양하면 아파트를 분양하는 청약이 아닌 10년 동안 임대할 세입자를 모집하는 청약으로 변경된다. 그래서 이러한 민간임대주택 물건은 청약홈에 나오지 않고 각 건설사 홈페이지에서 세입자 모집 공고를 받는다. 세입자 혜택은 재계약 때마다 전세금이 5% 이상 오르지 않고 10년 동안 이사할 필요도 없고 쫓겨나지도 않는다는 것이다.

최근에 분양한 민간임대주택의 예시로는 수지구청 롯데캐슬하이브엘이 있다. 분양 당시 홈페이지를 보면 청약통장이 없어도 되고 세금도 안 내고 이사도 안 가도 된다고 적혀 있다. 전세 세입자를 구하는 공고이기 때문이다. 전셋집을 구할 때 청약통장이 필요한가? 전세로 거주하면서 재산세나 취득세 등의 세금을 내는가? 이런 제약에서 벗어날 수 있는 건 전세 세입자를 구하는 형태라서 가능한 혜택이다.

왜 이렇게 사람들이 열광할까?

단순히 전세 세입자를 구하는 것(공공임대주택)이면 이는 절대로 투자상품이 아니다. 사람들이 민간임대상품에 열광하는 이유는 바로 아래 두 가지 조건 때문이다.

1. 확정분양가 •
2. 10년 뒤 분양전환 우선권

이 조건이 없다면 여기는 전셋집이나 다름없다. 그러나 이런 조건을 갖춘다면 이제부터 투자 상품이 된다.

분양전환 우선권은 10년 동안 임대로 살다가 10년 뒤에 나한테 분양 우선권을 주는 것이다. 확정분양가는 분양 가격이 10년 뒤에 정해지는 것이 아니라 처음 계약할 때부터 확정된다는 것이다. 만약 둘 중 하나라도 빠지면 어떻게 될까?

확정분양가가 아닌 민간임대주택은 추후 시세의 80~90%로 분양한다는데 믿을 수가 없다. 지금 시세는 5억 원인데 10년 뒤 시세가 20억원이라면 그 80%가 16억 원이나 되어서 투자할 대상이 아니다. 10년 뒤에 올라간 시세로 분양가를 측정하기 때문에 상당한 리스크가 존재한다.

분양전환 우선권이 없는 민간임대주택은 10년 동안 임대하고 일반분양을 해버리면 세입자는 낙동강 오리알 신세가 된다. 그냥 전셋집에

산 것과 똑같다. 10년 뒤에 일반분양을 할 수도 있으므로 분양전환 우선권이 있는지를 확인해야 한다.

이 두 가지 조건을 충족하면 민간임대주택 상품은 엄청난 투자 가치를 지닌다. 10년 동안의 시세차익을 지금 확정해서 가져가기 때문이다. 각종 세금에도 자유롭고, 주거 안정성까지 확보되기에 금상첨화다.

- 세금 없음		- 10년 전 가격으로 아파트 구입
- 주택 수 포함 안 됨	10년 후	- 시세차익
- 이사 안 해도 됨	→	- 자금운용 가능
- 신축 투자		

임대주택 투자 주의점

민간임대주택을 프리미엄(이하 'P')을 주고 매수할 때 실투자금과 예상 수익률을 정확히 계산할 수 있어야 한다.

1. 주변 시세: 13억 원

2. 분양전환 금액: 9억 원

3. 프리미엄(P): 3억 원

3. 아파트 가격: 9억 원 + 3억 원 = 12억 원에 매수

민간임대주택은 계약할 때 따로 10년 뒤 분양받을 확정금액을 확인해 봐야 한다. P를 주고 매수할 때 고려할 사항은 바로 분양전환 금액에 P를 더한 값이 실제로 이 집을 매수하는 가격이라는 점이다. 이 둘을 합한 가격이 주변 시세 대비 적절한지 꼭 확인한다.

예전에 민간임대주택의 가치를 사람들이 잘 모르던 때에는 확정분양가도 저렴했지만 요즘 나오는 민간임대주택은 전세보증금도 그렇고, 확정분양가도 주변 시세에 비해 크게 메리트가 없다. 그래서 자금이 많다면 P를 주고 매수해도 좋지만, 각 건설사에서 민간임대 분양 소식이 있을 때 최초 분양을 받는 것이 가장 좋다. 분양전환 임대주택 투자법을 정리하면 아래와 같다.

1. 분양전환이 가능한 민간임대주택이 청약으로 나오면 모두 넣는다.
2. 주변 시세에 비해 가격이 괜찮다면 P를 주고 매수한다.

6장

청약,
집 안에 숨은
로또 통장 찾기

모집공고문만 잘 읽어도
청약 당첨은 더 이상 꿈이 아니야!

⬇ 이 장에 들어가기 전 알아두면 좋을 앱과 사이트

네이버 부동산: 개발

지도 오른쪽 위의 '개발'을 누르면 지도에서 대규모 택지개발지구, 신도시, 개발 사업 등을 확인할 수 있다. 상세페이지에 해당 지구의 수용 인원, 지적도, 계획된 연도까지 나와 편리하다. 특히 대규모 택지개발 사업 호재는 대부분 네이버 부동산에서 확인한다. 청약을 위해 주변 실거래가를 확인할 때도 유용하다.

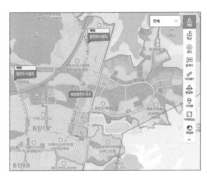 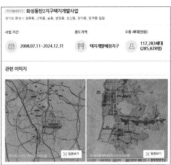

(출처: 네이버 부동산)

호갱노노: 규제

지도 오른쪽의 메뉴바에서 '정책'을 클릭하고 나오는 하위 메뉴에서 '규제'를 클릭하면 지역이 색깔별로 나온다. 노란색이 조정대상지역, 주황색이 투기과열지구, 안 칠해진 부분은 비조정대상지역이다. 오른쪽 사진은 2023년 현재 조정대상지역이다. 구역마다 청약에서 필요한 조건이 다르므로 호갱노노에서 확인하자.

(출처: 호갱노노)

아실: 인구변화, 입주 물량

인구 증가는 부동산에 가장 큰 호재이고, 입주 물량은 해당 지역의 부동산 전망을 파악할 수 있는 지표다. 입주 물량이 많으면 공급이 늘어나 가격이 떨어질 것이고, 입주 물량이 없다면 지금 지어진 신축 단지의 희소성이 올라간다. 아실에서 인구수의 추이와 입주 물량을 확인할 수 있다.

(출처: 아실)

LH 홈페이지

LH 홈페이지에서 'LH청약센터 > 분양주택(분양정보) > 지구주민 검색'으로 지구주민 우선공급 청약을 확인할 수 있다.

청약홈

내 청약 가점과 제한 사항, 지금 진행하는 청약 일정과 마감 후 경쟁률까지 확인할 수 있어 청약을 준비할 때 가장 많이 이용하는 사이트다.

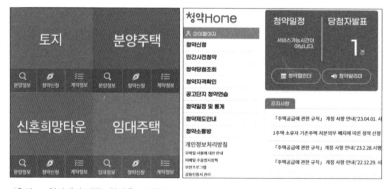

(출처: LH청약센터(왼쪽), 청약홈(오른쪽))

청약통장 200% 활용법

만약 현재 무주택자라면 첫 집은 청약으로 마련하기를 추천한다. 청약은 분양할 때 분양가를 발표해 주변 시세보다 저렴한지 비싼지 직접 파악할 수 있다. 또한 완공까지 2~3년 동안 집값의 10~20% 금액만으로 신축 아파트를 취득할 수 있다. 이 때문에 청약은 현존하는 투자법 중 가장 좋은 방법이다. 또한 서울의 강남 3구, 용산을 제외하고 모두 조정대상지역에서 해제된 2023년 지금이야말로 청약하기에 너무나도 좋은 시기다. 비조정대상지역이면 재당첨 제한도 없고, 주택을 가지고 있어도 당첨될 수 있다. 청약에 성공하는 다양한 방법을 이번 장에서 하나씩 알아볼 것이다.

먼저 기본적으로 청약통장의 종류를 살펴보자.

1. 청약저축
   - 국민주택기금 지원을 받는 공공주택 등 85m²(전용 25.7평 이하) 이하 주택을 분양받을 수 있는 청약통장이다.
   - 공공분양만 가능하며, 청약예금으로 변경 가능하다.
   - LH홈페이지에서 3기 신도시 및 공공분양으로 나오는 것을 노린다.

2. 청약예금
   - 모든 민영아파트에 청약을 넣을 수 있다.
   - 청약홈에서 분양하는 민간아파트를 노린다.

3. 청약부금
   - 85m² 이하의 민영주택과 민간건설 중형 국민주택을 청약할 목적으로 가입하는 저축이다.
   - 85m² 초과 민영주택에 청약하려면 청약예금으로 전환해야 한다.
   - 청약홈에서 분양하는 민영아파트를 노린다.

4. 주택청약종합저축
   - 주택청약종합저축은 공공, 민영 둘 다 청약 가능하다.
   - 이제는 주택청약종합저축만 가입할 수 있다.

청약저축은 납입한 횟수와 납입한 총액이 많은 순으로 당첨한다. 만약 청약저축은 있는데 납입 횟수와 인정 금액이 적고, 자신의 가점을 계산했을 때 점수가 높다면 청약예금으로 바꾸는 걸 적극 고려해 봐도 좋다. 청약예금은 가점이 높은 순으로 추첨하고, 청약예금이 청약저축보다 분양 단지수가 더 많기 때문이다. 주택청약종합저축은 가점이 60점 이

| 지역별 청약 예치금 금액 |

구분	서울·부산	기타 광역시	기타 시·군
85m² 이하	300만 원	250만 원	200만 원
102m² 이하	600만 원	400만 원	300만 원
135m² 이하	1000만 원	700만 원	400만 원
모든 면적	1500만 원	1000만 원	500만 원

상이라면 당첨될 가능성이 높으므로 특히 추천한다.

모든 가족의 청약통장을 만들자

청약 당일이나 모집공고문을 확인한 당일에 예치금을 넣으려고 하는 경우가 종종 있다. 하지만 예치금은 모집공고문 발표 전날까지 청약통장에 입금되어 있어야 한다. 추첨 물량을 노린다면 예치금은 지역 조건에 맞춰 꼭 모든 면적에 가능하도록 넣어두자.

만약 서울에 거주하고 있다면 예치금으로 1500만 원을 넣어둬야 한다. 그런데 적지 않은 돈이 청약통장에 묶이기 때문에 입금을 망설이는 사람도 많다. 이때 청약예금담보대출이 유용하다. 청약예치금을 담보로 돈을 빌리는 것으로 대출이자도 낮고, 청약예치금을 확보한 채로 생활비도 융통할 수 있다.

가족의 청약통장도 확인해 보자. 보통 부모님은 주택이 있으면 청약을 못 한다고 생각해 청약통장을 만들지 않는 경우가 많다. 가족에게 청약통장이 있는지 확인하고, 없다면 지금이라도 청약통장을 만들자.

청약에 당첨되는
조건은 무엇일까?

다음은 청약 조건을 확인해 보자. 호갱노노에서 지도 오른쪽 메뉴바에서 '정책 > 규제'를 클릭하면 지도에 색칠이 된 부분과 안 된 부분이 있다. 주황색은 투기과열지구, 노란색은 조정대상지역, 색이 없는 곳은 비조정대상지역이다. 빨간색 부분은 투기지역인데 청약에서는 차이가 없고, 대출이나 세제 부분에서 차이가 있다.

2023년 현재 모든 지역의 분양 공고가 그 지역에서 거주하지 않으면 청약 당첨이 힘들다는 점을 염두에 두자. 그런 만큼 청약 조건에서 거주자 우선 조건이 가장 중요한데, 어느 지역이냐에 따라서 조금씩 달라진다.

1. 투기과열지구: 해당 지역 2년 이상 거주자 우선

2. 조정대상지역: 해당 지역 1년 이상 거주자 우선

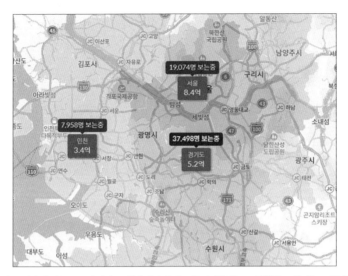

그림에서 빨간색인 서울은 투기지역, 주황색인 수원시는 투기과열지구, 노란색인 고양시는 조정대상지역
이다(2022년 10월 기준). (출처: 호갱노노)

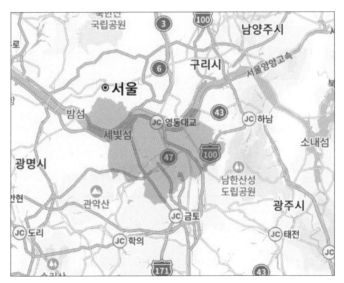

2023년 2월 기준, 그림에서 빨간색으로 칠해진 강남 3구와 용산구를 제외한 모든 지역이 비조정대상지역
으로 바뀌었음을 알 수 있다. (출처: 호갱노노)

3. 비조정대상지역: 해당 지역 거주자 우선(거주 기간 요건 없음)

일반적으로 지역마다 1년이나 2년씩 거주 요건이 있다. 단 예외도 있다. 경기도 광주의 경우 비조정대상지역임에도 불구하고 거주 기간 1년이 필요하고, 조정대상지역인 인천 학익지구나 화성은 거주 기간 1년 제한이 없다.

비조정대상지역에서 우선 요건에 해당 지역 거주 기간이 없다는 것은 무슨 의미일까? 예를 들어 모집공고일이 8월 10일인데, 전입신고를 8월 9일에 했다면 지역 우선 요건을 충족한다. 만약 인천 학익지구나 화성의 청약을 기다리고 있다면, 청약이 나오기 전에 해당 지역으로 전입신고를 하고 이사를 가면 당첨 확률이 상당히 높아진다. 이는 청약 전략을 짜는 데 중요하다. 대부분 비조정대상지역으로 규제가 풀린 상황에선 어떨까? 이제부터 서울에서 나오는 청약도 거주 요건이 없어질 가능성이 높다. 즉 서울에 살지 않았던 사람도 청약을 노려볼 수 있다.

분양 예정 단지 확인하기

미리 어디에 어떤 단지가 나올지 여러 플랫폼에서 확인할 수 있다. 요즘에는 다양한 플랫폼이 많이 나와 각자 편한 사이트를 이용하면 된다. 나는 '부동산114'라는 사이트가 편리해서 주로 참고한다.

분양예정 단지에 관한 정보를 바탕으로 어디에 청약을 넣을지 결정

부동산114에서 분양정보를 클릭 후 자신의 지역-분양시기순으로 정렬하면 지도와 단지를 쉽게 볼 수 있다. (출처: 부동산114)

하여 미리 준비하면 된다. 단 이 방법은 대략적인 일정과 단지만 나오므로 정확한 조건은 모집공고문이 나와봐야 알 수 있다. 단지마다 상세한 조건이 조금씩 다르니 모집공고문이 나오면 다시 확인해야 한다.

청약의 답은 모집공고문에 다 있다

청약을 다루는 책이나 강의도 있지만 사실 안 봐도 괜찮다. 정답은 모집공고문에 있기 때문이다! 시중에 출간된 책과 떠도는 정보는 대부분 모집공고문을 가공한 것이다. 청약에 당첨되고 싶다면 다른 것은 필요 없다. 아무 데나 청약 단지를 하나 정하고 모집공고문을 정독하자. 모집공고문은 단지와 시기에 따라 조금씩 변하기 때문에 여러 책에 쓰인 정보와 다를 때도 많다. 모집공고문을 제대로 볼 줄 모른다면 나중에 부적격으로 청약에서 떨어질 수도 있다.

청약 당첨 전략, 방법, 지원 자격 등 모든 정보가 모집공고문 안에 다 들어 있다. 예시로 생애최초 특별공급을 준비하고 있다고 생각해 보자. 모집공고문의 신청 자격을 보면 자세하게 다 나와 있다. 주택을 소유한 사실

실제 사례
적용하기

이 없어야 하고, 청약통장 가입 2년, 예치금 만족, 세대주일 것, 5년 이내에 당첨된 자의 세대에 속하지 말 것, 소득 기준까지 충족하면 된다.

이제 당첨자 선정 방법에서 당첨 전략을 확인하자. 1순위는 월평균 소득 기준의 130% 이하인 자에게 우선공급을 한다. 세대의 소득이 인원별로 130% 이하인지 확인해서 이를 만족한다면 당첨 확률이 높다. 각 거주지에 따라 해당 비율대로 공급하고 경쟁이 있는 경우 추첨으로 결정한다. 즉 이 모집공고문에서 생애최초 특별공급의 당첨 확률이 가장 높은 것은 신청 자격 기준을 만족하면서 소득 기준 130% 이하인 사람이다.

■ 생애최초 특별공급(「주택공급에 관한 규칙」, 제43조 : 적용면적 85㎡ 이하 공급 세대수의 20% 범위) : 102세대
• 신청자격 : 「주택공급에 관한 규칙」제43조에 해당하는 자로서 최초 입주자모집공고일 현재 오산시에 거주하거나, 수도권(서울특별시, 경기도, 인천광역시)에 거주하면서 생애최초(세대에 속한 모든 자가 과거 주택을 소유한 사실이 없는 경우로 한정)로 주택을 구입하는 자로서 다음의 요건을 모두 만족하는 자
  - 제28조제1항의 1순위에 해당하는 무주택세대구성원
  ※ 단, 투기과열지구 및 청약과열지역에서 공급하는 경우 아래의 일반공급 1순위 조건을 모두 만족해야 청약 가능함
  - 장덕통장에 가입하여 2년이 지난 자로서 예치기준금액을 납입할 것
  - 세대주일 것
  - 과거 5년 내에 당첨된 자의 세대에 속하지 않을 것
  - 입주자모집공고일 현재 혼인 중이거나 미혼인 자녀(태아, 입양을 포함, 혼인 중 아닌 경우에는 동일한 주민등록표등본에 올라 있는 자녀를 말함)가 있는 자 또는 1인 가구*
  * (단, 입주자모집공고일 현재 혼인 중이 아닌 이혼을 포함) 미혼인 자녀(혼인 중 아닌 경우에는 동일한 주민등록표등본에 등재된 자녀)도 없는 신청자, 1인 가구는 추첨제로만 청약가능
  하며, 단독세대(독신이나 형제자매 등 세대구성원 현재로서는 없는)는 신청할 수 없음. 세대를 달리하는 경우 동일세대 또는 단독세대가 아닌 자로 구분하며, 단독세대는 전용면적 60㎡ 이하 주택에만 한하여 청약가능
  - 입주자모집공고일 현재 근로자 또는 자영업자(과거 1년 내에 소득세「소득세법」제19조 또는 제20조에 해당하는 소득에 대하여 납부한 것을 말함)를 납부한 자를 포함)로서 5년 이상 소득세를 납부한 자.
  단, 이 경우 해당 세대별부양의무이나 소득공제, 세액공제, 세액감면 등으로 납부의무액이 없는 경우를 포함
  - 소득기준 : 해당 세대의 월평균 소득이 전년도 도시근로자 가구원수별 월평균소득(4명 이상 세대는 가구원수별 가구당 월평균소득을 말한다) 기준의 160%이하인 자

입주자모집공고일	상시근로자 근로소득 확인 기준	사업자 및 프리랜서 등 소득확인 기준
08.19	전년도 소득	전년도 소득

  - 자산기준 : 해당 세대의 전년도 도시근로자 가구원수별 월평균 소득 기준(160%)은 초과하나, 해당 세대의 부동산가액기준(3억3,100만원) 이하에 해당하는 자는 추첨제 자격으로 신청 가능
  * 부동산가액 산출기준 : 「공공주택 특별법 시행규칙」제13조제3항 및 「공공주택 입주자 보유 자산 관련 업무처리기준」제4조에 따라 산출된 금액으로서 「국민건강보험법 시행령」, 제42조제1항에 따른 보험료 부과점수의 산정방법에서 정한 재산등급 29등급에 해당하는 재산금액의 상한과 하한을 산술평균한 금액

• 당첨자 선정방법
  - 2021.11.16. 개정된 「주택공급에 관한 규칙」에 의거 생애최초 특별공급
  ① 세대수의 50%를 전년도 도시근로자 가구원수별 월평균 소득 기준의 130% 이하인 자에게 우선공급
  ② 세대의 20%(우선공급에서 미분양된 주택을 포함)를 전년도 도시근로자 가구원수별 월평균 소득 기준의 160% 이하인 자까지 확대하여 일반공급(우선공급에서 입주자로 선정되지 않은 자를 포함)
  ③ 남은 주택(일반공급에서 미분양된 주택을 포함)은 전년도 도시근로자 가구원수별 월평균 소득 기준 160%를 초과하나 부동산가액 기준을 충족하는 자(일반공급에서 입주자로 선정되지 않은 자를 포함) 및 1인 가구 신청자를 대상으로 추첨의 방법으로 공급
  - 소득기준구분 및 추첨제에서 경쟁이 있을 경우 모집공고일 현재 1년이상 계속 거주차에게 30%, 경기도 6개월 이상 계속 거주차에게 20%, 수도권(서울시, 인천시, 경기도 6개월 미만)내 거주한 지에게 50% 순으로 우선하며, 경쟁이 없는 경우 추첨으로 결정함.
  - 특별공급은 무주택세대구성원에게 1세대 1주택(공급을 신청하는 경우에는 1세대 1명을 말함) 기준으로 공급하므로 세대 내 2명 이상이 각각 신청하여 1명이라도 선정이 되면, 당첨자는 부적격담첨자로 처리되고, 예비입주자는 입주자로 선정될 기회를 재공받을 수 없으니 유의하여 신청하시기 바랍니다.
  - 기타 본 입주자모집공고 상에 표시되지 않은 내용에 대해서는 '생애최초 주택 특별공급 운용지침'에 따릅니다.
  ※ 2021년도 도시근로자 가구원수별 가구당 월평균 소득 기준

공급유형		구분	2021년도 도시근로자 가구원수별 월평균소득 기준					
			3인 이하	4인	5인	6인	7인	8인
소득기준구분	우선공급(기준소득, 50%)	130% 이하	~8,071,614원	~9,361,052원	~9,523,894원	~10,113,774원	~10,703,651원	~11,293,530원
	일반공급(상위소득, 20%)	130% 초과~160% 이하	8,071,615원~9,934,294원	9,361,053원~11,521,294원	9,523,895원~11,721,715원	10,113,774원~12,447,720원	10,703,652원~13,173,725원	11,293,531원~13,899,730원
추첨제(30%)	소득기준 초과 / 자산기준 충족	160%초과, 부동산(3.31억원)이하	9,934,295원~	11,521,295원~	11,721,716원~	12,447,721원~	13,173,726원~	13,899,731원~
	1인 가구	160%이하	~9,934,294원	~11,521,294원	~11,721,715원	~12,447,720원	~13,173,725원	~13,899,730원
		160%초과, 부동산가액(3.31억원) 충족	9,934,295원~	11,521,295원~	11,721,716원~	12,447,721원~	13,173,726원~	13,899,731원~

오산세교 2택지개발예정지구 A10블록 칸타빌 더퍼스트 입주자 모집공고문에서 생애최초 특별공급 신청 자격(위)과 당첨자 선정 방법(아래) 내용 중 노란색 형광펜 표시가 되어 있는 부분을 눈여겨보자. (출처: 칸타빌 더퍼스트)

모집공고문으로 나만의 당첨 전략 세우기

신혼부부 특별공급도 한번 살펴보자. 세대수의 50%를 전년도 월평균 소득 기준의 100% 이하인 자에게 우선공급한다. 경쟁이 있을 경우 자녀가 있는 사람이 1순위다. 1순위 내에서 경쟁이 있다면 미성년 자녀(태아 포함) 수가 많은 자가 우선권을 가진다. 종합해서 해당 지역의 당해 조건과 월평균 소득을 만족하면서 미성년 자녀가 많다면 망설이지 말고 신혼부부 특별공급을 준비하자.

혹시 미성년 자녀가 3명이 넘는다면 다자녀 특별공급으로 가서 당첨 배점표를 확인하고, 다자녀와 신혼부부 특별공급 중에 높은 쪽을 선택하면 된다. 이때 자녀가 없다면 신혼부부 특별공급은 당첨 확률이 낮으므로 생애최초 특별공급을 노리는 편이 낫다.

이처럼 모집공고문에 다 나와 있으므로 자신의 상황에 맞게 여러 가지 전략을 마련하면 된다. 여러 특별공급의 자격이 된다면 그중에서 가

오산세교 2택지개발예정지구 A10블록 칸타빌 더퍼스트 입주자 모집공고문에서 신혼부부 특별공급 당첨자 선정 방법 내용 중 노란색 형광펜 표시가 되어 있는 부분을 눈여겨보자. (출처: 칸타빌 더퍼스트)

장 확률이 높은 쪽을 선택하면 된다.

　다시 한번 말하지만 청약을 준비한다면 책을 사거나 강의를 듣는 대신, 딱 하루만 모집공고문을 정독하기를 강력히 추천한다. 일단 한번 보고 나면 그다음부터는 청약의 모집공고문을 보는 시간이 훨씬 줄어든다. 내가 원하는 정보만 빠르게 볼 수도 있다. 모집공고문은 단지마다 또 시기에 따라 계속 바뀌므로 달라지는 부분만 살피면 청약 준비는 전혀 문제가 없다.

청약 당첨 확률을 높이는 법

내가 어떤 통장을 가지고 있는지, 각 지역의 거주 요건은 어떠한지 확인했는가? 분양예정 단지도 확인하고 모집공고문까지 정독했는가? 이제 내 청약통장으로 어느 지역에 청약을 넣을 수 있는지 확실히 알았다. 그렇다면 현재 내 통장 점수가 실제로 당첨 가능한지는 어떻게 확인할까? 바로 청약홈에서 확인할 수 있다. 청약은 모집공고문과 청약홈, LH만 제대로 볼 줄 알면 끝이다.

청약 가점 확인하기

지금도 자신의 가점을 정확히 모르고 청약을 넣었다가 부적격된 사

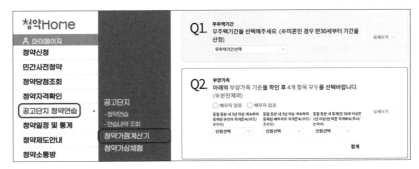

청약홈의 메뉴바에서 '공고단지 청약연습 > 청약가점계산기'로 들어가면 자신의 청약 가점을 확인할 수 있다. (출처: 청약홈)

람이 많다. 이참에 청약홈에서 자신의 가점을 꼭 확인해 보기 바란다. 청약홈의 청약가점계산기에서 순서대로 무주택 기간, 부양가족 여부, 청약통장 가입일 등 세 가지 질문에 답하면 간단하게 자신의 가점을 알 수 있다.

청약 경쟁률 확인하기

이제 내 점수로 청약을 넣을 수 있는지 확인한다. 검단 신도시를 예로 살펴보자. 먼저 청약홈에서 '청약일정 및 통계'의 'APT'에 들어가 '검단'으로 검색한다. 최근 검단에서 청약을 진행한 단지들이 나온다. 이런 식으로 원하는 지역을 검색해서 최근 청약 경쟁률과 당첨가점을 확인할 수 있다.

단 진행한 지 오래된 단지는 단순 참고용으로만 보자. 부동산 시장은

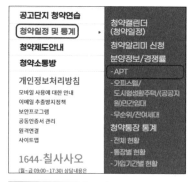

청약홈의 '청약일정 및 통계'에서 'APT'로 들어가 원하는 지역을 검색하면 최근 진행된 청약의 경쟁률과 당첨가점을 확인할 수 있다. (출처: 청약홈)

□ 주택조회 (최대 12개월까지 조회가능)

2022년 01월	~	2022년 12월	
주택구분 전체	공급지역 전체	검단	Q 조회

분양/임대 ☑ 전체 ☐ 분양주택 ☐ 분양전환 가능임대 ☐ 분양전환 불가임대

알림 신청

□ 조회 결과

- 주택명을 클릭하시면 입주자모집공고 정보를 확인하실 수 있습니다.
- 주택명, 청약기간, 당첨자발표는 각 항목명을 클릭하시면 해당 항목명 오름 또는 내림차순으로 정렬됩니다.
- 본 정보는 사실과 차이가 있을 수 있으니 청약신청 시 반드시 해당 '입주자모집공고' 내용을 확인 후 그에 따라 신청하시기 바랍니다.

□ 총게시물 : 5

지역	주택구분	분양/임대	주택명 ▲▼	시공사	문의처	모집공고일	청약기간 ▲▼	당첨자발표	특별공급 신청현황	1·2순위 경쟁률
인천	민영	분양주택	인천 검단신도시 AB17BL 우미린 클래스원	(주)우미개발		2022-08-25	2022-09-05 ~ 2022-09-07	2022-09-15	신청현황	경쟁률
인천	민영	분양주택	검단역 금강펜테리움 더 시글로 2차	주식회사금강주택		2022-03-31	2022-04-11 ~ 2022-04-13	2022-04-19	신청현황	경쟁률
인천	민영	분양주택	제일공경제 검단㈜	제일건설(주)		2022-03-29	2022-04-08 ~ 2022-04-12	2022-04-20	신청현황	경쟁률
인천	국민	분양주택	힐스테이트 검단 웰카운티 (공공분양주택)	현대건설 주식회사 컨소시엄		2022-03-25	2022-04-11 ~ 2022-04-13	2022-04-19	신청현황	경쟁률
인천	민영	분양주택	힐스테이트 검단 웰카운티 (민영주택)	현대건설 주식회사 컨소시엄		2022-03-25	2022-04-11 ~ 2022-04-13	2022-04-19	신청현황	경쟁률

□ 검단역 금강펜테리움 더 시글로 2차

청약접수 결과 입주자모집공고에 명시된 일반공급 가구수 및 예비입주자선정 가구 수에 미달 시 후순위 청약접수를 받습니다.

주택형	공급세대수	순위		접수건수	순위내 경쟁률 (미달 세대수)	청약결과	당첨가점			
							지역	최저	최고	평균
084.9840A	49	1순위	해당지역	240	9.60	1순위 마감(청약접수 종료)	해당지역	45	69	55.08
			기타지역	587	33.42					
		2순위	해당지역	0	-		기타지역	57	69	61.63
			기타지역	0	-					
084.9060B	49	1순위	해당지역	166	6.64	1순위 마감(청약접수 종료)	해당지역	41	63	50.2
			기타지역	371	21.33					
		2순위	해당지역	0	-		기타지역	58	69	61.75
			기타지역	0	-					
084.9811C	61	1순위	해당지역	280	9.03	1순위 마감(청약접수 종료)	해당지역	46	64	52.32
			기타지역	566	27.17					
		2순위	해당지역	0	-		기타지역	58	69	60.8
			기타지역	0	-					
084.9679D	10	1순위	해당지역	57	11.40	1순위 마감(청약접수 종료)	해당지역	48	69	58
			기타지역	159	42.20					
		2순위	해당지역	0	-		기타지역	56	59	57.4
			기타지역	0	-					
총합계	169				2,426					

청약홈에서 최근 청약 경쟁률과 당첨가점을 확인할 수 있다. 검단에서 최근 진행한 청약의 당첨가점을 보면 해당 지역은 45점, 기타 지역은 57점이 최저점이었다. (출처: 청약홈)

빠르면 6개월에서 1년 단위로 분위기가 많이 바뀐다. 2022년과 2023년의 분위기만 봐도 완전히 달라졌다는 게 느껴질 것이다. 그러니 최근에 청약을 진행한 단지를 참고하는 것이 가장 좋다.

최근 검단역에서 당첨된 가점 내역을 보면 해당 지역은 41~48점까지 있고, 기타 지역은 56~58점까지 최저점이 형성되어 있다. 해당 지역은 단지의 주소지에 해당하는 지역이고 기타 지역은 주소지의 인근 지역까지 포함한다. 이때 내 가점이 40점 이하이면 당첨될 확률이 낮다. 그러므로 추첨을 노려야 하는데, 보통 84타입 이상에서 추첨 물량이 나온다. 그러니 청약 예치금을 대형 평수 금액에 맞춰 넣어두고, 대형 평수 청약이 나오면 적극적으로 임하자.

내 가점이 40~50점 초반이라면? 당첨 최저점을 보면 해당 지역은 당첨 확률이 높지만 기타 지역은 낮다. 이럴 땐 분양예정 물량을 확인한다. 1년 뒤에도 분양하는 물량이 많다면 인천 쪽으로 이사를 가는 것도 괜찮다. 2023년에는 비조정대상지역이라서 거주 요건은 없을 것이다.

내 가점이 50점 중반 이상이라면 기타 지역이라도 당첨 확률이 상당히 높다. 분양 예정 일정을 보고 아파트 입지를 분석해서 시세차익이 큰 아파트를 잘 선정하자. 그 이후에 내가 원하는 타입, 원하는 평면도 타입을 선택해서 제일 마음에 드는 아파트로 고르면 된다. 검단이 아니어도 여러분이 준비하고 있는 청약 단지의 가점을 확인해서 이런 식으로 전략을 세울 수 있다. 청약이 나올 때마다 하나씩 분석하며 연습해 보자.

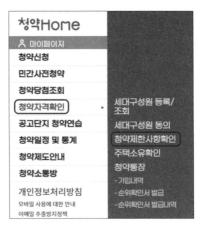

(출처: 청약홈)

제한사항 확인하기

가끔 자신에게 제한사항이 있는지 모르고 청약을 신청했다가 부적격으로 떨어지는 사람도 있다. 시간이 오래 지나면 기억이 안 날 수도 있고, 자신도 모르는 제한사항이 걸려 있을 수도 있으므로 청약홈에서 꼭 확인한다. 청약홈에서 '청약제한사항확인'을 클릭한 후 공인 인증을 하면 된다.

비조정대상지역에서의 청약 당첨 전략

2022년 조정대상지역의 규제가 하나둘씩 풀리면서 대부분 비조정대상지역으로 변경되었다. 이때 비조정대상지역의 장점을 알아두면 상당히 도움이 된다. 특히 최근에 부동산에 관심이 생겼거나 청약을 했다면 조정대상지역 청약에 익숙해져서 비조정대상지역의 장점을 잘 모를 수 있다. 비조정대상지역의 조건이 얼마나 유리한지 살펴보자.

세대원 모두 지원 가능

비조정대상지역은 세대원 모두가 청약에 지원할 수 있다. 조정대상지역은 세대주만 청약이 가능했다. 모집공고문을 보면 비조정대상지역

비조정대상지역에 위치한 평촌센텀퍼스트 모집공고문을 보면, 수도권 거주하는 성인이면 청약 접수가 가능하다고 되어 있다. (출처: 평촌센텀퍼스트)

은 만 19세 이상이기만 하면 모두 청약이 가능하다. 세대원 전부 청약이 가능하므로 당첨 확률이 상당히 높아진다.

참고로 모집공고문이나 법령을 볼 때 기준에 적혀 있지 않으면 기준 자체가 없다는 의미다. 모집공고문 어디에도 세대주라는 말이 없다면 전부 지원할 수 있다.

전세인데 거주 요건 때문에 이사해야 할까?

지금 전세를 살고 있다고 가정하자. 청약 당첨을 위해서 다른 지역으로 전입신고를 해도 될까? 절대 안 된다. 전세금을 지키려면 전입하지 말아야 한다. 전입하는 순간 지금 살고 있는 전셋집의 대항력을 잃어버린다. 만약 그사이에 집주인이 대출을 받는다면? 전세금을 단 한 푼도 돌려받지 못할 수도 있다. 그래서 전세금이 크면 절대 전입을 옮기면 안된다. 만약 월세로 살고 있거나 다른 집에 동거인으로 머물고 있다면 자유롭게 이사해도 괜찮다.

또 한 가지 팁이 있다. 바로 전세권이다. 전세권과 전입신고, 확정일자의 차이점을 알면 이것도 활용하기 상당히 좋다. 먼저 전세권은 왜 필요할까? 만약 여러분이 회사 대표라고 해보자. 직원 숙소를 전세로 계약해야 하는 상황이다. 이때 개인이라면 당연히 전입신고를 하고 확정일자를 받아 전세금을 지킬 수 있다. 하지만 회사 명의로 숙소 주소를 전입신고할 수 있을까? 숙소가 여러 채 되는데 가능할까? 불가능하다. 이러면 전세금은 사실상 지킬 수 없다. 이처럼 전입신고를 하지 못하는 상황에서 전세금을 지키며 집을 사용할 수 있는 권리를 취득하는 것이 바로 전세권 설정이다.

전세권을 설정하면 등기부등본에 올라간다. 그러면 집이 경매로 나가더라도 전세권 순위에 맞춰서 배당할 수 있고, 직접 경매에 참여할 수도 있다. 이를 활용할 방법이 떠오르지 않는가? 지금 우리가 걱정하고 있는 것은 바로 전세금이다. 전세권을 설정하면 전세금을 안전하게 보장받는다. 그리고 이제부터 자유롭게 전입할 수 있다! 청약을 위해 전입해야 하는 상황에서 전세권 제도를 활용하면 좋다. 다만 임대인의 동의가 필요하고 등기설정 비용이 들어간다는 점은 주의하자.

1. 선순위 임차인으로 대항력을 갖추려면 전입신고는 필수
   – 만약 다른 주소에 전입신고를 했다가 다시 등록하면 그때부터 대항력이 생기므로 중간에 집주인이 대출받으면 전세금은 날아감
2. 비조정대상지역으로 전입신고를 하려면 전세권을 활용하자
   – 전세권 설정은 등기부등본상에 기입되는 것으로 전세권 말소 전까지 보

장받을 수 있음

– 집주인 동의가 필요하고, 등기 비용 필요

부부가 각각 다른 주소지를 두고 있을 때

부부가 따로 살고 있어도 각자 거주하는 지역에서 1순위로 청약이 가능하다. 왜냐하면 학업, 취업 등의 이유로 떨어져서 사는 경우도 많기 때문이다. 다만 실제로 살고 있어야 한다. 부부의 경우 각각 다른 주소지를 두고 청약에 당첨되면 가장 먼저 의심을 받는다. 꼭 실거주하는 경우에만 청약을 넣자.

부부가 서로 다른 주소지에 전입을 두고 있으면 각 지역에서 1순위 청약 가능

– 실거주여야 함

2년 미만인 청약통장도 가능할까?

조정대상지역에 청약을 넣을 때는 항상 세 가지 조건이 붙는다.

1. 세대주

2. 청약통장 가입 기간 2년

3. 과거 5년 이내 당첨된 세대에 속하지 않을 것

하지만 비조정대상지역은 이 조건을 지키지 않아도 된다. 즉 청약통장 가입 기간 2년을 안 채워도 1년이 지나면 자유롭게 청약이 가능하다. 단 신청 가능한 예치금액은 확인이 필요하다.

수도권: 1년(시·도지사는 필요 시 가입기간을 24개월까지 연장 가능)

수도권 외: 6개월(시·도지사는 필요 시 가입기간을 12개월까지 연장 가능)

조정대상지역은 85 이하 타입은 거의 추첨 물량이 없어서 가점이 낮으면 당첨 확률이 거의 없었다. 그런데 비조정대상지역은 85 이하 타입도 추첨 물량이 있고, 세대원 전부 청약을 넣을 수 있어 당첨 확률도 더 높다.

1주택인데 취득세 중과가 안 될까?

2023년 기준 곧 개정될 예정인 취득세를 보면 2주택까지 취득세 중과가 안 된다(취득세 관련한 자세한 내용은 4장 참조). 그래서 취득세 걱정은 안 해도 된다.

2주택보다 많으면 어떻게 될까? 당연히 당첨되고 나중에 등기를 치면 취득세 중과가 된다. 그럼 취득세는 언제 낼까? 잔금일과 등기일 중

빠른 날에 낸다. 우리가 갖고 있는 건 분양권이므로 완공되기 전에 프리미엄을 받고 팔면 취득세 중과가 안 된다. 해당 단지가 주변 시세 대비 저렴해서 프리미엄이 붙을 것 같으면 취득세 중과는 생각하지 말고 청약에 당첨되는 게 좋다.

재당첨 제한이 없다는 게 무슨 뜻일까?

기존 청약 당첨과 상관없이 지원 가능하다는 의미다. 한번 청약에 당첨된 사람은 재당첨 제한 때문에 다른 청약은 잘 안 보는 경향이 있다. 특히 조정대상지역 즉, 분양가 상한제가 적용되는 지역에 당첨됐다면 재당첨 제한이 10년이나 되기 때문이다.

| 재당첨 제한 적용 기간 |

당첨된 주택의 구분	적용기간(당첨일로부터)		
- 투기과열지구에서 공급되는 주택 - 분양가상한제 적용주택	10년		
- 청약과열지역에서 공급되는 주택	7년		
- 토지임대주택 - 투기과열지구 내 정비조합 　(제3조 제2항 제7호가목)	5년		
- 이전기관종사자 특별공급 주택 - 분양전환 공공임대주택 - 기타당첨자 　(제3조 제2항 제1·2·4·6·8호)	수도권 내 과밀억제권역 (수도권정비계획법 제6조 제1항)	85 이하	5년
		85 초과	3년
	그 외	85 이하	3년
		85 초과	1년

(출처: 청약홈)

재당첨 제한은 해당 기간 동안 청약에 당첨되지 못한다는 뜻이다. 그런데 이것도 지역 구분이 있다. 바로 청약이 과열된 지역, 즉 조정대상지역의 분양 단지에서만 단지만 청약이 당첨되지 않는다.

비조정대상지역은 어떨까? 당연히 가능하다! 작년에 조정대상지역에 당첨되고 재당첨 제한 10년이 걸렸어도, 청약통장을 다시 만들고 1년이 지난 후 비조정대상지역에 청약을 하면 당첨될 수 있다. 내 생각에는 이게 가장 큰 혜택이다. 모집공고문에 "재당첨 제한을 적용받지 않고 기존 주택 당첨 여부와 관계없이 본 아파트 청약이 가능합니다"라는 문구가 있다면 비조정대상지역은 자유롭게 청약이 가능하다.

비조정대상지역에서는 1주택도 청약이 가능할까?

'곧 등기할 건데'라는 말은 현재는 무주택이라는 뜻이다. 여러분이 청약할 때는 무주택자인가, 1주택자인가? 바로 무주택자다. 청약에서 모든 조건의 기준일은 바로 모집공고문 당일이다. 모집공고문 다음 날에 등기를 한다고 해도 해당 청약에서는 무주택으로 간주된다. 이미 한 채가 있다면 비조정대상지역에서 추첨 물량을 노리면 된다.

더군다나 2023년 4월 1일부터 1주택자도 기존 주택을 처분하지 않고도 25%의 추첨 물량에 당첨될 수 있다. 무주택자보다 당첨 확률은 낮지만 어쨌든 당첨될 가능성이 있다는 것 자체만으로도 상당히 매력적이다.

1. 현재 1주택자이거나 모집공고일 전에 등기 예정인 경우

    – 해당 아파트가 완공될 때까지 기존 주택과 청약 당첨된 주택의 시세차익
을 둘 다 얻을 수 있음

2. 모집공고일 이후 등기 예정

    – 모집공고일 기준 무주택에 해당하므로 중도금 대출도 상관없음

6개월 뒤 전매가 무슨 뜻일까?

최근에 부동산에 관심이 생겼거나 조정대상지역의 청약에만 임했던 사람은 전매라는 말이 익숙하지 않을 것이다. '전매'는 아파트 분양권을 판다는 개념이다. 2023년 기준 최근 2~3년 동안은 대부분이 조정대상지역이라 완공 이후에 거래가 가능해 전매를 접하기 어려웠다. 하지만 비조정대상지역은 길어야 6개월 정도 지나면 계약금만 납입하고 바로 분양권 거래가 가능하다.

모집공고문을 보면 "6개월 동안 전매가 금지됩니다"라는 말이 있다. 이는 반대로 말하면 "6개월 뒤에는 거래가 가능합니다"라는 뜻이다. 그래서 비조정대상지역은 분양권 거래가 활발한데 P(프리미엄)가 높은 단지는 손피 거래를 많이 한다고 알고 있으면 된다(분양권 손피 거래에 관해서는 7장 참조).

특별공급·우선공급
청약을 노려라

아파트 청약은 입주자모집공고로 자세한 정보를 알 수 있는데, 그보다 더 일찍 아는 방법이 있다. 바로 '장애인 특별공급 공지'를 확인하는 것이다. 아래 청약 순서를 보자.

특별공급 공고 → 입주자모집공고 → 청약접수 진행(특별공급, 1순위, 2순위)

입주자모집공고에 앞서서 장애인 특별공급이 진행되기 때문에, 특별공급 소식이 들리면 이제 곧 입주 공고가 뜨리라고 예측할 수 있다. 다만 분양가격을 포함해 자세한 정보가 없어 정확한 내용은 입주자 모집공고에서 반드시 확인해야 한다. 특별공급 소식을 가장 먼저 접하기 위해서 특별공급 문자알림 서비스를 신청해 두자.

특별공급 문자알림 설정(서울, 경기, 인천)

서울복지포털(seoul.go.kr) 사이트에 접속해 메인화면에서 '장애인 특별공급' 바로가기 메뉴에 들어간다. '복지서비스 신청 > 장애인특별공급알리미 신청 > 특별공급 문자알리미 서비스 신청'을 클릭한 뒤 문자서비스를 신청한다. 신청 자격은 따로 없다.

'특별공급 알리미 서비스 개인정보 제공'에 동의한 후 이름과 전화번호를 입력하면 완료된다. 새로운 특별공급이 나오면 문자로 알 수 있다.

서울 내의 특별공급 문자서비스 신청하기. (출처: 서울특별시)

경기도에서 특별공급 문자알림 신청하기. (출처: 경기도)

경기도에도 똑같은 서비스가 있다. 경기도청 사이트(gg.go.kr)에 접속한 뒤 '분야별정보 > 경기도민 복지 > 장애인 > 장애인특별공급' 페이지에 들어가 '모바일 알림 신청'을 하면 된다. 이렇게 신청해 두면 모집공고일 전에 카카오톡 메신저로 알림톡이 와서 어느 단지가 청약으로 나올지 미리 알 수 있다.

지구주민 우선공급 청약 노리기

LH에서 시행하는 지구주민 우선공급 청약은 조건이 정말 좋다. 가장 큰 장점은 중도금을 내는 절차가 없다는 점이다. 즉 계약금 10%만 있으면 되기 때문에 완공될 때까지 신경 쓸 게 없다. 단점은 물량이 많지 않으니 거주 지역에 지역주민 공고가 올라오면 유심히 보자. LH 홈페이지에서 'LH청약센터 > 분양주택(분양정보) > 지구주민 검색'으로 확인하면 된다.

1. 장점
   - 공공분양으로 가장 큰 장점은 중도금이 없어 계약금 10%만 있으면 완공까지 돈이 필요 없다.
2. 단점
   - 잘 안 나온다.

오를 만한 소형·저가주택 매입 후 청약 노리기

유튜브
같이 보기

　이 내용은 집중해서 보면 좋다. 여러분 집에 잠들어 있는 로또 통장을 발견할 수도 있기 때문이다. 실제로 내가 이 부분을 강의하면서 여러 사람의 집에 숨어 있던 로또 통장을 건졌다. 우리는 소형·저가주택 특례법을 이용할 것이다!

주택 공급에 관한 규칙

제53조(주택소유 여부 판정기준)

주택소유 여부를 판단할 때 분양권 등을 갖고 있거나 주택 또는 분양권 등의 공유지분을 소유하고 있는 경우에는 주택을 소유하고 있는 것으로 보되, 다음 각 호의 어느 하나에 해당하는 경우에는 주택을 소유하지 아니한 것으로 본다. (중략)

9. 소형·저가주택 등을 1호 또는 1세대만을 소유한 세대에 속한 사람으로서 제28조에 따라 주택의 공급을 신청하는 경우

먼저 법령부터 확인하면 주택 공급에 관한 규칙 제53조에는 '다음 각 호의 어느 하나에 해당하는 경우에는 주택을 소유하지 아니한 것으로 본다'라고 써 있다. 이게 무슨 말이냐면 여러분이 주택을 소유하고 있어도 소유하지 아니한 것으로 본다는 소리다.

그러면 어떤 경우에 주택을 소유하지 않는 것으로 보는 걸까? 바로 청약을 할 때다. 참고로 이는 청약 모집공고문에도 다 나와 있는 정보다. 모집공고문을 정독하라고 여러 차례 강조한 이유가 여기에 있다. 주택 공급에 관한 규칙 제53조에는 10호까지 세부 규정이 있는데 나머지 내용은 뒤에서 다시 다루겠다.

우선 소형·저가주택이란 무엇인지 알아보자.

주택 공급에 관한 규칙

제2조(정의)

이 규칙에서 사용하는 용어의 뜻은 다음과 같다. (중략)

7의3. "소형·저가주택 등"이란 전용면적 60제곱미터 이하로서 [별표 1] 제1호 가목 2)에 따른 가격이 8000만 원(수도권은 1억 3000만 원) 이하인 주택 또는 분양권 등을 말한다.

위의 조항에 따라 두 가지 조건이 있다. 전용면적 60m² 이하인 주택, 가격이 8000만 원(수도권은 1억 3000만 원) 이하인 주택이나 분양권이다. 여기서 가격은 시세가 아닌 공시가격 기준이다. 정확한 기준은 다음에 올 법령을 참고하자.

자신이나 부모가 혹시 여기에 해당하는가? 그렇다면 지금까지 몰랐

> **주택 공급에 관한 규칙**
> **[별표 1] 가점제 적용기준(제2조 제8호 관련)**
> **1. 가점제 적용기준**
> **가. 무주택기간 적용기준**
> 2) 소형·저가주택 등의 가격은 다음 구분에 따라 산정한다. 다만, 2007년 9월 1일
> 전에 주택을 처분한 경우 2007년 9월 1일 전에 공시된 주택공시가격 중 2007년 9월
> 1일에 가장 가까운 날에 공시된 주택공시가격에 따른다.
> 가) 입주자모집공고일 후에 주택을 처분하는 경우: 입주자모집공고일에 가장 가까
> 운 날에 공시된 주택공시가격
> 나) 입주자모집공고일 이전에 주택이 처분된 경우: 처분일 이전에 공시된 주택공시
> 가격 중 처분일에 가장 가까운 날에 공시된 주택공시가격
> 다) 분양권 등의 경우: 공급계약서의 공급가격(선택품목에 대한 가격은 제외한다)

던 로또 통장을 사용할 수 있게 된다. 이 내용을 모르면 자신이나 부모에게 주택이 있어 청약 1순위에 넣지 못할 거라 생각하고 애초에 청약을 포기한다. 하지만 이를 알게 된 순간 집에 있는 청약통장의 가점이 40점 혹은 50점 이상인 로또 통장을 발견할 수도 있다. 참고로 2주택은 안 된다. 1주택인 경우에 한해 해당 조건을 만족하면 청약할 때 무주택으로 본다는 것이다.

지원 가능한 청약 종류

이때 모든 청약에 다 넣을 수 있을까?

정답부터 말하면 민영주택 일반공급으로만 지원이 가능하다. 즉 공공분양과 특별공급은 불가능하다. 하지만 일반 청약홈에서 진행하는 민간분양에 1순위로 지원할 수 있는 것만으로도 엄청난 혜택이다.

공공분양주택, 즉 LH에서 진행하는 청약에서 주택이 있어도 무주택으로 보는 예외 조건은 아래와 같다. 원룸 크기의 주택을 한 채 가지고 있으면 된다. 20m² 이상 60m² 이하인 경우는 1순위 청약이 불가능하다.

공공분양주택

– 전용면적: 20m² 이하의 주택(분양권)을 1호 소유한 경우

– 주택 가액: 적용하지 않음

예시로 평택지제역자이 모집공고문을 가지고 왔다. 여타의 모집공고문과 동일하게 일반공급, 즉 1순위, 2순위 청약에서만 적용되고 특별공급 청약 시에는 유주택자로 분류된다. 이 때문에 무주택자 특별공급 신청은 불가능하다. 만약 2개 이상의 주택을 가지고 있다면 다음과 같이 주택 수 적용을 받으므로 참고하자.

지금까지의 내용을 정리하면 전용면적 60m² 이하, 모집공고일 기준으로 공시가격이 수도권 1억 3000만 원, 비수도권 8000만 원에 해당하는 주택을, 1호 또는 1세대만 소유해야 민영주택 일반공급 1순위 신청이 가능하다. 오피스텔을 가지고 있어도 무주택자 특별공급으로 신청할 수 있다. 대신 공공주택과 민영주택 특별공급은 불가하다.

⦁ 「주택공급에 관한 규칙」 제2조 제7호의3에 의거 '소형·저가주택 등'은 '분양권 등'을 포함하며, 공급계약서의 공급가격(선택품목 제외)을 기준으로 가격을 판단합니다.
  ※ '소형·저가주택 등'이란, 전용면적 60㎡ 이하로서 주택공시가격 8천만원(수도권은 1억3천만원) 이하인 주택 또는 분양권 등(주택가격은 「주택공급에 관한 규칙」 별표1 제1호 가목2의 기준에 따름)을 말합니다.
  ※ **소형·저가주택 등에 관한 특례**는 민영주택의 일반공급 청약신청시에만 인정되므로, 특별공급 청약신청시에는 '소형·저가주택 등'에 해당하는 주택을 소유한 경우 유주택자에 해당하므로 청약 신청시 유의하시기 바랍니다.

특별공급 공통사항

구 분	내 용
1회 한정 /자격요건 /자격제한	⦁ 특별공급으로 주택을 분양받고자 하는 자는 「주택공급에 관한 규칙」 제55조에 따라 **한 차례에 한정하여 1세대 1주택의 기준으로 공급이 가능**하고, 당첨자로 선정된 경우에는 향후 특별공급에 신청할 수 없으며, 중복 신청할 경우 전부 무효 처리됩니다. (「주택공급에 관한 규칙」 제36조 제1호 및 제8호의2에 해당하는 경우는 특별공급 횟수 제한 제외) ⦁ 최초 입주자모집공고일 현재 **무주택세대구성원요건 및 입주자저축 등 청약자격요건 및 해당 특별공급별 신청자격**을 갖추어야 합니다. ⦁ 과거 특별공급에 당첨된 사실이 있는 자 및 그 세대에 속하는 자, 부적격 당첨 후 입주자로 선정될 수 없는 기간 내에 있는 자는 신청할 수 없습니다. (단, 「주택공급에 관한 규칙」 제36조 제1호 및 제8호의2 제외) ⦁ 특별공급 대상자는 특별공급 유형간 중복 신청할 수 없으며, 중복 청약시 모두 무효처리합니다. 단, 동일주택에 대하여 특별공급과 일반공급 중복신청이 가능하나 특별공급 당첨자로 선정될 경우 일반공급 당첨자 선정에서 제외됩니다. ⦁ '소형·저가주택 등'을 소유한 경우에는 유주택자에 해당합니다. (「주택공급에 관한 규칙」 제53조 제9호 미적용) ⦁ 특별공급 대상자로서 동호수를 배정받고 공급계약을 체결하지 않은 경우 당첨자로 봅니다.(1회 특별공급 간주) ⦁ 주택소유여부의 판단에 있어 청약신청시 제출한 무주택 증명서류로 우선 입주자선정을 하고 국토교통부 전산검색결과에 따른 세대구성원의 주택소유 여부에 따라 부적격 통보를 받을 수 있습니다.

소형·저가주택 1호 또는 1세대를 소유한 경우의 특례 「주택공급에 관한 규칙」 별표1 제1호 가목

⦁ '전용면적 60㎡ 이하이면서 주택공시가격(「부동산 가격공시에 관한 법률」 제16조 또는 제17조 또는 제18조에 따라 공시된 가격을 말한다. 이하 같다)이 수도권 1억 3천만원(비수도권 8천만원) 이하인 주택 또는 '분 양권 등('소형·저가주택 등)을 1호 또는 1세대만을 소유한 세대에 속한 본인이 민영주택에 일반공급으로 청약한 경우에 한해 '소형·저가주택 등 보유기간 동안 주택을 소유하지 아니한 것으로 봅니다.
  ① 입주자모집공고일 후에 주택을 처분하는 경우 : 입주자모집공고일 당시의 공시된 공시된 주택공시가격
  ② 입주자모집공고일 이전에 주택이 처분된 경우 : 처분일 이전에 공시된 주택공시가격 중 처분일에 가장 가까운 날에 공시된 주택공시가격. 다만, 2007년 9월 1일 전에 주택을 처분한 경우에는 2007년 9월 1일 전에 공시된 주택공시가격 중 2007년 9월 1일에 가장 가까운 날에 공시된 주택공시가격에 따릅니다.
  ① '분양권 등'의 경우 : 공급계약서의 공급가격(선택품목에 대한 가격은 제외)입니다.
  ※ '소형·저가주택 등'에 관한 특례는 민영주택의 일반공급 청약신청시에만 인정되므로, 특별공급 청약신청시에는 '소형·저가주택 등'에 해당하는 주택을 소유한 경우 유주택자에 해당하므로 청약신청시 유의하시기 바랍니다.
  ⦁ **무주택 판정기준 및 '소형·저가주택 등' 특례기준이 반영될 경우의 적용기준**

경력	주택수	적용기준
규칙 제53조 각호(5호 20㎡이하 제외) ⇨ 소형·저가	1	소형·저가주택 특례 미적용
규칙 제53조 5호(20㎡이하) ⇨ 소형·저가	2	5호 미적용 및 소형·저가 특례 미적용
규칙 제53조 각호 ⇨ 제6호(20㎡이하)	1	5호 미적용
규칙 제53조 각호(5호 20㎡이하 제외) ⇨ 제6호(만 60세 이상 직계존속 주택소유)	0	모두 적용
규칙 제53조 제2호(농어가주택) ⇨ 제6호(만 60세 이상 직계존속 주택소유) ⇨ 소형·저가	1	소형·저가주택 특례 미적용

민영주택 일반공급 청약 신청이 가능한 소형·저가 주택의 조건을 설명하는 평택지제역자이 모집공고문.
(출처: 평택지제역자이)

무주택 청약 조건 확인법

전용면적이 60m² 이하인지는 등기부등본에서 확인할 수 있다(287쪽 위의 그림 참조).

그다음 공시가격을 알아보자. 공시가격은 '부동산 공시가격 알리미'라는 사이트에서 주소 및 동호수를 클릭하면 정확한 공시가격이 나온다.

공시가격을 좀 더 쉽게 확인하려면 네이버 부동산에서 자신의 아파트를 클릭해 보자. '동호수/공시가격' 항목에서 자신의 동호수를 클릭하면 공시가격을 쉽게 확인할 수 있다. 다만 이것만 믿지 말고 꼭 크로스 체크를 해보자.

【 표 제 부 】	（ 전유부분의 건물의 표시 ）			
표시번호	접 수	건 물 번 호	건 물 내 역	등기원인 및 기타사항
1 （ 전 1）	1995년2월9일	제5층 제506호	철근콘크리트조 59.721㎡	도면편철장 제1책44번
				부동산등기법 제177조의 6 제1항의 규정에 의하여 2002년 01월 22일 전산이기
（ 대지권의 표시 ）				
표시번호	대지권종류		대지권비율	등기원인 및 기타사항
1 （ 전 1）	1 소유권대지권		22570.9분의 34.032	1995년2월17일 대지권 1995년6월8일 부동산등기법 제177조의 6 제1항의 규정에

등기부등본은 인터넷등기소에서 확인할 수 있다. (출처: 인터넷등기소)

사이트 '부동산 공시가격 알리미'에서 정확한 공시가격을 확인할 수 있다. (출처: 부동산 공시가격 알리미)

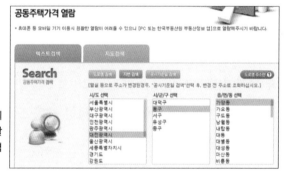

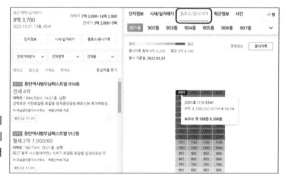

네이버 부동산의 '동호수/공시가격' 항목에서 공시가격을 쉽게 확인할 수 있다. (출처: 네이버 부동산)

공부상 용도가 주택으로 등재되어 있으나, 주택공시가격이 공시되지 아니한 경우가 있다. 이때 소형·저가주택 판정을 위한 주택공시가격 판단 기준은 건물가격과 토지가격을 더한 가격이 된다.

1. 건물가격: 건축물 시가표준액 적용
- 위택스 홈페이지(wetax.go.kr) 홈 > 지방세정보 > 시가표준액조회 > 건축물시가표준액조회
2. 토지가격: 토지 면적에 개별공시지가를 곱하여 산정
- 입주자 모집공고일에 가장 가까운 날에 고시 또는 공시된 가격을 적용

공시가격을 확인했을 때 일시적으로 주택공시가격이 1억 3000만 원을 초과하였으나, 입주자 모집공고일로부터 가장 가까운 날에 공시된 주택공시가격이 1억 3000만 원 이하인 경우 소형·저가주택으로 인정이 될까? 정답은 인정된다.

모집공고일 현재까지 소유하고 있는 소형·저가주택의 경우, 주택공시가격이 과거에 기준금액(수도권 1억 3000만 원)을 초과한 적이 있더라도 모집공고일에 가장 가까운 날에 공시된 가격이 기준금액을 초과하지 않으면 주택을 소유하고 있던 기간 전체를 무주택 기간으로 인정받는다. 여기서 '입주자 모집공고일에 가장 가까운 날'은 모집공고일 이전에 공시된 주택가격 중 모집공고일에 가장 가까운 날을 의미한다. 반대로 지금까지 주택공시가격이 한 번도 기준금액을 초과한 적이 없더라도, 가장 최근 주택공시가격이 기준금액을 초과하면 해당 주택을 소유하고 있

던 전체 기간을 유주택이라고 판단한다.

주택의 공유지분을 소유하고 있더라도 주택의 전체 면적과 주택공시가격을 기준으로 소형·저가주택 여부를 판단한다. 다만 다가구주택의 공유지분을 소유하고 있고, 소유한 면적이 출입문으로 별도의 공간이 분리되어 있어 단독 거주가 가능한 경우에 한하여 예외적으로 공유지분만큼의 면적으로 산정이 가능하다. 이 경우 소형·저가주택 적용 여부를 위한 주택공시가격은 다음과 같이 산정한다.

(다가구주택 소유 면적 / 전체 면적) × 공시가격

투자로 활용하기

집에서 잠자고 있는 로또 청약통장은 투자할 때도 활용할 수 있다.

가점이 낮은 경우 청약에 당첨되기만을 기다리기가 힘들다. 청약을 준비하면서 투자도 하고 싶다면 수도권(1억 3000만 원)이나 지방의 공시가 8000만 원 미만의 호재가 있는 아파트에 투자해도 민영공급 1순위에 넣을 수 있다. 이런 물건에 투자하고 그 뒤에 꾸준히 청약까지 넣으면 이 또한 새로운 투자 방법이 될 수 있다. 소형·저가주택을 이용한 갭투자 방법은 8장에서 설명하겠다.

투자법 요약

1. 자신 또는 가족이 보유한 또는 자기 집 공시가격을 확인한 후 아래 조건을 만족하면 적극적으로 청약을 넣자.

   – 전용면적 60m² 이하

   – 모집공고일 공시가격 기준으로 수도권 1억 3000만 원, 비수도권 8000만 원 이하.

   – 1호 또는 1세대만 소유

2. 무주택이라면 소형·저가주택의 공시가격을 충족하는 아파트 중에서 상승할 만한 매물을 구매 후 꾸준히 청약을 넣는다.

유주택이 무주택으로
변하는 비밀

이번에는 유주택이 무주택이 되는 비밀에 대해서 알아보려고 한다. '내 집이 있는데 어떻게 무주택이 되지?'라고 생각할 수도 있지만 이미 여러분은 한 번 경험했다. 바로 앞서 설명한 소형·저가주택이다. 소형·저가주택 말고도 총 열 가지의 법령이 있으니 하나씩 살펴보자. 참고로 이 장에서 유주택이 무주택이 된다는 말은 청약을 넣을 때 무주택 자격으로 넣을 수 있다는 뜻으로 취득세, 종부세, 양도세 등 세금 혜택에는 적용되지 않음을 유의하자.

가장 먼저 법령의 원문을 보자. 이게 얼마나 좋은 법령인가? 내가 주택을 갖고 있어도 청약에서 무주택으로 간주되어 당첨될 수 있다니. 집에 잠들어 있는 로또 통장을 찾아낼 또 다른 기회다. 하나하나 살펴보면서 내게 해당하는 내용이 있는지 알아보자. 여기서 제9호의 소형·저가

주택의 1세대 1주택 소유에 관해서는 이미 확인했으니 생략한다.

주택 공급에 관한 규칙

제53조(주택소유 여부 판정기준)

주택소유 여부를 판단할 때 분양권 등을 갖고 있거나 주택 또는 분양권 등의 공유지분을 소유하고 있는 경우에는 주택을 소유하고 있는 것으로 보되, 다음 각 호의 어느 하나에 해당하는 경우에는 주택을 소유하지 아니한 것으로 본다.

상속받은 주택이 있는 경우

제1호는 상속으로 받은 주택인 경우다. 이런 법령을 볼 때는 글자 그대로 해석하면 된다. 해당 문구를 자세히 보자.

---

1. 상속으로 주택의 공유지분을 취득한 사실이 판명되어 사업주체로부터 제52조 제3항에 따라 부적격자로 통보받은 날부터 3개월 이내에 그 지분을 처분한 경우

"상속으로 주택의 공유지분을 취득한 사실"이란 말 그대로 여러분이 상속으로 전부를 받으면 안 된다. 명확하게 공유지분이라고 나와 있기 때문에 형제나 가족들과 지분을 나누어 상속받았을 때 이 조건을 만족한다. 등기부등본에 상속이라고 되어 있어야 증빙할 수 있다.

"부적격자로 통보받은 날부터 3개월 이내에 그 지분을 처분"의 의미는 상속받은 공유지분을 가진 상태로 청약에 넣는다면 부격격 통보를

받는다. 그때부터 3개월 이내에 그 지분을 처분하면 된다. 보통 같이 상속받은 형제나 가족들에게 처분하는 것이 가장 좋다.

만약 주택을 상속받은 지분이 있어 청약이 어렵다고 생각했다면 지금 당장 집에 있는 청약통장의 점수부터 확인해 보자.

시골주택에 사는 경우

제2호도 적용되는 사람이 많다. 먼저 법령을 유심히 살펴보자.

> 2. 도시지역이 아닌 지역 또는 면의 행정구역(수도권은 제외한다)에 건축되어 있는 주택으로서 다음 각 목의 어느 하나에 해당하는 주택의 소유자가 해당 주택건설지역에 거주(상속으로 주택을 취득한 경우에는 피상속인이 거주한 것을 상속인이 거주한 것으로 본다)하다가 다른 주택건설지역으로 이주한 경우
> 가. 사용승인 후 20년 이상 경과된 단독주택
> 나. 85제곱미터 이하의 단독주택
> 다. 소유자의 「가족관계의 등록 등에 관한 법률」에 따른 최초 등록기준지에 건축되어 있는 주택으로서 직계존속 또는 배우자로부터 상속 등에 의하여 이전받은 단독주택

"도시지역이 아닌 지역 또는 면의 행정구역(수도권은 제외한다)에 건축되어 있는 주택"임을 확인하기 위해서는 먼저 내가 가지고 있는 주택의 소재지가 도시지역인지 아닌지를 알아봐야 한다.

이를 확인하는 가장 빠른 방법은 토지이음 사이트를 이용하는 것이다. 토지이음에서 '토지이용계획'에 체크한 후 주소로 검색했을 때 '지역

소재지	서울특별시		
지목	대 ?	면적	433.2 ㎡
개별공시지가(㎡당)	11,950,000원 (2022/01) 연도별보기		
지역지구등 지정여부	「국토의 계획 및 이용에 관한 법률」에 따른 지역·지구등	도시지역 , 제3종일반주거지역 , 도로(접합)	
	다른 법령 등에 따른 지역·지구등	가축사육제한구역<가축분뇨의 관리 및 이용에 관한 법률>, 대공방어협조구역(위탁고도:77-257m)<군사기지 및 군사시설 보호법>, 제한보호구역(전술항공:5km)<군사기지 및 군사시설 보호법>, 과밀억제권역<수도권정비계획법>	
	「토지이용규제 기본법 시행령」 제9조 제4항 각 호에 해당되는 사항		

토지이음에서 '토지이용계획'에 체크한 후 주소로 검색했을 때 '지역지구등 지정여부' 부분에서 도시지역 여부를 확인할 수 있다. (출처: 토지이음)

지구등 지정여부' 부분에 '도시지역'이라고 적혀 있지 않으면 된다.

가, 나, 다의 조건 중에 하나를 만족하는지 본다. 셋 다 공통적으로 적용되는 항목은 바로 '단독주택'이다. 즉 아파트나 다세대 같은 공동주택은 안 된다. 가장 먼저 단독주택인지 확인하고 항목별로 충족하는 요건이 더 있는지 살펴본다. 상속에 대한 것도 있는데 앞에서는 공유지분이었다면 이번에는 단독주택을 전부 다 상속받은 경우다.

"주택건설지역에 거주하다가 다른 주택건설지역으로 이주한 경우"라는 말은 앞의 조건에 해당하는 단독주택에 현재 거주하지 않아야 한다는 뜻이다. 그 집에 살고 있으면 무주택으로 인정받지 못한다. 상속으로 받은 경우에는 피상속인의 등본이나 초본에 해당 집 주소지로 등록되어 있다면 거주한다고 간주한다.

세 가지 조건을 만족하면 무주택으로 인정해 준다는 것인데 이러한 법령이 나온 이유는 바로 시골주택 때문이다. 시골에 있는 단독주택은 싸게 내놔도 팔리지 않는 경우가 많다. 학업이나 취업으로 어쩔 수 없이 다른 곳에 사는 사람이 팔리지도 않는 시골집을 가지고 있다고 유주택자로 간주되는 것은 형평성에 맞지 않는다. 이 조건에 해당하는 사람도 종종 있으므로 한번 확인해 보자.

사업자 소유의 주택인 경우

제3호와 제4호는 일반적인 경우엔 해당 사항이 없는 내용이다. 법령을 살펴보자.

> 3. 개인주택사업자가 분양을 목적으로 주택을 건설하여 이를 분양 완료하였거나 사업주체로부터 제52조 제3항에 따른 부적격자로 통보받은 날부터 3개월 이내에 이를 처분한 경우
> 4. 세무서에 사업자로 등록한 개인사업자가 그 소속 근로자의 숙소로 사용하기 위하여 법 제5조 제3항에 따라 주택을 건설하여 소유하고 있거나 사업주체가 정부시책의 일환으로 근로자에게 공급할 목적으로 사업계획 승인을 받아 건설한 주택을 공급받아 소유하고 있는 경우

제3호는 개인주택사업자로 사업하는 사람이 분양하려고 주택을 건설해서 분양을 완료한 경우에만 적용된다. 사업자등록증이 유지되고 있는 기간의 분양주택만 인정되며, 보통 개인사업자로 다세대 빌라를 건축하는 사람이 여기에 해당한다.

제4호는 개인주택사업자가 직원에게 숙소를 제공하기 위해서 신축을 건설해 소유하고 있거나(매입은 안 된다) 근로자에게 제공할 목적으로 공급받은 주택을 소유하고 있는 경우에는 무주택으로 봐주겠다는 것이다. 보통 개인사업을 크게 하는 사람이 적용받을 수 있다.

원룸을 소유한 경우

제5호에 적용되는 사람도 어느 정도 있을 것이다.

> 5. 20제곱미터 이하의 주택 또는 분양권 등을 소유하고 있는 경우. 단 2호 또는 2세대 이상의 주택 또는 분양권 등을 소유하고 있는 사람은 제외한다.

"20m² 이하의 주택 또는 분양권 등을 소유"한다는 것은 면적만 봐도 알 수 있듯이 6평 정도의 원룸을 가지고 있는 것이므로 청약할 때 무주택으로 본다는 말이다. 하지만 뒤에 붙은 조건대로 2호 또는 2세대 이상을 가지고 있다면 무주택에 해당하지 않는다.

주택과 상가가 혼합된 상가주택의 경우, 주택 부분의 면적(전용면적)이 20m² 이하라면 이 조건을 만족하여 주택을 소유하지 않은 것으로 본다. 다만 세대 내에서 상가주택 외에 다른 주택을 소유하지 않은 경우에한한다.

60세 이상의 부모님이
주택이나 분양권을 가지고 있는 경우

제6호는 가장 많이 적용되는 부분이다. 말 그대로 60세 이상 부모가 주택 또는 분양권을 가지고 있어도 자식은 무주택이라는 것이다.

> 6. 60세 이상의 직계존속(배우자의 직계존속을 포함한다)이 주택 또는 분양권 등을 소유하고 있는 경우

청약에서 주택 수를 판별할 때 세대별로 보기 때문에 부모님이 주택을 가지고 있어서 자격이 안 된다고 생각하는 사람도 있다. 하지만 부모가 만 60세 이상이라면 1순위로 넣을 수 있다. 다만 조정대상지역에서는 세대주만 1순위에 청약을 넣을 수 있기 때문에 신청자를 세대주로 변경하고 신청하면 된다.

이 경우 주택 수와 상관이 없다. 법령에 주택 수에 대한 언급이 있는가? 문구가 없다면 그걸 따지는 기준이 없다는 것이다. 그러니 부모가 100채, 1000채를 가지고 있어도 자식은 무주택자다.

다만 특별공급에서는 잘 확인해야 한다. 특히 노부모 특별공급은 세대원 모두 무주택자여야 하므로 적용되지 않는다. 그리고 자산가액을 잘 확인하자. 다른 청약에서 무주택으로 본다고 할지라도 특별공급에서는 자산가액 조건을 본다. 자산가액은 세대별로 확인한다. 주택을 가지고 있다면 보통 자산가액이 넘기 때문에 부적격 사항이 발생한다. 이 때

문에 부적격을 받는 경우가 많으므로 꼭 자산가액을 확인해 보자.

공부상 주택을 소유하고 있을 경우

제7호는 내가 주택을 가지고 있지만 현재는 주택으로 사용하고 있지 않을 때 적용받을 수 있는 조건이다.

> 7. 건물등기부 또는 건축물대장 등의 공부상 주택으로 등재되어 있으나 주택이 낡아 사람이 살지 아니하는 폐가이거나 주택이 멸실되었거나 주택이 아닌 다른 용도로 사용되고 있는 경우로서 사업주체로부터 제52조 제3항에 따른 부적격자로 통보받은 날부터 3개월 이내에 이를 멸실시키거나 실제 사용하고 있는 용도로 공부를 정리한 경우

건축물대장이나 건물등기부에는 주택으로 등재되어 있지만 현재는 살지 않거나 상가용으로 사용하고 있는 경우 이를 소명하면 무주택으로 인정받을 수 있다. 단, 소유한 주택을 단순히 다른 용도로 사용하고 있다고 해서 적용되는 것은 아니다. 무단 용도변경으로 인하여 주택 전체가 위반건축물로 관리되고 있었다는 사실을 해당 지자체(건축부서)의 공적인 서류로서 증빙하는 경우에만 무주택으로 인정받는다. 위반건축물이 아닌 경우에는 건물등기부, 건축물대장상 주택이 아닌 다른 용도로 변경한 시점부터 무주택으로 인정받을 수 있다.

또한 건물등기부 또는 건축물대장상 용도가 주택으로 등재되어 있이

야 하나, 건물등기부나 건축물대장이 없고 재산세 과세대장만 존재하는 주택 또한 위의 폐가 인정 요건에 대한 소명이 가능한 경우 해당 조건을 적용할 수 있다. 이 경우 3개월 이내 멸실 후 건축물 해체공사 완료신고, 또는 멸실신고 관련 서류를 제출해야 한다.

무허가건물을 소유한 경우

제8호는 적용하기 다소 힘든 점이 있다.

> 8. 무허가건물을 소유하고 있는 경우. 이 경우 소유자는 해당 건물이 건축 당시의 법령에 따른 적법한 건물임을 증명하여야 한다.

무허가건물이라고 직접 소명하기가 힘들기 때문이다. 무허가건물은 건축법 제8조, 제9조에 따라 건축 허가 또는 신고 없이 건축한 건물을 말한다. 특히 주의할 점은 불법건축물이 아니라 적법한 건물이어야 한다는 것이다.

종전 건축법(2006년 5월 9일 이전) 제8조에 따르면 다음 각 호에 해당하는 건축 또는 대수선을 하고자 하는 자는 시·군·구청장의 허가를 받아야 한다고 규정하고 있다.

무주택으로 인정이 가능한 무허가건물이란 신축 당시의 법령에 따라 적법하게 건축되었으나, 건축법에 따라 허가 및 신청 없이 건축이 가능하여 현재 건축물대장 또는 건물등기부가 존재하지 않은 건축물을 말한다.

해당 지자체로부터 당시의 건축법에 따라 적법하게 건축된 건물이라는 확인서 또는 민원회신 등을 받아 오거나 청약 신청자가 직접 조문에 따른 건축물임을 입증하여야 한다. 건축 당시 도시지역이 아니었다는 사실은 당시의 토지이용계획확인원으로, 연면적 200m² 미만이었다는 사실은 재산세 부과 내역서상의 면적으로, 당시에 그 지번에 주택이 신축되었다는 사실은 국립지리원의 항공사진을 통해 확인할 수 있다.

즉 무주택 적용은 2006년 5월 8일 이전부터 있던 무허가건물일 경우만 해당한다. 2006년 5월 9일 이후에는 건축허가대상 건축물을 확대하여 도시지역 외의 지역에서 연면적 200m² 미만 또는 3층 미만 건축물을 건축신고 없이 지었다면 무허가건물이 아닌 불법건축물에 해당하니 주의해야 한다.

분양권을 소유한 경우

제10호는 선착순 방법으로 공급받아 분양권을 소유하고 있는 경우 무주택으로 본다는 것이다.

> 10. 입주자를 선정하고 남은 주택을 선착순의 방법으로 공급받아 분양권등을 소유
> 하고 있는 경우(해당 분양권 등을 매수한 사람은 제외한다)

예시로 302쪽 위의 표에서 청약 경쟁률을 봤을 때 77A타입은 2순위까지 신청받았지만 결국 미달되었다. 즉, 경쟁이 없다. 이때 77A타입을 선착순으로 취득하면 무주택으로 봐준다.

반면 84A타입이나 84B타입은 청약에서는 완판되었지만 일부 당첨자가 계약하지 않아서 미분양이 생겼다. 이런 분양권을 취득하면 무주택으로 간주될까? 아니다. 왜냐하면 청약에서 경쟁이 있었기 때문에 미분양 물량을 선착순으로 공급받았다고 해도 무주택으로 인정받지 못한다. 즉, 미분양이었더라도 해당 분양권을 선착순으로 최초 공급받은 경우가 아닌 분양권 매수자는 무주택으로 인정되지 않는다.

미분양 분양권에 대한 확인은 주택단지를 공급한 사업주체로부터 받아야 하나, 해당 주택의 미분양 여부는 청약홈 홈페이지에서 최근 5년간 (2018년 2월 이후) 분양된 주택의 분양정보 및 주택형별 경쟁률을 통해 확인할 수 있다(267쪽 참조).

또한 미분양 분양권이라 하더라도 분양권 상태에서만 무주택으로 인

| 주택형별 청약 경쟁률 및 미달 세대수 |

주택형	공급 세대수	순위		접수 건수	순위내 경쟁률 (미달 세대수)
077.8107A	78	1순위	해당지역	26	(△52)
			기타지역	6	(△46)
		2순위	해당지역	15	(△31)
			기타지역	10	(△21)
084.7270A	78	1순위	해당지역	37	(△41)
			기타지역	26	(△15)
		2순위	해당지역	41	2.73
			기타지역	28	-
084.7371B	141	1순위	해당지역	160	1.13
			기타지역	61	-
		2순위	해당지역	73	-
			기타지역	31	-

(출처: 청약홈)

| 청약 경쟁 여부에 따른 잔여세대 분양권 주택 소유 판단 |

구분	공급세대	접수	정당 당첨자	미분양	미계약	잔여세대 분양권 주택 소유 판단
59A	200	400(경쟁)	200	X	X	
84A	200	400(경쟁)	150	X	50	잔여 50세대는 주택 수 포함
109A	200	100(미달)	100	100	X	잔여 100세대는 주택 수 미포함
119A	200	100(미달)	80	100	20	잔여 120세대는 주택 수 미포함

정하며, 이후 주택이 준공되어 잔금을 납부한 날부터는 주택을 소유한 것으로 본다. 그 밖에 도시형 생활주택은 미분양된 주택을 선착순으로 분양하더라도 미분양 분양권으로 볼 수 없다는 점을 주의하자.

청약은 당첨됐는데
잔금이 부족하다면?

유튜브
같이 보기

나 역시 청약에 당첨되고 나서 잔금을 치를 때 자금이 부족했었다. 부족한 자금을 마련하기 위해 여러 방법을 시도했는데, 여기서 그 모든 것을 소개하고자 한다. 각자의 상황에 맞게 사용하면 된다.

먼저 거주의무기간이 있는지를 확인한다. 거주의무기간의 유무에 따라서 전략이 나뉜다. 거주의무기간이 있는 단지는 완공 이후에 전·월세를 놓지 못하기 때문에 무조건 실거주를 하면서 집단대출을 받으면 된다.

거주의무기간이 없는 단지는 선택지가 많아진다. 실거주를 한다면 집단대출을 받아 잔금을 치르면 된다. 혹은 자금적인 이유, 거리상의 이유, 투자 목적 등으로 전·월세를 놓을 수도 있다(308쪽 참고).

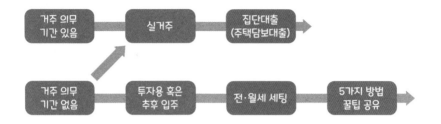

거주의무기간에 따른 전략

거주 의무가 있는 단지는 선택지가 집단대출밖에 없었다. 그렇지만 취업이나 학업으로 인해서 실거주하기 힘들거나 자금적인 문제로 집단 대출을 받기 힘든 사람도 있다.

이들에게 좋은 소식이 하나 있다. 2023년 1월 3일에 발표한 정부 대책에 따르면 실거주 의무를 전면 폐지한다고 한다. 이미 부과된 경우도 소급 적용으로 거주 의무를 없앨 예정이다.

이렇게 바뀌면 지금 당장 실거주가 힘들거나 자금이 부족한 사람도 집단대출을 받을 필요 없이 바로 전·월세 전략을 사용할 수 있다. 그러니 이 법안이 추후 실행되는지 잘 지켜보자.

주택시장 연착륙과 서민·취약계층 주거안정 역점 추진

❸ 수도권 분양가상한제 주택 실거주 의무 폐지

▫ (현황) 수도권 분양가상한제 주택의 수분양자('21.2~)는 실거주 의무가 부과되어 입주 가능일로부터 2~5년간 해당 주택에 거주해야 한다.

* 당초 입주 가능일부터 즉시 거주해야 했으나, 입주 가능일 이후에도 해당 주택의 상속·증여·양도 전까지 거주 기간을 충족하면 되도록 제도 개선 중(「주택법」 개정안 상임위 상정, 2022.9.23).

| 현행 실거주 의무 현황 |

해당 주택			거주의무기간
수도권 분양가 상한제 주택	공공택지	분양가격이 인근 시세 80% 미만	5년
		분양가격이 인근 시세 80~100%	3년
	민간택지	분양가격이 인근 시세 80% 미만	3년
		분양가격이 인근 시세 80~100%	2년
민간택지 분양가상한제 적용 지역 내 공공재개발 사업 주택			2년

○ 그러나 거주 이전을 제약하여 국민 불편을 초래하고, 수요가 많은 신축임대 공급을 위축시킨다는 지적 등이 제기되어 왔다.

▫ (개선) 수도권 분양가상한제 주택과 공공재개발 일반분양분에 적용되는 실거주 의무를 폐지한다.

▫ (조치계획) 실거주 의무 폐지는 「주택법」 개정 사항으로, 법 개정 이전에 실거주 의무가 기 부과된 경우에도 개정 법률을 소급하여 적용할 예정이다.

○ 아울러 「주택법」 개정과 별개로 민간택지 분양가상한제 지정이 해제된 지역에서는 해제 이후 분양되는 주택은 2~3년의 실거주 의무가 부과되지 않는다.

	현황	개선
실거주 의무	• 수도권 분양가상한제 주택 최대 5년 • 공공재개발 2년	• 폐지
조치계획	• 「주택법」 개정안 조속 발의, 법 개정 완료 시 기 부과된 실거주 의무도 해제	

중도금 대출 관련 확인 사항

본격적으로 전·월세 세팅을 알아보기 전에 기본적인 사항부터 점검해 보자. 2022년 8월 1일 이전에 중도금 대출을 받았다면 아마 6개월 이내 전입신고 약정을 썼을 것이다. 이를 지키지 않으면 3년 동안 주택 관련 대출 금지라는 조항도 있었을 것이다. 거주 의무가 없는 단지인데도 중도금 대출을 받았다는 사실만으로 실거주를 해야 할까?

그건 아니다. 6개월 이내에 전입 의무만 있지 실거주 의무가 있는 것은 아니다. 다시 말해서 완공되자마자 전·월세를 맞춰도 상관없다는 말이다. 대신 3년 동안 주택 관련 담보대출은 받지 못한다는 사실만 알면 된다. 다만 중도금을 중간에 다 갚아도 전입 의무는 있다.

그런데 전입 의무 조항도 모든 단지에 적용되는 것이 아니라 자신이 계약한 은행마다 다르다. 내가 중도금을 대출할 때 추가로 약정했는지 꼭 확인해 보길 바란다. 약정서를 쓰지 않았다면 전입신고를 할 의무도 없다. 일부 단지의 경우 2금융권에서 중도금 대출을 받을 경우 전입신고 의무 조항이 없으니 미리 꼭 살펴보자.

좋은 소식을 하나 알려주자면 2022년 8월 1일부터 신규 주택 전입 의무가 폐지되었다. 이전에 중도금 대출을 받아서 6개월 조항이 있어도 새로운 집단대출을 실행하면 전입 의무가 폐지되므로 이 점도 잘 활용해 보자.

집단대출

청약에 당첨되고 나서 입주 때 받는 대출을 집단대출이라고 한다. 간혹 주택담보대출로 알고 있는 사람도 있는데 정확한 명칭은 집단대출이다. 주택담보대출은 기존에 이미 등기가 나와 있는 주택을 담보로 받는 대출이다. 이와 달리 청약에 당첨되어 준공이 될 때는 등기부등본이 안 나왔으므로 은행 입장에서는 근저당권을 잡을 등기가 없다. 일반 은행에서는 청약 단지로 대출이 불가능한 것이다.

그래서 주변 은행과 함께 집단대출을 진행한다. 즉 주변 은행은 현재 내 주택이 건축 중이고 신축 건물이라 곧 등기가 나온다는 것을 알고 있어서 배려해 주는 셈이다. 아파트가 완공되면 일반 은행에서 집단대출을 받는다. 집단대출이란 등기가 없는, 소유권이전 등기가 나지 않은 상태에서 대출받기 위한 것이다.

집단대출 은행은 어떻게 결정할까? 먼저 입주예정자협의회(이하 입예협)에서 법무법인과 계약한 후 여러 은행과 교섭해 집단대출 은행을 선정한다. 보통 1금융권 6~7군데와 이자가 높지만 한도가 많은 2금융권까지 모집한다. 입예협이 결정되고 준공 날짜가 다가오면 꼭 입예협에 다양한 은행과 2금융권도 넣어달라고 요청한다.

전세를 준다면 이자보다 한도가 많은 것이 중요하다. 세입자를 구하는 대로 전세금을 받아 대출을 바로 갚을 수 있기 때문이다. 전세를 놓을 예정이라면 중도상환 수수료도 확인한다. 은행마다 프로모션이 다르므로 잘 비교해서 결정하자.

보통 집단대출을 받으면 입예협과 계약한 법무법인에서 공짜로 소유권등기 작업을 해준다. 입예협 회비가 있는 곳은 회비를 안 내면 이때 일정 비용을 낼 수도 있다. 법무법인과 협의할 때 함께 확인하자.

전세, 주담대 다 해도 돈이 모자랄 때

전세대출이나 주담대까지 전부 다 신청했는데도 잔금을 치를 돈이 모자라면 어떻게 해야 할까? 우선 몇 가지 사유를 충족하면 퇴직금을 중간에 인출할 수 있다. 그중에 하나가 '무주택자인 근로자가 자신 명의로 주택을 구입하는 경우'이다.

현재 전세를 살고 있다면 월세로 전환하여 종잣돈을 마련할 수 있다. 간단하게 목돈을 마련하는 방법이다. 정리하면 아래와 같은 방법을 활용할 수 있다.

1. 퇴직금 중간 정산

2. 현재 전세로 살고 있다면 월세로 변경

3. 신용대출 1억 원 초과에 조정대상지역이면 대출 회수됨 → 1억 원 이하로 대출

4. 예금 담보대출, 보험 담보대출

5. 기존 재산 처분: 부동산, 차 등

6. 가족 찬스

청약은 습관이다

내가 처음 부동산에 관심 가질 때 컴퓨터를 켜고 인터넷 창을 열면 항상 3개의 창이 떴다. 청약홈, LH, SH 홈페이지다. 습관처럼 아침마다 오늘 나온 청약은 없는지, 분양가는 얼마에 나왔는지, 어제 했던 청약은 경쟁률이 어떻게 되는지를 확인했다. 청약홈을 보는 습관이 생기면 다음과 같은 점이 좋다.

1. 뉴스에서 말하는 하락기, 상승기가 아닌 진짜 시장의 분위기를 알 수 있다.
2. 시장이 평가하는 정확한 금액을 알 수 있다.
3. 좋은 단지를 놓치지 않는다.
4. 가족에게 알려줄 수 있다.

뉴스나 유튜브를 보면 항상 폭등 아니면 폭락이라는 단어가 나온다. 트래픽을 높이려고 자극적인 단어를 쓰기 때문이다. 하지만 소개되는 내용 대부분은 극히 일부 단지의 예일 뿐이다. 실제 부동산 시장 전반의 분위기를 파악하기는 어렵다.

하지만 청약홈은 다르다. 최근 진행한 청약의 경쟁률만 봐도 지금 분위기가 어떤지 확실하게 알 수 있다. 같은 금액으로 청약이 나와도 상승장에는 기본 경쟁률이 100:1을 넘어간다. 하지만 하락장에는 사람들이 보수적으로 생각해서 높은 경쟁률이 나오기 힘들다. 이렇게 경쟁률은 부동산 시장의 정확한 분위기를 알 수 있는 좋은 지표다.

청약으로 나오는 분양가를 확인하고 단지의 청약 경쟁률을 살펴보자. 현재 시장이 평가하는 그 동네의 시세를 정확히 파악할 수 있다. 만약 5억 원에 청약이 나왔는데 미달이라면 주변 시세가 5억 원 미만이라는 의미다. 그 동네를 따로 확인하지 않아도 알 수 있다. 반대로 5억 원 청약에 경쟁률이 100:1을 넘어간다면 시세는 못해도 7~8억 원은 될 것이다. 즉 청약 분양가와 경쟁률을 보기만 해도 지금 부동산 시장에서 해당 지역의 정확한 시세를 파악할 수 있다.*

청약홈을 보면 로또라고 부를 만한 단지가 많이 나온다. 시세차익이 어마하리라 예상되는 지역은 주변 사람한테 듣거나 이미 뉴스로도 알수 있지만, 모든 단지가 다 언급되지는 않는다. 계속 청약홈을 보다 보면 정말 좋은 단지를 놓치지 않을 수 있다.

내가 지금 청약을 넣지는 못하더라도 정말 괜찮은 단지를 가족에게 알려줄 수도 있다. 괜찮은 단지들을 추천해서 가족이 내 집 마련에 성공한다면 이보다 더 보람된 일은 없을 것이다.

청약홈을 확인하는 습관을 들이면 자연스럽게 요즘 부동산 시장의 분위기는 어떤지, 지역별로 분양 가격대는 어떻게 형성되어 있는지를 알 수 있다. 당장 청약을 못할 때도 꾸준히 청약홈을 보는 이유다.

관심을 가지면 전략이 보인다

마지막으로 간단하지만 간단하지 않은 이야기를 해볼까 한다.

2021년도에 분양한 시티오씨엘 단지는 대규모 택지개발지구다. 현재 위쪽 4개 단지만 분양하고 아직 아래쪽 대장 단지는 분양하지 않은 상태다. 지금까지 나온 분양가나 주변 시세로 봤을 때 앞으로 나올 단지도 나쁘지 않은 분양가일 가능성이 상당히 높다. 더군다나 312쪽 아래의 조감도대로 만들어진다면 이 택지개발지구의 미래 가치는 더욱 높을 것이다.

시티오씨엘4단지 모집공고문을 보면 신청 자격에 "동일 순위 내 경쟁이 있는 경우에는 인천광역시 거주자가 우선함"이라고 적혀 있다. 또한 조정대상지역이라서 당연히 인천 거주자 우선이다. 보통 이런 단지는 인천 거주자 이외에 수도권 거주자도 청약을 넣을 수 있다고는 하지만 사실상 당첨이 거의 불가능하다. 이전에 설명했듯이 보통 조정대상지역은 거주 조건이 존재한다. 대부분 1년이지만 지역에 따라 2년인 경

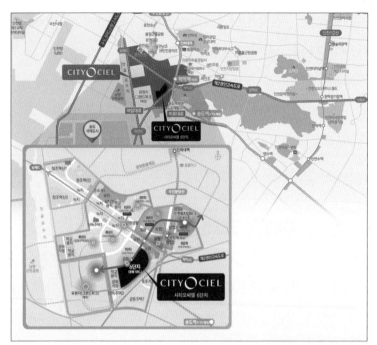

시티오씨엘 6단지 지도(위)와 조감도(아래). (출처: 시티오씨엘)

우도 있고, 없는 경우도 있다.

이 사실을 알고 나서 다시 신청 자격을 확인해 보자.

동일 순위 내 경쟁이 있는 경우에는 인천광역시 거주자가 우선한다.

이 문구에 거주 기간이 명시되어 있는가? 아니다. 거주 기간이 필요한 단지는 "1년 이상 거주"라는 문구가 꼭 들어간다. 바로 여기서 우리의 전략이 나온다. 해당 모집공고문이 올라오기 전에 인천으로 이사를 했다면, 즉 전입신고를 했다면 기존에 오래 살지 않았어도 청약 당첨 확률이 상당히 높아진다! 청약알리미 설정을 해놓았으면 모집공고문이 올라오기 전에 이 단지가 청약할 거라는 사실을 알 수 있고, 그 시기에 맞춰서 인천으로 이사하면 청약 1순위로 들어간다.

다만 이러한 전략을 사용하기 위해서는 접수할 분양 단지의 정확한 조건을 알아야 한다. 만약 서울에서 청약을 하려고 2년 거주 요건을 맞춰서 기다리고 있는 상황이라면 인천으로 이사를 가면 안 된다. 2년 동안 살면서 준비한 서울 청약이 날아가기 때문이다. 각자의 상황에 맞춰서 움직이기를 추천한다.

이처럼 청약 모집공고문을 볼 때 흘려서 읽지 말고, 각 문구에 어떤 의미가 있고 내가 취할 수 있는 전략은 무엇인지 고민하면서 꼼꼼하게 살펴보면 당첨 확률을 높일 수 있다. 꼭 실천해서 여러분도 청약에 당첨되기를 응원한다.

7장

분양권,
알짜 미분양
줍줍하는 법

양도세가 쫙 빠지는
손피 거래의 비밀을 알아보자!

네이버 부동산: 분양권

거래 가능한 분양권 매물을 찾을 때 네이버 부동산이 가장 편리하다. '아파트 분양권'을 선택하면 거래 가능한 아파트 분양권만 보인다.

(출처: 네이버 부동산)

아실: 분양권

지방 분양권에 투자할 때는 수도권보다 더 많은 정보를 확인해야 한다. 입주물량과 인구 변화는 꼭 확인해야 하는데 아실에서 손쉽게 찾아볼 수 있다.

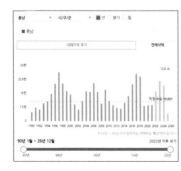
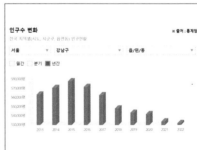

(출처: 아실)

왜 분양권 투자를 해야 할까?

　개인적으로는 분양권을 투자 상품으로 제일 선호한다. 왜냐하면 개발 사업의 리스크가 없기 때문이다. 완공된 신축 아파트는 주변 시장의 가격에 절대적인 영향을 받는다. 그래서 급매도 잘 나오지 않고 거의 시장 가격에 맞춰 매수하게 된다. 재건축 이슈가 있는 단지는 언제 재건축이 될지 알 수 없고 개발 단계마다 여러 리스크가 존재한다.

　반면 분양권은 이미 착공에 들어갔고 일반분양을 마친 이후에 거래가 가능하다. 개발 진행 여부의 리스크는 전혀 없는 데다 아파트 연식도 최신인 최고의 상품이다. 다시 말해 분양권을 싸게 살 수만 있다면 최고의 투자인 것이다.

분양권 투자의 특징

분양권의 특징을 몇 가지 살펴보자. 조정대상지역 대부분의 청약은 잔금일까지 전매제한이 걸려 있다. 즉, 조정대상지역에서 분양권을 거래할 수 있는 단지는 많지 않다. 하지만 공사 기간이 오래 걸리는 단지는 완공이 다가올 즈음 분양권 거래가 가능하다. 예를 들어 대규모 단지나 고층 단지는 공사 기간이 길면 4~5년까지도 걸린다. 이때 전매제한이 3년이라면 완공 전에 분양권 거래가 가능하다.

한편 지금은 어떠한가? 서울 일부 구역을 제외하고는 거의 비조정대상지역으로 변경되었다. 그래서 이제부터 분양하는 단지는 대부분 분양권 상태로 거래할 수 있다. 전매제한이 대부분 6개월 정도만 걸려 있어 청약이 끝나고 6개월이 지나면 분양권 거래가 가능하다. 청약 이후에 바로 거래할 수 있는 단지도 많다.

유심히 봐야 할 분양권 단지를 살펴보면 다음과 같다.

1. 잔금일 전에 급매로 나오는 분양권
2. 전매제한이 풀리는 시기(초피 거래)

실거주하려고 청약을 한 사람도 있지만 투자 목적으로 청약을 한 사람도 상당히 많다. 이런 사람은 아파트가 완공되고 나서 전세를 맞추는 것이 중요하다. 하지만 지금처럼 하락기에 공급 물량도 많아지면 전세가격이 급락하고 전세 세입자를 구하기도 어려워진다. 낮아진 전세가격으로 세입자를 받자니 나머지 잔금을 구하지 못하는 투자자도 생긴다. 그래서 완공되고 나서 잔금을 내지 못하는 집주인들이 급매로 물량을 내놓는 것이다. 이런 단지를 찾으면 된다.

분양권이 가장 많이 거래되는 시기는 전매제한이 풀리는 시점으로, 이른바 '초피 거래'라고도 불린다. 실거주가 아니라 투자 목적으로 청약한 투자자는 최대한 빨리 수익을 보려고 한다. 그래서 '초피'라고 초기에 프리미엄을 붙여서 파는 경우가 많다. 전매제한이 6개월이면 2~3개월 전부터 이런 거래가 이루어진다. 미리 여러 중개소에 연락해서 원하는 금액에 나오는 물건을 선점해 보자.

이처럼 분양권 거래는 청약과 연계된다. 내가 청약에서 떨어지거나 청약을 넣지 못하는 다주택자라면 청약 이후에 전매가 가능한 단지를 찾아보자. 전매제한이 풀리는 시점을 노리거나 완공 시점에 다시 확인하면 좋은 투자 물건을 분양권으로 매입할 수 있다.

인구 변화 확인

지방에 투자할 때는 인구 변화를 반드시 확인하자. 투자하려는 단지 주변에 인구가 유입될 요소를 점검한다. 규모가 큰 공단의 일자리와 이를 위한 대규모 택지개발 사업이 들어와야 인구가 유입된다. 대표적인 예가 평택의 삼성 반도체 공장이다. 정부가 진행 중인 3기 신도시처럼 대규모 택지개발지구로 지정돼도 인구가 많이 들어올 수 있다. 아실에서 이러한 인구 변화를 간단히 확인할 수 있다. '인구변화' 메뉴를 누르면 지역마다 인구수 추이가 나온다.

평택과 세종시의 인구 변화를 보면 꾸준히 인구가 늘어왔다. 인구가 계속 증가하는 것은 앞에서 말한 두 가지 이유에서다. 평택의 경우 삼성

위는 평택의 인구 변화, 아래는 세종시의 인구 변화를 보여준다. (출처: 아실)

보령시의 인구 변화 그래프. (출처: 아실)

전자가 100조 원을 투자해 삼성반도체 공장을 만들고 있다. 완공되려면 10년 이상 남았고 반도체 공장 덕분에 유입되는 인구는 몇십만 단위일 것이므로 계속해서 유심히 지켜보자.

세종시는 행정수도 이전이라는 목적으로 많은 공기업이 옮겨갔다. 이에 따라 대규모 택지개발 사업을 진행했으며 아직도 진행 중이다. 도시가 개발됨에 따라 인구는 계속 증가할 것이다.

반대로 보령시의 경우 인구가 계속 하락하고 있다. 이처럼 인구가 줄어드는 지역에 투자할 때는 다음을 꼭 확인하자. 내가 투자하는 아파트 단지 주변으로 인구가 유입될 요소가 있거나 다른 아파트에 비해 확실한 강점이 있어야 한다.

분양권 거래 금액

분양권에 투자할 때는 기본적으로 내가 해당 분양권을 얼마에 사는 지와 실제 투자금액을 계산할 수 있어야 한다.

먼저 내가 정확히 얼마짜리 분양권을 매수하는지를 확인하자.

분양가 + 발코니 확장비 + 옵션비 + 프리미엄 = 분양권 가격

초기 자금도 계산해야 하는데 방법은 아래와 같다.

계약금(분양가의 10%) + 발코니 확장비와 옵션비의 10% + 프리미엄
+ 복비 = 초기 투자금

보통 비조정대상지역 계약금은 일반적으로 10%이나 간혹 20%도 있다. 복비는 지역마다 다르지만 보통 적으면 50만 원에서 200만 원까지 부르는 동네도 있다.

예를 들어 분양가 4억 원, 발코니 확장비와 옵션비 2000만 원에 프리미엄(P)이 5000만 원, 복비 50만 원인 분양권을 매수한다면 실제 필요한 초기 투자금은 9250만 원이다.

4000만 원(분양가 10%) + 200만 원(발코니 확장비와 옵션비 10%) +
5000만 원(P) + 50만 원(복비) = 9250만 원

포항자이애서턴 105동
매매 4억 8,420
아파트분양권 · 112B/84㎡, 2/38층, 남서향
P 300, 단지조망, 동간거리넓어채광좋음, 옵션풍부
뉴황금공인중개사사무소 | 부동산뱅크 제공
확인 23.01.30. ☆

(출처: 네이버 부동산)

분양가 4억 원에 P가 5000만 원이 붙어도 실제 내가 지불하는 금액은 1억 원이 안 된다. 즉 초기 투자금이 그만큼 적게 든다. 완공되기까지 시간도 길면 2년에서 짧으면 1년밖에 안 걸린다. 그사이에 부동산 시장의 시세가 오르면 최소한의 자금으로 좋은 투자를 한 것이다.

투자 지역 찾기

분양권 투자를 할 지역은 어떻게 찾을까? 호갱노노에서 규제 버튼을 누르면 색깔별로 나오는데 아무 색도 없는 곳이 비조정대상지역이다. 비조정대상지역이 어딘지 확인하고 네이버 부동산에서 '아파트 분양권'만 선택하자.

비조정대상지역 내에 거래 가능한 분양권 단지가 어디 있는지 확인한다. 조정대상지역에도 거래할 수 있는 분양권이 있을 테니 각자의 상황에 맞춰 물건을 찾아보면 된다.

예를 들어 포항자이애서턴을 검색해 보면 P 가격이 적혀 있다. P는 보통 고층으로 올라갈수록, 동이 좋을수록 높아진다. 로얄동, 로얄층을 'RR'이라고 하는데 RR의 최대 장점은 환급성이 좋다는 것이다. 시세로 내놓으면 RR이 가장 먼저 팔린다. 한강뷰나 오션뷰 같은 특수한 조건이 아니라면 완공 이후단지 내에서 가격 차이는 크지 않다. 우리는 투자하는 입장이므로 투자금을 최소화하는 편이 좋다.

이렇게 하나씩 찾으면서 엑셀로 정리하면 된다. 지방은 여러 경우의 수를 더 조사하는 편이 좋다. 안전마진과 시세를 따져보기 위해 주변 신축 단지와 비교하거나 호재가 있는지 확인해 보자. 내 기준에 맞는 분양권인지 선별이 필요하다. 특히 지방은 인구 변화를 살펴봐야 하는데 인구수가 비슷한 지방끼리 비교하거나 인구의 증감률을 파악해 보는 것도 좋다.

다음 표는 내가 분양권을 조사할 때 엑셀로 정리하는 항목이다. 항목별로 단지의 특징을 꼼꼼히 확인해 보자. 이렇게 정리하고 나서 어느 단지를 매수할지 임장을 통해 결정한다. 지도를 놓고 고민만 해봤자 투자로 이어지지도 않을뿐더러 머리만 아프다. 임장의 중요성은 매번 말해도 부족하지 않다. 분양권 양도세가 상당히 높기 때문에 분양권을 거래할 때는 손피 거래를 많이 한다.

손피 거래에 대한 내용은 뒤에 설명하겠다.

| 분양권 매물 체크리스트 |

지역	김해	창원	거제
인구	53만 명	103만 명 18.8만 명 (마산회원구)	24만 명
인구 추이	11년 연속 상승 (~2019년, 7만 명 증가) 미분양 감소 (2000 → 90)	11년 연속 감소 (6만 명 감소) 미분양 감소 (5000 → 600)	5년 연속 감소 미분양 감소 (1800 → 1000)
아파트	김해율하더스카이시티 제니스&프라우	창원롯데캐슬센텀골드	e편한세상거제유로스카이
세대수	3764	956	1113
분양가	3.7억 원	4~4.1억 원	4.3억 원
P	0.7~1억 원	0.75~1억 원	0.5~0.85억 원
평형(m²)	84	84	84
주변 신축 시세	4~5.4억 원	5.9억 원	~3.8억 원
입주일	2025년 2월	2023년 12월	2023년 11월
특징/ 호재	• 롯데아울렛 근접 • 장유신문지구도시개발 (3000세대)-초교 • 신문1지구도시개발구역 (3000세대) • 장유율하 신도시 근접 • 김해랜드마크	• 양덕4주택재개발 (롯데캐슬 900여 세대) • 마산역, 마산고속터미널 근접	• 고현항 항만재개발 사업

2022년 5월 기준.

분양권 투자 취득세 절세법

취득세가 개정되면 조정대상지역과 비조정대상지역에서 3주택부터 중과된다. 하지만 지금 설명하는 방법을 이용하면 세 채 이상을 매수해도 취득세와 무관한 투자를 할 수 있다.

바로 완공 전에 분양권을 매도하는 방법이다. 처음부터 다시 생각해보자. 여러분이 P를 주고 분양권을 매수했다고 가정하자. 취득세는 언제 낼까? 주택이 완공되고 등기할 때 취득세를 낸다. 그런데 완공 전에 분양권을 매도하면 취득세는 어떻게 될까? 전혀 낼 필요가 없다.

그렇다면 P가 적을 때 분양권을 매수하고 P를 높여서 완공 전에 팔면 어떻게 될까? 더 이상 취득세 중과 때문에 고민할 필요가 없다. 즉 완공 전에 분양권을 매도하면 취득세가 없다. 중도금 대출만 문제없이 받을 수 있다면 사실상 수십 채를 사도 상관없는 것이다.

1. 취득세 상관없이 할 수 있는 투자법
   - 분양권은 완공 전에 매도하면 취득세를 안 낸다.
   - 초피에 사서 완공 전에 오른 가격에 매도하면 된다.
2. 오를 만한 곳의 분양권이라면 수십 채를 사도 상관없다.
   - 중도금 대출 시 확인이 필요하며, 시행사 보증은 상관없다.

양도세가 줄어드는
분양권 손피 거래

앞서 분양권 투자를 설명할 때 '계약금(10%)+P+복비'가 초기 투자금으로 필요하다고 말했다. 하지만 분양권의 경우 취득세율이 높기 때문에 대부분 손피 거래를 한다.

여기서 손피는 '내 손에 쥐는 P'의 줄임말이다. 내야 할 세금을 다 내고 매도인이 가져가는 금액을 손피라고 한다. 예를 들어 손피 1억 원이면 프리미엄이 1억 원이 아니라 1억 원에 분양권 양도세 금액까지 포함해서 생각해야 한다.

손피 거래가 왜 나왔는지 살펴보면, 분양권 양도세가 높아졌기 때문이다. 2021년 6월 1일 개정 전 세율을 보면 조정대상지역도 50%였는데 개정되면서 조정대상지역, 비조정대상지역에 관계없이 최대 70%(1년 이상 보유 시 60%)로 변경되었다. 지방소득세까지 합하면 77%(1년 이상 보유

| 분양권 양도세 |

보유 기간		2021년 5월 31일까지				2021년 6월 1일부터	
		주택 외 부동산	주택·입주권	분양권		주택·입주권	분양권
				조정	비조정		
보유 기간	1년 미만	50%	40%	50%	50%	70%	70%
	2년 미만	40%	기본세율		40%	60%	60%
	2년 이상	기본세율	기본세율		기본세율	기본세율	

시 66%)가 된다.

이 정도 세율은 정말 엄청나다. 한마디로 거래를 하지 말란 소리다. 간단히 예를 들면 P 3억 원을 올려서 팔았는데 양도세 77%를 내고 나면 6900만 원밖에 안 남는다. 이게 말이 되는가? 세금으로 2억 3100만 원을 내면서 정작 나는 6900만 원만 받고 파는 사람은 거의 없을 것이다. 그래서 나온 방법이 바로 손피, 즉 매수자가 양도세를 부담하는 방식이다. 이제부터 단계별로 예를 들어 설명하겠다.

손피 거래는 합법이지만 불법인 다운 거래와 혼동하는 경우가 많아 다운 거래까지 설명하고자 한다. 차이를 정확히 모르면 나도 모르게 불법 거래를 할 수도 있기 때문이다.

참고로 좋은 소식이 있다. 2022년 12월 21일 정부 발표에 따라 양도세율이 분양권, 주택, 입주권 모두 1년 미만은 45%, 1년 이상은 기본세율로 개정되었다. 아직 국회에서 통과되지는 않았으므로 계속 지켜보자.

손피 거래는 합법이다

분양권을 팔아서 세금을 제하고 순수익으로 1억 원을 가지려면 과연 P를 얼마나 올려야 할까?

4억 3500만 원(프리미엄) − 3억 3500만 원(양도세 77%) = 1억 원

1억 원을 손에 쥐기 위해서는 무려 4억 3500만 원까지 P를 올려야 한다. 매수자 입장에서는 어떨까? 주변 시세 대비 저렴하다면 매수하겠지만 P를 4억 원 이상이나 올렸는데도 주변 시세보다 낮다면 애초에 매도인이 팔지 않을 것이다. 세금을 내야 하는 건 당연하지만 이 정도 세율의 거래는 매도자나 매수자 모두에게 손해일 뿐이다. 그래서 절세 전략으로 나온 것이 손피 거래다. 무엇보다 손피 거래는 합법이다.

네이버 부동산에서 분양권 매물을 조회할 '양도세 별도' '손피' '양도세 매수자 부담'이라고 적힌 것은 모두 손피 거래를 뜻한다. 보통은 양도

매매 5억 3,230
아파트분양권 · 108A/84m². 고/22층. 남향
P 1억 1,000. 분양권 옵션비 양도세별도 금액조절가능 연락주세요
매매 4억 7,960
아파트분양권 · 112B/84m². 14/24층. 남서향
P 9,000. 손피9천.양도세매수인부담
매매 5억 10
아파트분양권 · 111A/84m². 22/25층. 남서향
P 1억. 양도세매수자부담 중도금무이자

(출처: 네이버 부동산)

소득을 얻는 매도자가 정해진 세율에 따라 양도세를 납부하는데, 손피 거래에서는 반대로 매수자가 부담한다. 손피 거래에서 알아둘 점은 세금이 두 번 부과된다는 것이다.

보유 기간 1년 미만의 분양권을 P 1000만 원, 매수자 양도세 부담 조건으로 계약할 때를 살펴보자. 시세차익(P)에 기본공제액 250만 원을 빼고 세율 77%를 곱하면 1차 양도세 577만 5000원이 나온다. 세율 77%는 양도세 70%에 지방소득세 7%(양도세의 10%)까지 더한 세율이다.

P 1000만 원에 양도세 577만 5000원을 합친 1577만 5000원이 거래금액(양도가액)이 된다. 577만 5000원이 추가 차액으로 간주되어 여기에 또 77%를 곱하면 2차 양도세 444만 6750원이 붙는다. 이를 합하면 거래금액은 2022만 1750원으로 불어난다. 이런 식으로 매수인이 2차 양도세까지 부담하는 계약을 손피라고 한다.

이전과 똑같이 매도자가 1억을 가지기 위해서 매수자가 얼마를 부담해야 하는지 알아보자.

- 매수자 1차 양도세: 1억 원(P) × 77%(세금) = 7700만 원(기본공제는 계산에서 제외)
- 매수자 2차 양도세: 7700만 원(1차 양도세) × 77%(세금) = 5929만 원
- 최종 매수금: 1억 원(매도자의 손피) + 7700만 원 + 5929만 원 = 2억 3629만 원

매수자가 부담하는 금액은 2억 3629만 원이다. 처음에 매도자가 1억

원을 가져가려면 P가 4억 3500만 원이었는데 양도세를 매수자 부담으로 바꾸니 2억 3629만 원이 되었다. 계산식을 바꿨을 뿐인데 무려 2억 원이 줄어든다.

눈치가 빠른 사람은 왜 이런 차이가 나는지 알았을 것이다. 양도차익에 대한 세금을 부담하는 주체를 매도자에서 매수자로 변경하니 매도자가 딱 원하는 만큼의 양도차익으로 매도할 수 있는 것이다. 매수자는 양도세를 대신 내서 억울할 수도 있지만 비교한 금액만 봐도 2억 원이나 아끼기 때문에 손피 거래를 안 할 이유가 없다. 그래서 분양권 양도세가 높을 때 대부분의 분양권 거래는 이처럼 손피 거래를 한다.

331쪽 위의 표는 내가 참고용으로 직접 만들었다. 손피로 거래했을 때 얼마나 아낄 수 있는지, 손피 금액에 따라 매수자가 실제 부담하는 금액을 정리해 놓았다.

다운 거래는 불법이다

다운 거래는 불법인데도 설명하는 이유는 실제 현장에서 분양권 거래를 하다 보면 불법인 줄 모르고 계약을 하는 경우가 왕왕 있기 때문이다. 다운 거래에 대해서 알고 있어야 불법 거래를 하지 않을 수 있다. 다운 거래를 통해서 세금이 얼마나 줄어드는지도 확인해 보자.

기본적으로 다운 거래의 의미는 거래 금액을 줄여서 신고한다는 뜻이다. 원래 프리미엄이 1억 원이라면 실제 신고할 때 3000만 원으로 신

| 손피 거래에 따른 실제 부담액 |

(단위: 만 원)

손피	양도세 매도자 부담 실제 P 금액	양도세 매수자 부담 실제 P 금액	절약 금액
2,000	8,696	4,726	3,970
6,000	26,087	14,177	11,910
10,000	43,478	23,629	19,849
14,000	60,870	33,081	27,789
18,000	78,261	42,532	35,729
22,000	95,652	51,984	43,668
26,000	113,043	61,435	51,608
30,000	130,435	70,887	59,548
34,000	147,826	80,339	67,487
38,000	165,217	89,790	75,427
42,000	182,609	99,242	83,367
46,000	200,000	108,693	91,307
50,000	217,391	118,145	99,246

고를 한다. 7000만 원을 낮춰서 신고하는 것이다. 다운 거래를 하는 가장 큰 이유는 당연히 세금을 적게 내기 위해서다. 다운 거래를 할 때 양도세를 계산해 보자(기본공제는 계산에서 제외).

- 매도자 양도소득 신고: 3000만 원(7000만 원은 현금 지불)
- 매수자 1차 양도세: 3000만 원(다운 신고한 P) × 77%(세금) = 2310만 원
- 매수자 2차 양도세: 2310만 원(1차 양도세) × 77%(세금) = 1778만 원
- 최종 매수금: 1억 원(매도자의 손피) + 2310만 원 + 1778만 원 = 1억 4088만 원

양도소득을 7000만 원 다운시키는 다운 거래를 하면 그만큼 세금이 적어져 최종적으로 매수자가 지불하는 금액은 1억 4088만 원이다. 합법적인 손피 거래와 비교했을 때 얼마나 아꼈는가? 합법적인 손피 거래액이 2억 3629만 원이었다면, 다운 거래액은 1억 4088만 원으로 1억 원 가까이 절세할 수 있다. 지금 계산한 금액만 봐도 유혹에 넘어갈 만하다. 1억 원이라는 돈은 절대 적은 금액이 아니다. 연봉 5000만 원인 직장인이 최대한으로 모았을 때 최소 3년은 모아야 가능한 금액이다.

다만 다운 거래가 무조건 좋지는 않다. 단점은 매수자 입장에서 취득가액이 낮아져 추후 매수자가 양도할 때 양도 소득세를 더 많이 내야 하기 때문이다. 하지만 이것까지 고려하더라도 계산해 보면 다운 거래가 더 이득이라 현장에서는 종종 다운 거래가 이루어지고 있다.

그런데 여기서 끝이 아니라 한 번 더 나아가는 경우도 있다.

- 매도자 양도소득 신고: 3000만 원(7000만 원은 현금 지불)
- 매도자 양도세: 3000만 원(다운 신고한 P) × 77%(세금) = 2310만 원(추후 매수자가 현금 지불)
- 최종 매수금: 1억 원(매도자의 손피) + 2310만 원 = 1억 2310만 원

어떤 점이 바뀌었을까? 2차 양도세라는 항목이 삭제되고, 1차 양도세를 그냥 매도자가 낸다. 처음 설명한 거래 방법에서 양도세를 매수자가 따로 현금으로 지급한다는 점이 바뀌었다. 최종 매수금은 1억 2310만 원으로 이전 다운 거래보다 1700만 원 정도 더 절세된다.

정상 거래	손피 거래	다운-손피 거래(불법)	다운 거래(불법)
매수자 부담금 4억 3500만 원	매수자 부담금 2억 3629만 원	매수자 부담금 1억 4088만 원	매수자 부담금 1억 2310만 원

정리를 해보면 위와 같다.

다시 말하지만 부동산 다운계약서는 판 사람과 산 사람 모두에게 불이익이 돌아가므로 하지 말아야 한다. 우선 거짓으로 부동산계약서(다운·업)를 작성하면 적발 시 양도자는 1세대 1주택 비과세 혜택은 물론 8년 자경농지 감면 요건 충족 시에도 이 같은 비과세·감면 적용에서 배제된다. 양수자도 양수한 부동산을 향후 양도 시 비과세·감면 적용에서 배제되어 양도소득세를 추징한다.

비과세·감면 적용 배제뿐만 아니라 가산세도 부과된다. 무(과소)신고한 납부세액의 최고 40%에 해당하는 가산세가 부과되며, 납부하지 않은 과소신고세액의 무(과소)납부일 수당 0.022%에 해당하는 가산세까지 물게 된다. 과태료도 부과된다. 지방자치단체 실거래신고 관련 담당부서에서 '부동산 거래신고 등에 관한 법률'에 따라 부동산 등 취득가액 5% 이하에 해당하는 과태료 부과 처분을 내린다. 이처럼 허위 계약서 작성은 양도자와 양수자 모두에게 무거운 처벌을 내리는 만큼, 성실 신고하는 것이 미래의 위험을 피하는 최선이다.

분양권 매수한 집에
전·월세 세팅하기

분양권을 매수하거나 청약에 당첨된 뒤에 실거주하는 경우도 있겠지만 투자 목적으로 전·월세를 놓으려는 사람도 많을 것이다. 잔금을 마련하는 방법과 실제로 활용해 볼 수 있는 팁을 설명해 보겠다.

가장 많이 사용하는 방법은 전세 세입자를 구하는 것이다. 전세 세입자는 언제부터 구할까? 준공되기 2~3개월 전에 중개소에 연락해서 매물을 내놓는다. 준공 후엔 보통 2~3개월의 입주 기간을 준다. 그사이에 잔금일을 정해서 전세금을 받는다. 잔금일 오전에 전세금을 받아 중도금과 잔금을 해결하고, 집 열쇠를 받아서 그날 바로 이사 온 전세 세입자에게 건네준다. 2022년 8월 1일 이전에 중도금 대출을 받았다면 6개월 내 전입 의무가 조항이 있을 텐데, 2023년 기준 다행히도 전입 요건이 모두 사라졌기 때문에 대출 관련 규제를 적용받을 염려도 없어졌다.

잔금 납부일까지 전세 세입자를 못 구할 때

지금까지는 정석적인 이야기만 했다. 실제 상황으로 돌아와 보자. 여러분이 1000세대 정도 되는 대단지 분양에 당첨되었다고 가정하면 해당 단지가 완공될 때 전세 물량이 얼마나 나올 것 같은가? 많으면 50%에서 최소 20~30%, 즉 못해도 200~300세대는 전세 물량으로 쏟아져 나온다. 갑자기 공급이 늘어나서 수요와 공급 법칙에 의해 주변 전세시세가 많이 하락한다. 원래 전세시세가 4억 원이었다면 3억 원대에서 많게는 2억 5000만 원까지도 떨어진다.

이는 입주 기간이 정해져 있기 때문이다. 준공 이후에 보통 입주할 수 있는 기간으로 2~3개월을 준다. 우리에게 주어진 시간은 2개월밖에 없다. 그렇다 보니 이 기간 안에 전세 세입자를 빨리 구해서 잔금을 내야 한다. 워낙 물량이 많으니 사람들이 너도나도 가격을 내린다. 보통 이 시기를 '입주장'이라고 한다. 입주장 때 떨어진 전세가는 주변에 더 이상 대량 공급이 없는 경우 4~6개월이면 다시 기존 전세가로 회복한다.

자, 그러면 다시 우리 이야기로 돌아와 보자. 이렇게 전세가가 많이 하락하면 그만큼 뭐가 필요할까? 전세금이 하락한 만큼 내 자금이 더 필요하다. 예를 들어서 분양가 5억 원에 기존 전세 시세가 4억 원이라고 치자. 계약금 10%(5000만 원)가 이미 들어가 있으므로 완공 후에는 전세금 4억 원에 내 돈 5000만 원을 더하면 잔금을 치를 수 있다. 하지만 전세시세가 2억 5000만 원까지 떨어진다면 내 자금은 2억 원이 있어야 한다. 더 심각한 문제는 주변 전세 물량이 너무 많아 가격을 아무리 내려도 세입자를 못 구할 수도 있다는 것이다. 전세금을 낮추거나 세입자를 못 구하면 그만큼 내 자금이 더 필요한데 나한테 그만큼의 돈이 없다면? 나도 이런 상황에 처했었다. 이럴 때는 어떻게 해야 할까?

이때 내가 선택한 방법은 바로 집단대출을 먼저 받는 것이었다. 왜냐하면 입주장은 2~3개월이면 끝난다. 입주장이 끝날 즈음에는 대부분 집단대출을 받든 자기 돈으로 잔금을 내든 잔금을 다 치른다. 이 이후에 나오는 전세 물량은 더 이상 시간의 제약을 받지 않아 다시 주변 시세대로 올라간다.

나는 이 점을 이용했다. 왜냐하면 자금이 없어서 전세금을 낮추면 잔금을 치르기가 불가능했기 때문이다. 먼저 집단대출을 받고 나중에 시간적인 여유가 생기고 나서 기존 시세대로 전세를 내놓았다. 이때 핵심은 중도상환 수수료가 적은 은행을 고르는 것이다. 왜냐하면 어차피 2~3개월 정도만 빌렸다가 전세 세입자가 구해지면 바로 갚을 돈이기 때문이다. 그래서 대출이자는 크게 중요하지 않았다. 2023년 기준으로는 중도상환수수료가 없는 특례 보금자리론 대출*을 제일 추천한다.

최신 정책
같이 보기

결론적으로 집단대출을 먼저 받으면 시간적인 여유를 가지고 내가 원하는 전세금에 맞춰서 전세 세입자를 구할 수 있다. 그런데 여기서도 문제가 하나 있다. 2~3개월 동안 대출이자로 나갈 100만~200만 원이 꽤 아까웠다. 더군다나 전세 세입자가 구해질 때까지 빈집으로 방치되는 게 더더욱 아깝다는 생각이 들었다. 이때 내가 활용한 방법이 바로 구경하는 집이다.

구경하는 집 활용법

사전점검을 하러 갔을 때 구경하는 집의 존재를 처음 알았다. 준공일이 다가오면 사전점검이라고 해서 아파트 완공 전에 하자 체크를 한다. 이때 아파트를 방문하면 입구 쪽에 정말 많은 사람들이 나와 있다. 인테리어 업자, 에어컨 업자, 줄눈, 중문, 탄성코트, 커튼 등을 판매하는 업자들이다. 신축 단지에 이사 오면 입주 청소를 비롯해 인테리어나 여러 시공을 해야 하므로 수요자는 상당히 많다. 이를 노리는 업자들이 모여든다. 처음 사전점검을 하러 갔을 때 나 역시 이들이 나눠주는 팸플릿을 모두 받아 왔다.

하나씩 살피다 보니 이런 문구가 있었다. 2~3개월 집을 빌려주면 그 기간 동안 입주 청소, 줄눈, 중문, 커튼까지 다 해준다는 것이다! 그리고 3개월째부터는 달마다 150만 원씩 월세를 준다는 것이 아닌가. 현재 집이 빈 상태라 어떻게든 활용하고 싶었던 내 입장에서는 해당 업체에 집을 잠깐 빌려주고 여러 서비스를 받으면서 3개월째부터는 월세까지 받으며 전세 세입자를 구할 때까지 드는 대출이자를 메꿀 수 있어 더없이 좋은 조건이었다. 그래서 팸플릿에서 구경하는 집이라고 적힌 모든 곳에 연락을 돌려 조건이 가장 좋은 곳과 계약했다.

정리를 해보면 사전점검을 가거나 아파트 근처에서 나눠주는 팸플릿을 모두 잘 모아둔다. 그중 '구경하는 집'이라고 적힌 것을 따로 분류한다. 이때 구경하는 집이라는 핑계로 인테리어를 싸게 해주겠다는 업체는 조심해야 한다. 깎아주겠다는 말로 현혹하지만 실제 인테리어에 드는 비용과 크게 다르지 않아 비싼 편이다.

구경하는 집 업체 리스트를 만들어 계약 조건을 알려달라고 문자를 보낸다. 비교해서 가장 좋은 조건에 계약하면 된다. 그리고 구경하는 집을 이용하면 여러 장점이 있다.

구경하는 집 활용 장점

1. 구경하는 집 업체의 서비스: 입주 청소, 줄눈, 탄성코트, 커튼, 중문, 인테리어 등
2. 중개소에서 집을 보여줄 때 낮에는 항상 구경하는 집으로 열려 있어 자유롭게 보여줄 수 있음
3. 보통 3개월 이후부터 월세를 받는데, 이것으로 대출이자를 낼 수 있음
4. 관리비 절약: 사용하는 동안 관리비도 구경하는 집 업체가 대납해 줌

구경하는 집의 가장 큰 장점은 2번과 4번이다. 보통 전세 문의가 오면 중개소에서 비밀번호 알려달라고 연락해서 집을 보는데, 선뜻 비밀번호를 알려주고 빈 집에 사람을 들이기가 걱정되기도 한다. 구경하는 집을 하면 매일 문이 열려 있고 업체가 상주해서 이 번거로움이 사라진다. 중개소에서 연락이 왔을 때 "구경하는 집이니까 자유롭게 보고 오세요"라고 말하면 끝난다.

이후에는 중개사가 업체에 바로 연락해서 집을 보여줬기 때문에 내가 더 신경 쓸 일이 없었다. 나는 이 점이 너무나 편했다. 매달 10만~20만 원씩 나오는 관리비도 업체에서 모두 지불해서 이 금액도 아꼈다. 덤으

로 업체 직원이 집에 있으면서 하자가 있을 때마다 말해줘서 문제를 미리 파악할 수도 있었다.

내가 실제로 계약한 간이계약서 조항을 보여주겠다. 여러분도 상황에 맞춰 사용하면 된다. 나는 두 달간 빌려주는 조건으로 아래 항목을 모두 서비스로 받았다. 당시는 입주장 막바지에 접어들어 대부분 전세 물량이 소진되었고, 결국 내가 원하는 가격으로 전세를 놓을 수 있었다.

구경하는 집 계약 내용

1. 입주일부터 퇴실 시까지 발생하는 관리비는 모두 OO업체가 부담한다.

2. 2개월 임대하는 조건으로 아래의 항목을 집주인이 원하는 대로 시공을 제공한다(업체에서 제공하는 내용 기입).

   – 입주 청소, 퇴실 청소

   – 욕실, 베란다, 현관, 싱크대 등 줄눈 시공

   – 창 커튼, 콤비 블라인드 설치(안방은 2중 암막 커튼)

   – 베란다, 실외기 등 공간에 세라믹 코트

   – 중문

3. 시공하면서 발생한 하자는 모두 OO업체가 보상한다(원상회복과 수리비용 일체).

4. 임대하는 동안 집에 하자가 발생하지 않도록 깨끗이 사용한다.

5. 3개월부터는 집주인에게 관리비 별도로 임대료 150만 원을 선불로 지불한다.

6. 2개월 후 전세 세입자가 구해지면 전세 세입자 이사 전날까지 퇴실한다.

7. 퇴실 시 집 전체 청소를 완료하고 퇴실한다.

가족이 1주택을 가지고 있을 경우

이 방법은 부모님께 효도할 수 있는 기회이기도 하다. 필요한 조건은 부모님이나 가족이 1주택을 가지고 있는 것이다. 기존 주택을 전세 주면 전세금이 생길 테고 이 자금으로 새 집의 중도금과 잔금을 처리한다. 이 방법의 장점은 조정대상지역의 경우 2년 거주해야 비과세가 가능한데, 내가 새 집으로 전입하여 부모님과 같이 살면 비과세 조건까지 해결되는 것이다. 그래서 이 방법도 유용하게 써먹으면 좋다. 부모님을 신축 단지에 모시는 것 역시 효도가 아니겠는가?

가족 집 전세 주기

1. 가족 집 전세금으로 중도금과 잔금 지불

2. 모자라면 집단대출(주담대) 받기

3. 내 명의로 전입신고

4. 중도금 완납 후 전입신고 의무 달성(2022년 8월 1일 이전 중도금 체결자만)

5. 가족 실거주

　－ 조정대상지역에서 1세대 1주택 비과세의 경우 2년 실거주가 조건이므
　　로 해당 조건까지 만족시킬 수 있음

지금까지 분양권을 매수하거나 청약에 당첨된 후 잔금을 치를 때 전·월세를 활용하는 방법을 알아봤다. 각 단지의 상황에 맞춰서 이용해 보길 바란다.

8장

갭투자,
2배로 오를 아파트
구하는 법

역전세의 위험을 피하기 위해
반드시 확인해야 할 조건은 뭘까?

⬇ 이 장에 들어가기 전 알아두면 좋을 앱과 기능

호갱노노: 갭투자

갭가격으로 단지를 검색하는 기능이 있다. 설정한 갭가격으로 투자할 수 있는 단지가 어딘지 한눈에 파악하기 쉽다.

(출처: 호갱노노)

아실: 갭투자

최근 투자자들이 어디에 관심이 많은지 확인할 수 있는 지표다. 갭이 적은 단지도 쉽게 찾아볼 수 있다.

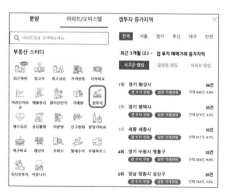

(출처: 아실)

네이버 부동산: 갭투자

호갱노노에서 대략 어느 지역에 투자할 수 있는지 확인했다면 실제로 매수할 수 있는 매물 가격과 전세금액은 네이버 부동산에서 확인한다.

(출처: 네이버 부동산)

갭투자, 정확히 알면 성공한다

이번 부동산 투자 방법은 갭투자다. 가장 잘 알려진 투자법이자 시세차익형 투자 방법이다. 내가 공부할 때만 해도 주택투자에는 두 가지 길이 있었다. 바로 시세차익형 투자와 수익형 부동산 투자였다. 수익형 부동산이란 다가구나 다세대, 오피스텔 등 원룸 월세로 시작해서 월 수익을 늘려나가는 방식이다. 각각 장단점이 있는데 수익형 부동산은 초기에 자산 증식 속도가 느리다는 단점이 있다. 하지만 월세 수익이 커지면 다른 어떤 수익보다도 안정성이 높아진다. 장기적으로 안정적인 투자를 하려는 사람은 수익형 부동산에 투자하는 것이 잘 맞는다. 2015~2016년에만 해도 이 수익형 부동산파와 시세차익형 부동산파의 세력이 서로 비슷했는데, 2017년부터 2021년까지 폭등장이 오면서 대세는 갭투자가 되었다.

갭투자의 기본은 다음과 같다. 5억 원짜리 집이 있는데 전세가가 4억

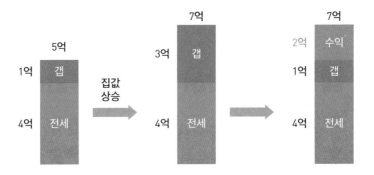

원이라고 해보자. 전세 세입자를 구한 상태에서 내
가 이 집을 사려고 한다. 실제 내 돈은 1억 원만 들
여 5억 원짜리 집을 살 수 있다.˙ 집값이 5억 원에

실제 사례
적용하기

서 7억 원으로 오르면, 2억 원 오른 만큼 수익을 얻는다. 1억 원을 투자해
서 3억 원을 얻었기 때문에 300%의 수익률이 된다.

갭투자는 적은 자본금으로 비싼 아파트를 살 수 있는 방법 중 하나
다. 전세 세입자를 받으니까 대출이자가 나갈 일도 없다. 집값이 내려가
거나 전세가가 떨어지지 않으면 유지비도 적게 든다.

자, 그럼 갭투자를 하기 전에 조건과 전략을 알아보자.

우선 집값 상승이 전제조건임을 유념하자. 갭투자로 돈을 벌려면 무
조건 시세차익이 발생해야 한다. 수익형 투자처럼 월세를 받아서 수익
을 내지 않으므로 집값이 오르지 않으면 갭투자로 돈을 벌 수 없다. 그러
니 하락장에서는 갭투자에 특히 더 신중해야 한다. 반대로 상승장이면
적은 투자금으로 큰돈을 버는 기회가 된다.

만약 내가 갭투자를 했는데 하락장이라면 어떨까? 사실 매도를 안

했다면 손해는 보지 않았다. 하지만 전세는 이야기가 다르다. 예를 들어 기존에 4억 원에 전세를 놓았는데 하락장에 접어들어 전세가가 3억 원까지 떨어졌다. 2년 뒤에 새로운 전세 세입자와 3억 원에 계약하려면 내 자금이 추가로 1억 원이 필요하다. 갭투자에서 가장 큰 리스크가 바로 전세가 하락, 즉 역전세 상황이다.

갭투자를 하는 상황에서는 어떤 걸 고려해야 할까?

1. 갭이 낮은 아파트를 산다.
2. 추후 가격이 많이 올라갈 아파트를 산다.

갭 가격이 실제 내가 투자해야 하는 현금이다. 매매가 대비 전세가 비율이 높은 곳일수록 투자금이 적게 들어간다. 이는 투자금을 최소화하고 리스크 관리에 용이하다. 집값이 상승할 때 전세가도 오를 여지가 많고, 수익률 측면에서도 상당히 좋다.

당연한 말이지만 가격이 많이 올라갈 아파트를 매수해야 한다. 가치가 높아질 아파트를 찾기 위해 주변의 호재를 꼼꼼히 알아보도록 하자.

갭투자의 장단점을 정리해 보면 아래와 같다.

1. 장점
 – 전세를 끼고 투자하기 때문에 투자금이 적게 든다.
 – 상승장에서 수익률이 크기 때문에 소액으로 투자하기 가장 좋은 방법이다.
 – 기본적으로 전세를 끼고 투자해서 자금 현황에 따라 대부분의 지역에 투

자할 수 있다.

– 실거주를 하지 않아도 된다.

2. 단점

– 하락장일 때는 역전세 현상이 발생할 수 있다.

– 전세가격이 떨어지면 추가 자금이 더 필요해진다.

– 추후 시세차익이 커지면 실거주를 해야 양도세가 절감된다.

무주택자도 갭투자 할 수 있다

본격적으로 갭투자를 하기 전에 자신의 현재 상황을 정확하게 인식하자. 2020년 6·17대책으로 거주 방법에 따라 갭투자를 할 수 있는 지역이 달라졌다.

투기지역·투기과열지구 내 시가 3억 원 초과 아파트를 신규 구입하는 경우 전세대출 보증 제한 대상에 추가

만약 전세대출을 받아서 전세를 살고 있다면 다음 두 가지 조건을 확인해야 한다. 전세대출을 받으면서 갭투자를 할 생각이라면 3억 원 이상 투기과열지구의 아파트를 구매하면 안 된다. 전세대출을 안 받고 월세로 거주한다면 지역 상관없이 투자가 가능하다. 다행히 2023년 현재는 서울도 대부분 비조정대상지역이므로 일부 구역을 제외하고는 투자가 가능하다.

1. 전세대출 받은 사람: 조정대상지역과 비조정대상지역 내 투자 가능. 투기 과열지구에서 3억 원 이하 주택 투자 가능
2. 전세대출 안 받은 사람: 모든 지역 투자 가능

구축 아파트에 투자할 경우 같은 입지에 비슷한 가격이라면 재건축 이슈가 있을 만한 아파트를 구입하는 편이 훨씬 좋다. 자세한 계산법은 9장의 재개발·재건축 내용을 참고하자. 대략 용적률 150% 미만인 아파트는 재건축 사업성이 좋다.

조건에 맞추어 자신의 상황을 아래와 같이 가정해 보자.

1. 가용 자금: 2억 원
2. 투자 방식: 갭투자
3. 전세 유무: 전세대출 받는 중
4. 지역: 투기과열지구(3억 원 이하), 조정대상지역, 비조정대상지역
5. 세대수: 500세대
6. 사용하는 사이트: 호갱노노, 네이버 부동산

세대수는 많으면 많을수록 좋다. 아파트를 찾아볼 때 1000세대 이상 대단지와 100세대 단지가 있다면 당연히 1000세대에 더 눈길이 간다.

단지가 크면 안에 들어갈 커뮤니티 시설도 다양하고 조경과 웅장한 외관 등이 훨씬 좋기 때문이다. 비단 나뿐만 아니라 대부분 동일하게 생각하므로 결과적으로 환급성이 좋고, 시세도 더 잘 오른다.

전세대출을 받으면서 투자하는 경우 5장에서 설명한 임대사업자 전세 물건을 구한다면 장기적인 거주 안정성을 바탕으로 합리적인 투자가 가능할 것이다.

갭투자 매물 쉽게 찾는 법

이제 갭투자 매물을 검색해 보자. 먼저 호갱노노에서 매수할 수 있는 지역과 아파트를 확인한다. 내 예산으로 어느 지역에 투자할 수 있는지 살피며 선택지를 좁힌다. 이렇게 찾은 지역을 네이버 부동산에서 더 자세히 살펴본다.

1. 네이버 부동산으로 전세를 낀 물건을 매수한다면 갭이 얼마인지 확인한다.
2. 집주인 거주 물건을 매수한다면 해당 단지의 실제 전세가격 및 현재 전세금액을 확인한다(임대차3법에 이후 폭등한 2~3년 전 가격과는 구분해야 한다). 매매금액에서 전세금액을 빼면 갭투자 가격이 나온다.
3. 갭 가격이 가용할 수 있는 자금인지 확인한다.

위의 순서로 지도를 펼쳐놓고 아파트 매물 리스트를 만든다. 이렇게 만든 리스트를 가지고 여러 단지를 임장하면서 어느 지역에 투자할지 선택한다.

내가 갭투자 매물을 조금 더 자세하게 검색하는 방법은 다음과 같다. 앞서 설정한 대로 전세대출을 받고 있으므로 나는 투기과열지구 3억 원 이하의 매물과 조정대상지역 및 비조정대상지역에 투자할 수 있다.

호갱노노에서 투자 범위 줄이기

시각적으로 가장 확인하기 편한 호갱노노에 들어가 보자. 지도 오른쪽 메뉴바의 '정책'을 클릭해서 '규제'를 선택하면 규제지역에 따라서 지도의 바탕이 빨간색(투기지역), 주황색(투기과열지구), 노란색(조정대상지역)으로 바뀐다. 여기서 우리가 투자할 수 있는 노란색과 색칠이 안 된 지역 순으로 확인한다.

2023년 2월 기준으로 서울에서 용산구, 서초구, 강남구, 송파구를 제외한 지역은 비조정대상지역으로 바뀌어 투자 가능 지역이 넓어졌다.

호갱노노에는 갭 가격을 보여주는 기능도 있다. 우리가 설정한 갭 가격 2억 원 이하로 검색해 보면 남양주 쪽에는 상당수의 아파트가 갭 2억 원 이하로 매수할 수 있다고 나온다. 354쪽 위의 그림을 보면 남양주에서도 경춘선이 지나가는 금곡동, 평내동, 호평동에 매물이 많은 것을 볼 수 있다. 여기서 네이버 부동산으로 넘어가자.

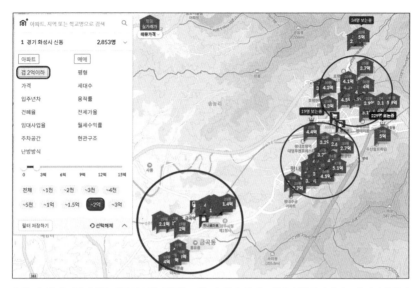

호갱노노에서는 갭가격을 기준으로 필터링하는 기능이 있다. 위의 그림은 남양주시에서 2억 이하의 갭인 아파트를 필터로 해서 표시한 것이다. 남양주에서 금곡동(제일 아래), 평내동(가운데), 호평동(오른쪽 위)에 매물이 많은 것을 확인할 수 있다. (출처: 호갱노노)

네이버 부동산에서 실거래가 확인하기

호갱노노로 확인한 지역 중 매물 수도 많고, GTX-B노선의 호재도 있는 남양주 호평동을 보겠다. 네이버 부동산에서 500세대로 필터를 걸고 호평동을 살펴보자. 역에서 가까운 단지 위주로 먼저 살펴본다. 역과 가까운 호평마을금강아파트에서 낮은 가격순으로 정렬해서 매물의 매매가를 비교해 보자.

매매가가 적절한 금액인지는 최근 실거래가를 확인하면 된다. 만약 최근 실거래가가 없다면 주변에 비슷한 단지의 거래가와 매물 가격을 보자. 해당 가격이 합리적인지 판단할 수 있다. 매물 가격이 낮으면 낮을수록 좋겠지만 너무 낮다면 어떤 이유로 낮은 것인지 꼭 확인한다. 중개소에 연락하거나 임장을 통해 확인하자.

356쪽 그림을 보면 2022년 기준 가장 저렴하게 나온 저층 물건은 4억 원이다. 그다음 확인할 사항은 전세가로, 이때 최소 전세가는 2억 6500만 원이다. 단순하게 계산하면 매매가 4억 원에 전세가 2억 6500만 원이므로 1억 3500만 원 갭으로 매수할 수 있는 아파트다.

이렇게 찾은 아파트를 목록에 적어두고 다른 지역도 검색해 본다. 이때 해당 아파트 주변은 더 이상 찾아볼 필요가 없다. 주변 아파트 모두 같은 입지에 비슷한 컨디션이라면 가격대는 비슷할 것이므로 나중에 임장을 가서 주변을 마저 둘러보면 된다.

해당 전세가가 합리적인지 확인하기 위해 최근 거래내역을 보자. 2022년도에는 임대차3법의 영향으로 전세가가 많이 올랐지만 2023년에는 꽤 하락한 상태다.

전세 물량도 확인한다. 전세 물량이 전 세대의 5% 미만이면 적은 편이라 안전하다. 현재 890세대에 24개 정도 있으므로 물량은 나쁘지 않다. 전세 물량은 주변 단지 상황도 같이 봐야 한다. 주변에 신축 분양 단지가 있다면 한동안은 전세 물량이 상당히 많을 수 있다. 내가 전세를 놓을 시기와 신축 분양 시기가 겹치면 세입자를 못 구할 수도 있으니 꼭 확인하자.

또 하나 중요한 점으로 매매가와 전세가의 갭이 내 가용자금을 넘어선다면 고민하지 말고 바로 다른 지역, 다른 단지를 찾자. 어차피 살 수

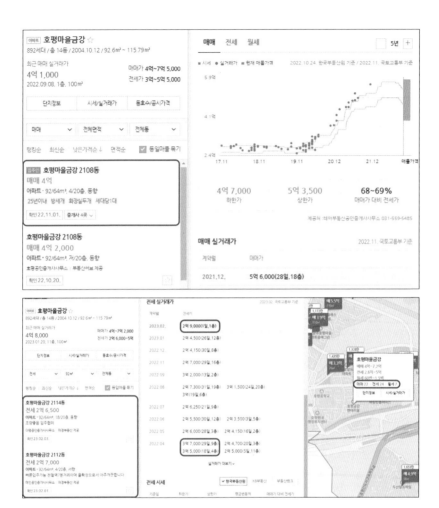

(출처: 네이버 부동산)

없는 물건이라면 시간만 아까울 뿐이다.

이렇게 매물을 찾아서 리스트로 정리해 두자. 358쪽 표는 유튜브 촬영을 위해 갭투자를 한다고 생각하고 조사한 단지 리스트다. 이렇게 만들어두면 좋은 점이 있다. 이때 작성한 리스트와 현재 가격을 비교해서 어느 단지가 올랐고 어느 단지가 떨어졌는지, 올랐다면 어디가 가장 많이 올랐고 왜 많이 올랐는지 등을 확인할 수 있다.

이후 부동산 시장이 하락세로 바뀌면서 이 표의 단지 대부분이 하락했다. 하지만 여기서도 눈여겨볼 부분이 있다. 이 중에서 하락 폭이 적은 단지가 어디인지 확인해 보면 아파트의 가치를 분석하는 데 도움이 될 것이다.

리스트를 작성했다면 지도를 보며 어디를 살지 고민하지 말고 무조건 임장을 가자. 임장을 왜 가야 하나? 내 기준으로 투자할 수 있는 아파트를 찾았다면 지역은 달라도 입지나 아파트 컨디션은 거의 비슷하다. 어떤 물건이 저평가되었고 어떤 물건이 더 오를지 판단하는 것은 임장을 가서 직접 봐야만 알 수 있다.

| 갭투자를 위한 아파트 비교 |

지역	지하철역	아파트 이름	평형	매매가 (억 원)	전세가 (억 원)	갭 (억 원)	전세 수요	주변 시세	개발 호재
남양주	퇴계원역	강남1차	59	3.5	2.5	1	괜찮음	5억 상승 여력 있음	왕숙 신도시
남양주	평내호평역	호평마을 금강아파트	84	5.5	4.3	1.2	매물 많아 위험	시세가	GTX-B노선(큰 호재)
남양주	마석역	신명스카이뷰 아파트	84	4.7	3.5	1.2	괜찮음	시세가	GTX-B노선(큰 호재), 비조정
경기 광주	경기광주역	태전성원 상떼빌5단지	84	4.5	3.7	0.8	괜찮음	시세 조금 낮음	삼동역으로 위례선, 준 신도시 상승여력이 있다.
경기 광주	초월역	광주초월역한라 비발디	84	5				6.3천, 1억 쌈	분양권
용인시 처인구	삼가역	두산위브 2단지	84	5.2	4.3	0.9	괜찮음	시세 대비 쌈	원삼면 하이닉스 투자
용인시 처인구	명지대역	역북지웰 푸르지오	59	5.3	4.1	1.2	괜찮음	적정 시세	원삼면 하이닉스 투자, 신축, 깔끔하다
용인시 처인구	김량장역	역북신원 아침도시	59	4.5	3.6	0.9	괜찮음	적정 시세	원삼면 하이닉스 투자
오산시	세마역	세마역트루엘더 퍼스트	84	5.2	3.7	1.5	괜찮음	시세 대비 쌈	오산세교2택지 개발지구
오산시	세마역	죽미마을 9단지 휴튼	84	4.5	3.5	1	괜찮음	시세 대비 쌈	오산세교2택지 개발지구
화성시 봉담읍	없음	봉담한신 더휴에듀파크	84	5.3	4	1.3	괜찮음	시세 대비 조금 비쌈	봉담 신분당선 연장, 여러 택지 개발지구
화성시 봉담읍	없음	화성우방아이유 셀메가시티	84	4.5				시세와 비슷	투자금 1.5억 정도 필요함
화성시 남양읍	없음	남양뉴타운 양우내안애	84	4.7	3.5	1.2	괜찮음	시세 대비 쌈	서해선, 대규모 택지개발지구

2021년 7월 기준.

유주택자는 갭투자를
어떻게 할까?

공시가 1억 원 미만 투자법은 취득세 중과에 관한 2020년 7·10대책 이후에 엄청나게 유행했었다. 특히 법인 명의로 투자가 많이 이루어졌다. 법인은 주택 수와 상관없이 취득세 중과율이 12%라 사실상 주택 투자는 불가능했다. 그런데 주택 투자를 가능하게 해준 상품이 바로 공시가 1억 원 미만 투자다. 이 경우 취득세 중과가 안 되기 때문이다. 공시가 1억 원 미만 투자의 장단점을 알아보자.

1. 취득세 중과 예외 주택: 공시가격 1억 원 이하 주택(아래 지역에 소재한 주택은 제외)

   - 도시 및 주거환경정비법에 따른 정비구역으로 지정·고시된 지역

   - 빈집 및 소규모주택 정비에 관한 특례법에 따른 사업시행구역

2. 장점

- 공시가 1억 원 미만의 경우 지역 상관없이 취득세 중과에서 배제된다.
- 수도권, 광역시, 세종시 외의 지역(군·읍·면 제외)에서 양도 당시 공시가 3억 원 미만은 양도세 중과가 제외된다.
- 투자금이 적게 든다.

3. 단점

- 단기 매도의 계획을 갖고 진입했으나, 공시가 1억 원이 초과될 경우 매수세가 떨어질 가능성이 있다(매수인의 취득세가 중과됨).
- 취득세만 중과 제외이지, 주택 수에는 포함된다(재산세+종부세 부과)
- 공시가 1억 원 이하 주택을 개인 명의로 취득 시 현 보유 주택 비과세 요건을 확인해야 한다.
- 1억 원 미만 갭투자 특성상 매입보다 매도 타이밍이 매우 중요하다(매도가 안될 가능성 많음).
- 취득 후 재개발 지정 시 매수자는 취득세 중과라서 매수세가 떨어질 가능성이 있다.
- 공시가 1억 원 미만이라는 것은 옛날부터 가격이 안 올랐던 동네라는 뜻이므로 주변 호재와 시세를 더욱 철저히 분석해야 한다.

사실 이 방법은 장점보다는 단점이 더 많다. 공시가 1억 원 미만에 초점이 맞춰져 있어 실제 가격이 올라 공시가마저 1억 원을 넘어버리면 더 이상 투자 대상이 아니게 된다. 그리고 공시가 1억 원 미만이란 것은 예전부터 집값이 안 오르던 동네라는 뜻이다. 그러니 가격과 호재를 더 철저히 분석해야 한다. 만약 취득세 중과 법안이 없어진다면 가장 먼저 소외받을 상품이다. 공시가 1억 원 미만 상품에 투자하고 싶다면 법인을 이용해서 명확한 매도 계획을 세운 다음에 접근하기를 추천한다.

공시가 1억 원 미만 아파트를 찾기 전에 양도세 중과까지 고려해서 지역을 선별해 보자.

3주택 이상자의 양도세 중과 제외 주택
- 수도권·광역시·특별자치시(세종시) 외의 지역(광역시·특별자치시 소속 군 및 읍·면 지역 포함)의 양도 당시 기준시가 3억 원 이하 주택(보유 주택 수 계산 시에도 제외)

취득세 중과 제외 조건과 양도세 중과 제외 조건에 맞는 교집합을 찾으면 재개발 구역이 아닌 경기도 읍·면 지역과 나머지 지방 시(천안시, 창원시 등)이다. 공시가 1억 원 미만에 사서 공시가가 3억 원이 되기 전에 팔 수 있는 지역이다. 이에 해당하는 경기도 주요 읍·면·군은 평택시 고덕면·안중읍·청북읍·포승읍, 김포시 통진읍, 화성시 봉담읍·향남읍·남양읍, 용인시 포곡읍, 이천시 부발읍, 남양주시 화도읍, 광주시 초월읍, 안성시 공도읍이다.

위와 같이 취득세 조건과 양도세 조건의 교집합을 기준으로 하면 어느 지역을 봐야 할지 답이 나온다. 이후에는 지도를 보고 손품을 팔면서 각 단지를 조사하고 정리한 후 임장을 통해서 철저히 분석하자.

공시가 확인 방법

원래 공시가를 확인하려면 국토교통부의 부동산 공시가격 알리미 사이트에서 확인해야 하지만 매번 그렇게 하려면 번거롭다.

쉽게 보려면 네이버 부동산에서 해당 단지를 클릭하고 '동호수/공시가격'을 누르면 세대별 공시가격이 나온다. 간혹 표시가 안 되는 단지도 있는데 이런 단지는 부동산 공시가격 알리미에서 직접 확인한다.

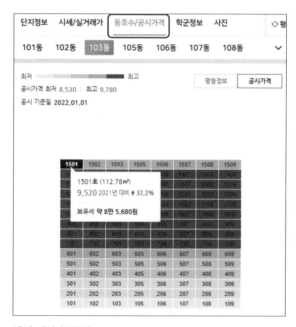

(출처: 네이버 부동산)

아실에서 투자 지역 찾기

아실에서 갭투자를 클릭하면 최근에 갭투자가 많이 이루어진 지역을 보여준다. '갭투자 현황'에서 매매금액과 전세금액을 확인할 수 있다. 보통 공시가격보다 낮거나 조금 높은 아파트를 살펴보면서 어느 지역, 어느 아파트의 거래가 활발한지 참고할 수 있다.

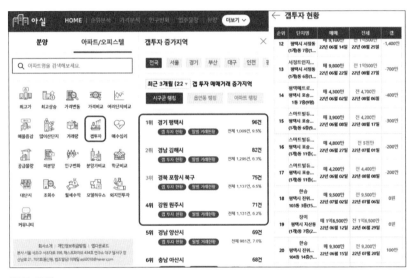

(출처: 아실)

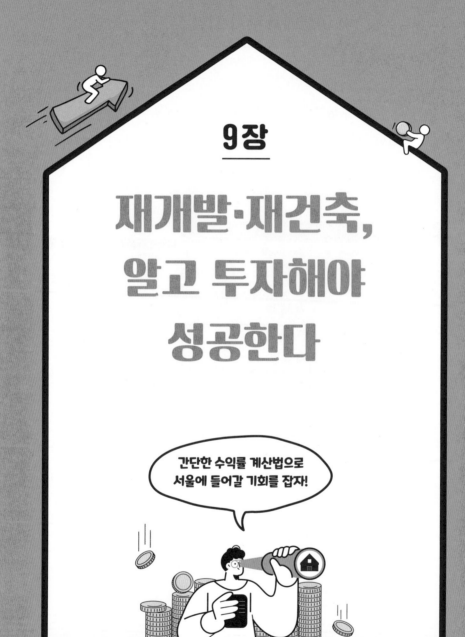

9장

재개발·재건축, 알고 투자해야 성공한다

간단한 수익률 계산법으로
서울에 들어갈 기회를 잡자!

⬇ 이 장에 들어가기 전 알아두면 좋을 앱과 사이트

호갱노노: 용적률

네이버 부동산에서 단지별로 용
적률을 확인하려면 일일이 눌러
봐야 한다. 호갱노노는 직관적으
로 한눈에 파악할 수 있어 편하다.
용적률을 보는 이유는 재건축 사
업성을 계산하기 위해서다. 이 밖
에도 갭가격, 평당가격, 세대수 등
한눈에 보기 좋은 기능이 많다.
각자 필요한 기능에 맞춰서 이용
해 보자.

(출처: 호갱노노)

리치고: 정비사업 확인

정비사업을 한눈에 확인할 수 있
는 가장 좋은 사이트다. 오른쪽의
호재를 클릭하면 재개발, 재건축,
리모델링을 볼 수 있다. 정비사업
별로 어느 구역의 어디가 진행되
고 있는지 한눈에 보인다. 클릭하
면 상세한 세대수와 진행 상황을
알 수 있다. 그래서 재개발, 재건
축 단지를 찾아볼 때는 항상 리치
고 사이트를 참고한다.

(출처: 리치고)

부동산 플래닛: 탐색

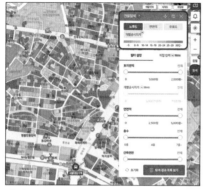

(출처: 부동산 플래닛)

지도 오른쪽 메뉴바에서 '탐색'을 클릭하면 각 건물의 연식, 즉 노후도를 직관적으로 보여준다. 보통 재개발 예정지에서 많이 활용한다. 지도상으로 봤을 때 파란색 부분이 많다면 신축이 많이 지어진 곳으로 사실상 재개발은 불가능하다고 봐야 한다. 재개발 예정지에 투자할 때 이 지도를 참고하면 많은 도움이 된다.

토지이음: 용적률, 건폐율

나는 최대 용적률과 건폐율을 주로 토지이음에서 확인한다. 용적률이나 건폐율은 시의 조례에 따라 정해지는데 토지이음에서 정확하게 볼 수 있다. 재개발이나 재건축의 사업성을 판단할 때 확실한 근거 자료가 된다. 오른쪽 사진처럼 지도에서 지적도로 확인할 수 있고, 왼쪽의 용도지역을 클릭하면 해당하는 용도지역에 맞게 색이 변경된다. 제3종 일반주거지역이 어딘지, 상업지역이 어딘지를 한눈에 파악할 수 있다.

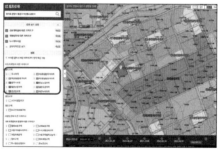

(출처: 토지이음)

왜 재개발·재건축 투자가
뜨는 걸까?

    왜 재개발 및 재건축 단지를 매수할까? 바로 희소성 때문이다. 일반분양 아파트는 건설사가 땅을 사서 최대한의 이득을 남기기 위해 단순한 디자인으로 아파트를 짓는다. 이 건물을 짓는 주체는 누구인가? 바로건설사다. 당연히 신축이기 때문에 구축보다는 좋지만 희소성이 있다고하기는 어렵다.

    재건축이나 재개발은 어떠한가? 건물을 짓는 주체가 누구인가? 바로조합이다. 만약 자신이 조합장이라면 내 아파트를 새로 짓는다고 할 때어떻게 짓고 싶겠는가? 이는 인간의 본성과도 연결되는데 당연히 주변어떤 단지보다도 가장 좋은 아파트를 짓고 싶을 것이다. 내가 아는 모든커뮤니티 시설은 물론 스카이브릿지, 수영장 등 외관상 보기 좋은 여러특화설계까지 다 넣고 싶을 것이다. 더군다나 기술의 발달로 요즘 아파

위의 사진은 서울 반포주공1단지 3주구 프레스티지
바이래미안 조감도이고, 오른쪽은 부산 남천동 삼익
비치타운 재건축 예상 조감도다. 두 곳 모두 재건축
예정 아파트다. (출처: 프레스티지바이래미안(위),
삼익비치타운(오른쪽))

위의 사진은 인천 검단 신도시 우미린클래스원이고,
오른쪽은 제일풍경채검단Ⅱ다. 둘 다 일반 분양 아
파트다. (출처: 우미린클래스원(위), 제일풍경채검단
Ⅱ(오른쪽))

트의 성능과 디자인은 과거와 차원이 다르다. 왼쪽의 몇 가지 예시만 봐도 확연한 차이가 느껴진다.

자금이 충분하다면 최우선적으로 입지가 좋고, 희소성이 있는 재개발·재건축 단지에 먼저 투자하는 것이 현명하다.

재개발·재건축 투자에서 주의할 점

재개발·재건축 투자에서는 다음 세 가지가 가장 중요하다.

1. 재개발·재건축 물건을 어떻게 찾을지
2. 내가 이 물건을 얼마에 취득할지
3. 얼마의 시세차익이 발생할지

이 순서대로 하나씩 알아볼 건데, 먼저 재개발·재건축 사업의 장단점을 살펴보자.

1. 장점
   - 현재 입지 좋은 곳에 미래의 새 아파트를 가질 수 있어 시세차익이 가장 크다.
   - 주요 지역은 투자금이 많이 들지만 수익률이 좋다.
   - 현재 서울, 경기도 주요 지역에서 재개발·재건축이 활발해 좋은 지역을 선점할 수 있다.

2. 단점

- 어느 정도 자금이 필요하다.
- 대부분 재개발·재건축은 오래된 주택이기 때문에 실거주 환경이 좋지 않다.
- 사업 단계별로 수익률이 다르다. 사업 초기에 들어가면 오래 걸리는 대신에 수익률이 높고, 사업시행인가 및 관리처분 이후에 들어가면 안정성이 있고 몇 년 안에 새 아파트를 가질 수 있지만 자금이 많이 든다.

재개발·재건축을 두고 보통 시간에 투자하는 것이라고 말한다. 왜냐하면 정비사업의 경우 조합설립인가 이후 평균 7~8년이 걸리기 때문이다. 평균 기간이기 때문에 이보다 더 걸릴 수도 있고, 덜 걸릴 수도 있다. 특히 유명한 재개발·재건축 단지는 오히려 시간이 더 오래 걸린다. 강남의 은마아파트, 잠실주공5단지, 한남동 재개발을 봐도 알 수 있다.

하지만 그만큼 확실한 투자처이기도 하다. 1장에서 얘기했듯 부동산은 기본적으로 인플레이션, 즉 자산가격이 꾸준히 우상향한다는 전제로 투자하는 것이다. 특히 유명한 재개발·재건축 단지는 그것만으로도 호재로 작용하므로 그만큼 가격 상승의 폭이 클 것이기 때문이다. 그러니 시간이 오래 걸려도 그 입지의 가치는 줄어들지 않고 오히려 높아진다. 개발 사업이 늦어지더라도 늦어진 만큼 최신 기술을 접목한 고급 단지로 바뀌므로 매수가격은 꾸준히 증가한다.

그래서 어느 정도 자금이 있다면 주요 입지의 재개발·재건축에 투자해 두는 것을 추천한다.

재개발·재건축의 정답은
따로 있다

재개발·재건축을 설명하기 전에 먼저 말하고 싶은 것이 있다. 재개발·재건축 투자도 내가 투자해야 의미가 있는 것이지 무작정 공부만 해서는 소용이 없다. 이 점을 명심하면서 재개발·재건축 투자에 대해 알아보자.

군이 강의를 듣거나 책을 볼 필요 없이 생활법령(www.easylaw.go.kr) 사이트를 가장 추천한다. 어느 곳보다도 정확한 정보를 자세하게 볼 수 있다. '재건축 사업'을 검색하면 사업에 대한 정보가 단계별로 나오니 참고하면 좋다.

재개발과 재건축의 가장 큰 차이는 재건축은 안전진단이 들어간다는 것이다. 최근 몇 년 동안 재건축 사업이 활발하게 이루어지지 않은 이유 중 하나가 안전진단이었다. 안전진단 규제를 완화하겠다고 했었는데, 다행히도 2023년 들어 정부는 안전진단 규제를 대폭 완화했기

| 재개발·재건축 사업 추진 절차 |

사 업 준 비	기본계획 수립
	↓
	안전진단(재건축 한정)
	↓
	정비계획 수립 및 정비구역 지정

↓ 　　　　　　　　　　　　　↓

사 업 시 행	조합 시행	조합 외 시행(재개발) / 공공 시행(재건축)
	추진위원회 구성 및 승인	주민대표회의 구성 및 승인· 토지 등 소유자 전체 회의(재개발 한정)
	↓	
	창립 총회	↓
	↓	
	조합설립인가	시행자 지정
	시공자 선정	↓
	↓	
	사업시행인가	
	↓	
	감리자 선정	↓
	↓	

분 양 · 관 리 처 분	분양 공고 및 분양 신청
	↓　　　　　　　　↓
	관리처분계획 수립
	↓　　　　　　　　↓
	관리처분계획 인가
	↓　　　　　　　　↓
	이주·철거·착공

↓ 　　　　　　　　　　　　　↓

사 업 완 료	준공 인가 신청	자체 준공검사
	↓	
	준공 인가	
	↓	
	이전 고시 및 청산	

때문에 기존에 재건축을 실행하지 못한 단지들도 많이 진행될 것으로 보인다.

최신 정책
같이 보기

최적의 재개발·재건축 투자 시기

기본적으로 개발 사업은 한 단계를 넘을 때마다 가격이 상승한다. 조합설립, 사업시행인가, 관리처분인가, 착공, 완공 단계마다 가격이 오른다. 수익률은 당연히 초기에 들어갈수록 높아진다. 다만 초기에 들어갈수록 안정성이 떨어진다. 즉 위험도와 수익률이 비례한다. 특히 재개발은 최소 조합설립인가 이후에 들어가는 걸 추천한다.

그 이유는 재개발과 재건축의 차이에 있다. 단순히 말하면 재개발은 수많은 이해관계자가 얽여 있다. 빌라에 사는 사람, 단독주택에 사는 사람, 상가를 운영하는 사람, 도로만 갖고 있는 사람, 땅만 갖고 있는 사람, 아파트를 갖고 있는 사람 등 각각의 이해관계가 복잡하게 얽혀 있다. 예를 들어 여러분이 재개발 지역에 상가를 운영하고 있다고 생각해 보자.

| 재개발·재건축 사업 단계에 따른 수익률 크기 |

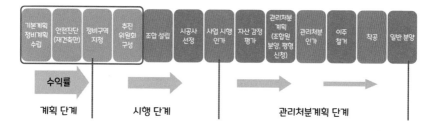

장사가 잘되고 있다면 과연 재개발에 동의할까? 안정적인 수입을 포기하면서 재개발에 동의하는 사람은 많지 않을 것이다.

반면 재건축은 어떠한가? 그 아파트에 사는 사람들의 동의만 얻으면 된다. 구축 아파트를 새 아파트로 바꿔서 돌려받을 수 있다는 같은 입장에 놓여 있기 때문에 주민들의 의지가 쉽게 모이고 빠르게 진행할 수 있다.

이러한 이유로 재개발의 경우 조합설립을 만들기까지 길면 10년 넘게 걸릴 수도 있다. 정비구역에 지정되었다가 결국 진행이 안 되는 경우도 많다. 아무리 요즘 정부에서 정비구역을 잘 지정해 주고 집값이 올라서 조합설립이 잘된다고 하더라도 최소한의 안정성을 확보하기 위해서 재개발은 조합설립인가 이후에 투자하기를 권한다.

투기과열지구에서의 거래 제한사항

그다음으로 거래 제한사항 및 조합원 지위를 확인한다. 2023년 현재 투기과열지구(강남구, 서초구, 송파구, 용산구)에서 재개발은 관리처분인가 이후에는 거래가 불가능하다. 단 2018년 1월 24일 이전에 사업시행인가를 신청한 지역은 거래 가능하다. 재건축은 조합설립인가 이후에 거래

| 투기과열지구에서의 거래 제한사항 |

재개발	재건축
- 관리처분계획인가 이후 거래 불가능 - 2018년 1월 24일 이전에 사업시행인가를 신청한 지역은 거래 가능	- 조합설립인가 이후 거래 불가능

가 불가능하다.

　그렇다면 현재 거래되는 투기과열지구에서 조합설립인가 이후의 재건축 아파트, 관리처분인가 이후의 재개발 입주권은 불법 거래일까? 불법이 아니다. 여기서도 예외 사항이 존재하므로 법령 원문을 확인하자.

　부동산이나 세금을 공부할 때 법령 원문을 보는 습관을 들이면 좋다. 블로그나 유튜브, 책에서 가공된 정보가 아닌 실제 정답지를 확인하는 습관을 기르면 나중에 실수하지 않는다.

도시 및 주거환경정비법(약칭: 도시정비법)

제39조(조합원의 자격 등)

② 투기과열지구로 지정된 지역에서 재건축 사업을 시행하는 경우에는 조합설립인가 후, 재개발 사업을 시행하는 경우에는 제74조에 따른 관리처분계획의 인가 후 해당 정비사업의 건축물 또는 토지를 양수한 자는 제1항에도 불구하고 조합원이 될 수 없다. 다만, 양도인이 다음 각 호의 어느 하나에 해당하는 경우 그 양도인으로부터 그 건축물 또는 토지를 양수한 자는 그러하지 아니하다.

1. 세대원(세대주가 포함된 세대의 구성원을 말한다. 이하 이 조에서 같다)의 근무상 또는 생업상의 사정이나 질병치료·취학·결혼으로 세대원이 모두 해당 사업구역에 위치하지 아니한 특별시·광역시·특별자치시·특별자치도·시 또는 군으로 이전하는 경우

2. 상속으로 취득한 주택으로 세대원 모두 이전하는 경우

3. 세대원 모두 해외로 이주하거나 세대원 모두 2년 이상 해외에 체류하려는 경우

4. 1세대(제1항 제2호에 따라 1세대에 속하는 때를 말한다) 1주택자로서 양도하는 주택에 대한 소유기간 및 거주기간이 대통령령으로 정하는 기간 이상인 경우

5. 제80조에 따른 지분형주택을 공급받기 위하여 건축물 또는 토지를 토지주택공사 등과 공유하려는 경우

6. 공공임대주택, 「공공주택 특별법」에 따른 공공분양주택의 공급 및 대통령령으로 정하는 사업을 목적으로 건축물 또는 토지를 양수하려는 공공재개발 사업 시행자에게 양도하려는 경우

7. 그 밖에 불가피한 사정으로 양도하는 경우로서 대통령령으로 정하는 경우

조합원 지위 확인하기

다음 대통령령의 내용이 현재 대부분 거래가 가능한 이유다.

기본적으로 항상 거래가 가능한 물건은 10년 소유, 5년 거주한 물건이다. 이 외에 거래가 가능한 이유는 오른쪽의 법령에 따라 단계별로 3년이 지난 단지들이다.

만약 현재 조합설립인가만 난 채로 거래가 활발하게 이루어지는 재건축 단지인데 곧 사업시행인가가 난다는 소식을 들었다. 어떻게 될까? 사업시행인가가 나는 순간 최소 3년은 거래가 불가능해진다. 지금 자금이 필요하거나 3년 동안 가지고 갈 생각이 없는 사람은 이런 소식이 들려오면 최대한 빨리 매도하려고 한다. 이런 시기에 급매 물건이 많이 나오게 된다.

정리하면 단계별로 조합설립인가, 사업시행인가, 관리처분인가, 착공일 직전에 급매가 많이 나온다. 관심 있는 단지는 계속해서 주의 깊게 살펴보는 것이 중요하다. 단 지금까지 말한 사항은 투기과열지구에만 해당하는 것이다. 그래서 대부분 비조정대상지역일 때는 전부 거래가 가능하다는 점을 알고 가자.

도시 및 주거환경정비법 시행령(약칭: 도시정비법 시행령)

제37조(조합원)

① "대통령령으로 정하는 기간"이란 다음 각 호의 구분에 따른 기간을 말한다. 이 경우 소유자가 피상속인으로부터 주택을 상속받아 소유권을 취득한 경우에는 피상속인의 주택의 소유 기간 및 거주 기간을 합산한다.

1. 소유 기간: 10년

2. 거주 기간: 5년

② "대통령령으로 정하는 사업"이란 공공재개발 사업 시행자가 상가를 임대하는 사업을 말한다.

③ "대통령령으로 정하는 경우"란 다음 각 호의 어느 하나에 해당하는 경우를 말한다.

1. 조합설립인가일부터 3년 이상 사업시행인가 신청이 없는 재건축 사업의 건축물을 3년 이상 계속하여 소유하고 있는 자가 사업시행인가 신청 전에 양도하는 경우

2. 사업시행계획인가일부터 3년 이내에 착공하지 못한 재건축 사업의 토지 또는 건축물을 3년 이상 계속하여 소유하고 있는 자가 착공 전에 양도하는 경우

3. 착공일부터 3년 이상 준공되지 않은 재개발·재건축 사업의 토지를 3년 이상 계속하여 소유하고 있는 경우

4. 토지 등 소유자로부터 상속·이혼으로 인하여 토지 또는 건축물을 소유한 자

5. 국가·지방자치단체 및 금융기관에 대한 채무를 이행하지 못하여 재개발·재건축 사업의 토지 또는 건축물이 경매 또는 공매되는 경우

6. 「주택법」 제63조 제1항에 따른 투기과열지구(이하 "투기과열지구"라 한다)로 지정되기 전에 건축물 또는 토지를 양도하기 위한 계약(계약금 지급 내역 등으로 계약일을 확인할 수 있는 경우로 한정한다)을 체결하고, 투기과열지구로 지정된 날부터 60일 이내에 「부동산 거래신고 등에 관한 법률」 제3조에 따라 부동산 거래의 신고를 한 경우

5분 만에 재개발·재건축
투자 지역 찾기

재개발·재건축 단지를 확인하는 사이트 중 '리치고'가 가장 편하다. 리치고에서 각 사업지를 클릭하면 계획된 세대, 시공사, 진행 상황 등 현재 어느 단계인지 알 수 있다. 이렇게 사업지를 확인하고 네이버 부동산으로 대략적인 가격을 계산한다.

재개발·재건축은 무조건 현장 중개소를 방문해야 한다. 특히 재개발의 경우 상가, 땅, 단독주택, 다세대 주택, 무허가 주택 등 물건의 종류가 다양하므로 현장을 꼭 돌아다녀야 한다. 중개소마다 가지고 있는 매물이 다르고, 좋은 물건은 네이버 부동산에 올리지 않기 때문이다. 중개소도 한 군데만 가지 말고 주변에 여러 곳을 둘러보면서 물건별로 비교 분석한다.

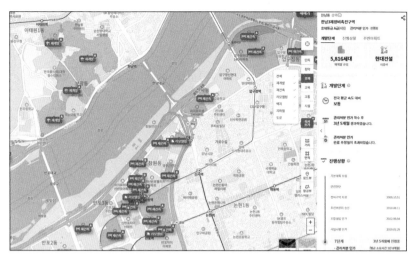

리치고에서 각 사업지마다 몇 세대가 들어설 예정인지, 시공사가 어디이고 어느 단계까지 진행되었는지 확인할 수 있다. (출처: 리치고)

수익률 계산하기

본격적으로 수익률을 계산해 보자. 투자에서 가장 중요한 것은 내가 얼마에 사서 얼마의 수익률을 올릴 수 있는지다. 재개발·재건축의 수익률도 사전에 어느 정도 계산해 볼 수 있다. 중요한 점은 정확하게 계산할 필요가 없다는 것이다. 사업 기간이 긴 만큼 지금 기준으로 계산하는 가격이 추후에 어떻게 달라질지 모른다. 이때의 수익률은 투자 결정을 하기 위한 근거로, '현재 시점에서 계산해서 이 정도의 수익이 나온다면 투자할 만하다'를 확인하기 위한 것이다.

이제부터 내가 사용하는 방법을 알려주겠다. 몇 번만 연습하면 금방 익숙해져서 단지별로 분석하는 데 5분이면 충분할 것이다. 참고로 나는 귀찮은 걸 싫어한다. 바로바로 답이 나오는 게 좋아서 수익률 계산법도 상당히 간단한데, 쉬우면서도 꽤 정확하다.

요즘 주목받는 1기 신도시 중 '산본동 세종주공6단지'를 재건축했을 때의 수익률을 계산해 보자.

주변 신축 가격 확인

먼저 해당 아파트가 신축으로 바뀐다면 집값이 얼마나 될지 계산한다. 해당 단지 주변의 신축 가격을 보고 아파트 입지를 고려해 신축으로 바뀌면 얼마일지 예상해 보는 2장의 방법으로도 구할 수 있다. 하지만 세종주공6단지가 위치한 산본동에는 신축 아파트 단지가 없다.

비교 지역을 더 넓혀 GTX-C노선이 들어오는 금정역 근처를 찾아보

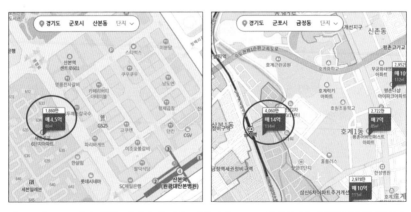

산본동 세종주공6단지(왼쪽)는 호재가 따로 없는 것에 비해 GTX-C노선이 들어올 예정인 금정역 근처 신축 단지(오른쪽)는 입지가 좋아 평단가가 더 높다. (출처: 네이버 부동산)

자. 금정역 바로 앞에 입지가 좋은 신축 단지의 평단가가 4000만 원 정도로 형성되어 있다. 그 뒤로는 2700만~3000만 원 사이로 다양하게 분포하고 있다.

추가로 신축 가격을 예상할 때는 주변 호재도 모두 파악해 해당 호재가 완성되었다고 가정하고 계산해야 한다. 현재 산본역에는 호재가 없지만, 금정역에 GTX-C노선이 들어온다는 점이 간접적인 호재로 작용할 수 있다.

여기서 질문 하나를 하겠다. 여러분이라면 세종주공6단지가 신축으로 바뀔 때 평단가가 얼마나 나올 것 같은가? 전에도 말했지만 정답은 없다. 여러분이 가치평가를 한 것을 바탕으로 가격을 정해 보면 된다. 수강생들과 스터디를 하면서 질문했을 때도 다양한 의견이 나왔다. 이 아파트는 역세권에 대단지이기 때문에 평균적으로 평단가를 3300만 원으로 예상했다.

이를 신축 평단가로 가정하고 집값을 계산해 보면 아래와 같이 4억 원이라는 차익이 생긴다.

- 신축 25평 가격: 8억 2500만 원
- 현재 25평 가격: 4억 2000만 원
- 재건축 이후 차익: 8억 2500만 원 − 4억 2000만 원 = 약 4억 원

이렇게 계산하면 너무 쉽지 않은가? 당연히 이게 끝이 아니다. 재개발·재건축 사업에서는 항상 분담금을 생각해야 한다. 분담금을 어떻게

계산하느냐에 따라 수익률이 많이 달라진다.

위 공식에서 분담금까지 계산하면 끝이다. 이제부터 같이 해보자.

용적률로 추가 세대수 구하기

분담금의 개념을 쉽게 설명하면 현재 내가 살
고 있는 건물을 부수고 새로 짓는 비용을 조합원
끼리 나눠서 부담하는 금액이다.* 재건축을 한다
고 해서 하늘에서 갑자기 돈이 떨어지지는 않기 때문이다.

너무 많은 비용을 투자해야 하는 것이 아닌가? 맞다. 하지만 우리에게
는 추가로 들어오는 수익이 있다. 바로 추가로 지어지는 세대의 일반분
양 수익이다. 간단하게 기존에 500세대인 아파트 단지를 새로 지을 때는
1000세대를 지으면 조합원 세대를 제외한 500세대가 일반분양으로 나
온다. 1세대당 5억 원에 일반분양하면 2500억 원이라는 분양 수익이 생
긴다.

정리하면 재건축을 위한 수익과 비용은 아래와 같다. 이 외에도 비용
에는 조합비용, 세금 등이 있지만 여기서는 다 제외하고 건축 비용만 계
산하자.

수익: 추가되는 세대의 일반분양금

비용: 새로 건축하는 비용

분담금은 아래와 같이 계산하는데 여기서 금액이 마이너스가 나오면 환급받는 금액이고 플러스가 나오면 추가로 내야 하는 금액이다.

(비용 – 수익) / 조합원 수 = 분담금

이제부터 공식에 따라서 하나씩 계산해 보겠다. 가장 먼저 추가되는 세대수를 구해보자. 추가되는 세대수는 용적률을 어느 정도 예상할 수 있다.

아래의 예시 아파트의 용적률은 226%다. 토지이음에서 확인한 이곳의 최대 용적률은 280%다. 계산상 편의를 위해 용적률을 200%로 하고 세대수는 1800세대, 추후 지을 수 있는 용적률을 1기 신도시 특별법이

단지 정보

세대수	1827세대(총21개동)	저/최고층	15층/25층
사용승인일	1994년 07월 07일	총주차대수	915대(세대당 0.5대)
용적률	226%	건폐율	15%
건설사	성지건설		
난방	지역난방, 열병합		
관리사무소	031-394-4637		
주소	경기도 군포시 산본동 1145 도로명 경기도 군포시 산본천로 34		
면적	80㎡, 85㎡, 106㎡		

▸ 규제 법령   (규제 법령 기준일 : 2022.04.25)

용도지역지구	건폐율(조례)	용적률(조례)
제3종일반주거지역	50%	280%
	건폐율	

(출처: 네이버 부동산)

통과된다는 가정하에 300%로 계산하자. 현재 세대수가 1800세대이기 때문에 추가로 지을 수 있는 세대수는 900세대다.

(현재 세대수 / 현재 용적률) × 내 땅의 최대 용적률 − 현재 세대수 = 추가 세대수

(1800세대 / 200%) × 300% − 1800세대 = 900세대

추가 세대로 나오는 분양 수익 계산

추가 세대수가 나왔으므로 분양 수익을 계산해 보자. 하나 더 찾아볼 것은 해당 단지의 중간 평수다. 보통 세대수가 제일 많은 평수를 찾으면 된다. 이 단지의 경우 아래 사진을 보면 24평이 968세대, 25평이 659세대, 32평이 200세대이며 계산의 편의를 위해 중간 평수를 25평으로 계산한다.

주변 단지의 최근 분양가를 보면 분양 수익도 편하게 계산할 수 있다. 앞서 신축일 때 평단가를 계산하면서 참고한 단지를 참고하자. 힐스

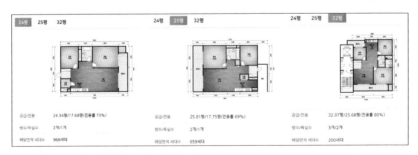

이 단지의 경우 가장 많은 세대가 있는 평수는 968세대의 24평이다. 그러므로 중간 평수는 24평이지만, 본문에서는 계산 편의상 25평으로 계산한다. (출처: 네이버 부동산)

테이트금정역의 경우 34평 기준으로 6억 원 초반에 분양되었다. 평단가로 나누면 대략 1750만 원 정도 된다. 지금 기준으로 평단가 2000만 원에 우리 단지를 분양한다고 생각해 보자. 한 번 더 검증할 것은 과연 평단가 2000만 원으로 분양하면 완판이 될지 여부다.

평단가 2000만 원에 25평이면 5억 원에 분양하는 것이다. 여러분이 예상한 신축 가격이 8억 원이라면 이는 로또 분양 아닌가? 그렇다면 완판이 될 것이다. 이런 식으로 대략적인 분양가를 산정해 보면 된다. 만약 금액이 너무 높다면 미분양이 될 수 있다. 주변을 적절히 참고해서 정해보자.

평단가 2000만 원으로 900세대 분양수익을 계산하면 4500억 원이다.

2000만 × 25평 × 900세대 = 4500억 원

총 세대수의 건설비 계산

이제 수익은 전부 다 계산했으니 비용을 계산할 차례다.

비용의 경우는 아파트마다 가격이 조금씩 다르겠지만 나는 현재 기준으로 34평짜리 신축 아파트 한 채(한 동이 아니다)를 짓는 금액을 3억~3억 5000만 원으로 잡고 있다. 사실 몇 년 전만 하더라도 34평 기준 일반적인 신축 아파트의 경우 2억 5000만 원 정도면 건설사도 이윤을 남기면서 지을 수 있었다. 하지만 원자재 값이 많이 오르고 나서는 최소 3억 원은 들어간다고 한다.

제일풍경채검단 II (위), 이문 4재정비촉진구역 재개발 사업 조감도(출처: 제일풍경채검단 II (위), 스카이사업단(아래))

| 공급금액 및 납부 일정 |

약식 표기 (타입)	세대수	층별	공급 세대수	공급금액(만 원)			
				대지비	건축비	부가세	계
74A	420	1층	7	15,401	20,499	–	35,900
		2층	17	15,916	21,184	–	37,100
		3층	17	16,431	21,869	–	38,300
		4층	17	16,774	22,326	–	39,100
		5~9층	85	17,117	22,783	–	39,900
		10~14층	85	17,332	23,068	–	40,400
		15~19층	85	17,417	23,183	–	40,600
		20~24층	82	17,503	23,297	–	40,800
		25층 이상	25	17,589	23,411	–	41,000

(출처: 제일풍경채검단 II 모집공고문)

최종 비용은 새 아파트를 어떻게 건설하느냐에 달렸다. 386쪽 제일 위의 사진처럼 일반적인 아파트로 짓는다면 3억 원대로 충분하다. 하지만 바로 아래 사진처럼 여러 특화설계(스카이브릿지, 특이한 외관, 펜트하우스, 고급 자재 등)가 들어가면 5억 원 이상도 들 것이다.

참고로 건설사의 건축비를 쉽게 확인하는 방법이 있다. 청약홈 모집 공고문을 보면 공급금액에서 건축비가 따로 산정되어 있다. 여러 단지를 비교해 대략적인 건축 비용을 알 수 있다.

평균적인 아파트로 34평을 건설한다고 할 때 건축비용을 3억 5000만 원으로 잡자. 현재 우리가 구하는 아파트는 25평이므로 2억 5000만 원으로 계산해 보면 된다. 총 세대수 2700세대를 적용해 구해보자.

(현재 세대수 / 현재 용적률) × 내 땅의 최대 용적률 = 재건축 총 세대수

(1800세대 / 200%) × 300% = 2700세대

2700세대 × 2억 5000만 원 = 6750억 원

조합원 분담금 구하기

이제 계산은 다 끝났다. 비용에서 수익을 뺀 후 현재 조합원 인원 수로 나누면 분담금이 나온다.

(6750억 원 − 4500억 원) / 1800세대 = 1억 2500만 원

조합원 1세대당 1억 2500만 원이 추가 분담금으로 들어갈 예정이다. 분담금 금액은 기존 25평에서 신축 25평으로 갈 때 적용되는 분담금이다. 만약 25평 아파트를 매수했는데 추후 조합원 평형 신청에서 34평으로 신청한다면 당연히 분담금은 더 늘어난다. 이것도 참고해 두자.

미래 수익 구하기

이제 최종적으로 계산해 보면 다음과 같이 이 단지는 2억 8000만 원의 이익을 예상하고 투자하는 것이다.

- 신축 25평 가격: 8억 2500만 원
- 현재 25평 가격: 4억 2000만 원
- 분담금: 1억 2500만 원
- 재건축 이후 차익: 8억 2500만 원 - (4억 2000만 원 + 1억 2500만 원) = 2억 8000만 원

갭투자를 한다고 가정하고, 실제 들어가는 투자금 및 수익률도 계산하면 현재 전세금액이 2억 5000만 원이므로

- 실투자금: 1억 7000만 원
- 재건축 이후 차익: 2억 8000만 원

- 수익률: 164%

    이 수익률은 지금 시점을 기준으로 완공이 되었을 때를 예상한 값이다. 이제부터 해당 단지의 재건축이 어떻게 진행되는지 그 경과를 신경 써서 관찰해 보자.

케이스 스터디: 강선14단지두산

    하나만 더 연습해 보자. 고양시 주엽역 근처에 위치한 강선14단지두산을 살펴보자. 390쪽 제일 위의 단지 정보를 보면 용적률은 182%이며, 총 792세대의 중간 평형은 25평형이다.

    수익률을 구하기 위해 먼저 주변 신축 시세부터 알아보자. 가까이에 GTX-A노선이 들어오는 킨텍스역이 있다. 그 주변의 신축은 평단가 3500만 원대이고, 역에서 조금 떨어진 곳의 신축은 3000만 원대로 형성되어 있다. 이에 따라 재건축 예정 단지가 신축으로 바뀌면 평단가가 3500만 원은 나갈 것으로 예상할 수 있다.

- 중간 평형: 25평
- 신축 기준 평단가: 3500만 원
- 25평 기준: 8억 7500만 원

단지 정보

항목	내용	항목	내용
세대수	792세대 (총9개동)	저/최고층	15층/25층
사용승인일	1994년 03월 30일	총주차대수	684대 (세대당 0.86대)
용적률	182%	건폐율	14%
수도배관교체	수도배관(공용배관) 교체완료(2017년)		
건설사	두산개발주식회사		
난방	지역난방, 열병합		
관리사무소	031-912-4159		
주소	경기도 고양시 일산서구 주엽동 101 도로명 경기도 고양시 일산서구 강선로 33		
면적	77 ㎡, 85 ㎡, 104 ㎡		

단지 내 면적별 정보

23평 **25평** **31평**

공급/전용	25.82평/20.89평(전용률 81%)
방수/욕실수	3개/1개
해당면적 세대수	322세대

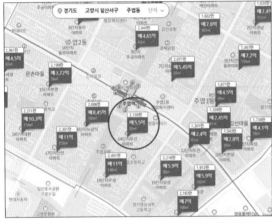

강선14단지두산은 평단가 약 2000만 원으로 현재 25평형 기준 5억 원 정도다(가운데). GTX-A노선이 들어올 예정인 킨텍스역 주변은 평단가 3500만 원 내외(아래)로 이를 기준으로 강선14단지두산이 재건축되었을 때의 가격을 예상해 볼 수 있다. (출처: 네이버 부동산)

현재 용적률 182%에 최대 250%까지 가능하다고 하면 추가되는 세대수는 295세대다.

(현재 세대수 / 현재 용적률) × 최대 용적률 − 현재 세대수 = 추가 세대수

(792세대 / 182%) × 250% − 792세대 = 295세대

중간 평수인 25평형으로 분양 수익을 계산해 보자. 25평 기준 5억 원으로 분양한다고 가정하면 1475억 원이다. 이제 건설비까지 계산하면 25평에 2억 5000만 원의 건설비가 들어서 총 2719억 원이 나온다. 분담금을 계산하면 1억 5700만 원이다.

- 분양 수익: 295세대 × 5억 원 = 1475억 원

- 신축 건축비: (792세대 / 182%) × 250% × 2억 5000만 원 = 2719억 원

- 1세대당 조합원 분담금: (2719억 원 − 1475억 원) / 792세대 = 1억 5700만 원

강선14단지두산의 현재 매매가는 5억 5000만 원이고 전세가는 2억 5000만 원이다. 이를 활용하여 해당 재건축 단지에 갭투자한다면 투자금으로 3억 원이 필요하다. (출처: 네이버 부동산)

정리하면 최저가인 5억 5000만 원 기준으로 1억 5700만 원을 더하면 7억 700만 원이다. 신축 8억 7500만 원에 비해서 1억 6800만 원의 안전마진이 있다고 생각하고 투자를 고려하자.

갭투자로 접근한다면 2억 5000만 원에 전세를 놓는다고 했을 때 아래와 같이 정리된다.

- 현재 매매가: 5억 5000만 원

- 투자금: 3억 원

- 전세가: 2억 5000만 원

- 재건축 분담금: 1억 5700만 원

- 신축 예상 가격: 8억 7500만 원

- 예상 투자 안전마진: 1억 6800만 원

- 수익률: 56%

이 계산법에서 가장 큰 변수는 바로 분양가와 건축비다. 사실 분양가는 주변 분양가를 확인하면 거의 비슷하게 예상할 수 있다. 하지만 건축비는 설정하는 금액에 따라 상당히 많이 바뀐다. 보수적으로 접근하려면 건축비를 조금 높여서 계산하는 것이 좋다.

직접 계산하다 보니 하나 알게 되는 사실이 있지 않은가? 바로 건축비는 정해져 있다는 점이다. 강남에서 아파트를 건설할 때와 시골에서 지을 때 건축비가 다른가? 아니다. 건축비는 똑같다. 아파트를 짓는 데 들어가는 자재는 크게 다르지 않기 때문이다.

다른 점은 바로 일반분양으로 인한 분양 수익이다. 여기서 입지의 중요성이 나온다. 왜 입지가 좋고 비싼 동네의 재건축이 잘될까? 바로 입지로 인한 가치 차이 때문이다.

방금 계산한 일산의 단지를 예로 들면 25평 분양가를 5억 원으로 계산했다. 이 단지를 강남 압구정에서 분양한다고 해보자. 분양가를 10억 원으로 잡으면 완판이 될 것 같은가? 당연히 엄청난 경쟁률이 예상된다. 현재 강남 압구정은 최소 평단가 1억 원이 예상되기 때문에 10억 원에 분양해도 안전마진이 최소 15억 원은 생긴다.

여기서 분양가를 10억 원으로 잡고 다시 분담금을 계산해 보자. 기존에는 1.57억 원의 분담금이 들어갔다면 압구정에서 재건축할 때는 2900만 원을 돌려받게 된다. 이게 바로 입지의 차이다.

- 분양 수익: 295세대 × 10억 원 = 2950억 원
- 건축비: 2719억 원
- 분담금: (2719억 − 2950억) / 792세대 = −2900만 원

앞서 말한 변수인 분양가와 건축비에서 수익에 해당하는 분양가를 높이는 것은 좋은 입지다. 이러한 이유로 입지 좋은 곳, 즉 비싼 아파트가 재건축이 더욱 잘 이루어지고, 가격도 비싸다.

익숙해지면 해당 단지의 용적률만 알아도 안전마진이 어느 정도 되는지 1분 안에 계산할 수 있다. 이 공식을 활용해서 자신만의 재건축 수익률 표를 만들어 관심 가는 단지를 비교 분석해 보는 것도 좋은 훈련이 될 것이다.

재건축 필수 조건,
용적률 확인하기

지금까지 재건축 계산법을 봤다면 용적률이 얼마나 중요한지 알았을 것이다. 간단하게 우리나라의 용적률은 어떻게 적용되는지 보자.

우리나라는 도시지역과 비도시지역으로 나누어져 있다. 일반적으로 주변이 모두 아파트 단지라면 그곳은 도시지역일 것이다. 도시지역 안에서도 여러 용도별로 나뉜다. 아파트가 많이 지어지는 지역은 제2종 일반주거지역과 제3종 일반주거지역이다.

재개발이나 재건축에서 사업성이 좋아지려면 어떤 단지를 찾아야 할까? 첫 번째는 기존에 지어진 아파트의 용적률이 내 땅의 기본 용적률보다 현저히 낮은 경우다. 예를 들어 제3종 일반주거지역은 보통 250% 이상의 용적률로 정해진다. 이 지역에 용적률 100%로 지어진 단지가 있다면 이를 재건축했을 때 일반분양분이 많아진다. 그래서 재건축 사업성이 상당히 좋다.

두 번째는 종상향이 이루어지는 경우다. 제2종 일반주거지역에 용적률 200%인 단지가 있는데 지자체에서 제3종으로 종상향을 시켜준다면 어떻게 될까? 재건축할 때 최대 100%를 더 사용할 수 있으므로 이 경우에도 재건축 사업성이 좋아진다.

| 용도지역에 따른 건폐율과 용적률 |

용도지역			건폐율	용적률
도시지역	주거지역	제1종 전용주거지역	50%	50~100%
		제2종 전용주거지역	50%	100~150%
		제1종 일반주거지역	60%	100~200%
		제2종 일반주거지역	60%	150~250%
		제3종 일반주거지역	50%	200~300%
		준주거지역	70%	200~500%
	사업지역	중심상업지역	90%	400~1500%
		일반상업지역	80%	300~1300%
		근린상업지역	70%	200~900%
		유통상업지역	80%	200~1100%
	공업지역	전용공업지역	70%	150~350%
		일반공업지역	70%	200~350%
		준공업지역	70%	200~400%
	녹지지역	보전녹지지역	20%	50~80%
		생산녹지지역	20%	50~100%
		자연녹지지역	20%	50~100%
관리지역		보전관리지역	20%	50~80%
		생산관리지역	20%	50~80%
		계획관리지역	40%	50~100%
농림지역			20%	50~80%
자연환경보전지역			20%	50~80%

간혹 재건축, 재개발 단지가 준주거지역, 상업지역에 있는 경우도 있다. 이때도 개발 사업성이 상당히 좋다. 왜냐하면 준주거지역은 용적률이 최대 500%, 상업지역은 최대 1500%까지 가능하기 때문이다. 추가로 건설할 수 있는 세대수가 굉장히 많이 늘어난다. 추가 세대수가 늘어나면 분양 수익이 커지고 조합원의 분담금이 엄청나게 줄어들거나 환급까지 받을 수도 있다. 그만큼 땅의 용도는 개발 사업에서 정말 중요한 요소다.

땅마다 정확한 용적률은 지자체별로 다르므로 토지이음 사이트에서 한 번 더 정확하게 확인하자.

재개발 입주권 가격 계산법

네이버 부동산이나 블로그로 재개발 물건을 보다 보면 종종 아래와 같이 적혀 있다. 재건축과 똑같이 내가 정확히 얼마에 매수하는 것이고, 수익은 얼마나 나는지 계산해보자.

예시로 광명 재정비촉진지구 11R구역에 나왔던 매물들을 살펴보자.

9/16 84A 조57472 매111600 감36600 피75000 공실 초투111600

9/16 84D 조53046 매92000 감22000 피70000 공실 초투92000

9/18 59A+59A 조87892 매145000 감85000 피60000 보20000 월170 초투125000

먼저 용어부터 설명하겠다.

조 = 조합원 분양가

매 = 해당 입주권 매매 가격

감 = 감정가

피 = 프리미엄

초투 = 초기 투자금액

가장 처음에 보이는 84A타입의 매물을 예시로, 각각의 금액을 통해 입주권의 실제 매매금액과 분담금을 제외한 초기 투자금액을 어떻게 구하는지 알아보자. 괄호 안의 글자는 위에 설명한 용어다.

실제 사는 금액(매) = 조합원 분양가(조) + P(피)

초기 투자금액(초투) = 감정가(감) + P(피) − 보증금(보) 또는 이주비대출

재건축과 똑같이 해당 단지의 신축 시세를 먼저 파악한다. 광명의 경우 2021년 당시 34평 기준으로 신축 시세가 15억 원 정도였다.

- 조합원 분양가: 5억 7000만 원
- 감정가: 3억 6000만 원
- P: 7억 5000만 원
- 분담금: 2억 1000만 원

- 실제 사는 금액: 5억 7000만 원(조) +7억 5000만 원(피) = 13억 2000만 원
- 실제 투자 금액: 3억 6000만 원(감) + 7억 5000만 원(피) = 11억 1000만 원 + 추후 2억 1000만 원 필요(분담금)

실제로 내가 매수하는 금액은 13억 2000만 원이고, 초기 투자금은 11억 1000만 원이 들어가는 물건이다. 현재 신축 시세가 15억 원이라면 1억 8000만 원 정도의 안전마진이 있다. 그러면 2023년 기준 광명의 재개발 물건들을 찾아보고 다시 계산해 보면 2년 전 가격과 비교가 될 것이다. 참고로 프리미엄은 절반 정도로 떨어진 상태다.

재건축과 달리 재개발은 다세대, 다가구, 땅, 상가, 빌딩, 근생건불 등 물건 종류가 정말 다양하다. 중개소마다 가지고 있는 물건도 다르다. 꼭 현장에서 최대한 많은 중개소를 둘러보고 계산하자.

다주택자를 위한
재개발·재건축 상품

지금부터 다주택자가 투자할 수 있는 상품을 설명하려고 한다. 바로 재개발 근생 건물과 멸실 신고된 재개발·재건축 투자다. 지금까지 내용을 봤다면 왜 이런 물건을 취득하는지 짐작이 갈 것이다. 바로 취득세 때문이다. 상가가 입주한 근린생활시설인 근생 건물이나 상가 건물은 주택이 아니다. 하지만 재개발 구역 안에 있다면? 취득할 때는 당연히 주택이 아니므로 비주택 기준으로 4.6%의 취득세를 낸다. 추후 재개발을 거쳐 주택으로 돌아오므로 결과적으로는 주택 투자다.

멸실 신고된 재개발·재건축은 무엇일까? 개발 사업에서 관리처분인가 이후에 이주 및 철거를 한다. 이때 멸실 처리가 끝나면 해당 입주권은 더 이상 주택이 아닌 토지를 취득하는 것과 같다. 이에 따라 취득세 중과가 아닌, 땅에 대한 취득세 4.6%를 낸다.

이 투자법의 장단점을 한번 알아보자.

1. 장점
   - 현재 입지 좋은 곳에 미래의 새 아파트를 가질 수 있다. 미래 가치와 시세 차익이 좋다.
   - 주변 시세를 확인해서 미리 신축 단지의 가격을 예측해 볼 수 있다.
   - 현재 서울·경지 주요 지역에서 재개발·재건축이 많이 이루어지고 있다. 미리 대장 입지의 좋은 지역을 선점할 수 있다.
   - 주택이 아닌 근생 건물 및 멸실 신고가 되었기 때문에 취득세 중과가 되지 않는다. 비주택으로서 취득세가 4.6%이다.
2. 단점
   - 재개발·재건축 근생 건물, 상가의 경우 투자금이 많이 든다.
   - 멸실 신고가 되려면 거의 막바지 단계이므로 실투자금이 많이 든다.

재개발 지역의 비주택 찾기

재개발 지역의 근생 건물 및 상가, 토지 등 비주택을 찾는 방법을 설명하겠다. 먼저 리치고에서 재개발 지역이 어딘지 확인한다. 그다음 네이버 부동산에서 '재개발'을 클릭해 어느 정도 금액대에 형성되어 있는지 파악한다.

다시 말하지만 재개발 매물은 네이버에 극히 일부만 등록되어 있다.

리치고에서 재개발 지역을 확인한 후(왼쪽), 네이버 부동산의 '재개발' 메뉴에서 가격대를 확인한다(오른쪽). (출처: 리치고(왼쪽), 네이버 부동산(오른쪽))

중개소별로 가지고 있는 매물이 다르므로 꼭 현장을 모두 돌아다녀야 한다!

멸실 신고된 재개발·재건축 지역 찾기

이것도 리치고에서 찾을 수 있다. 각 개발 사업을 클릭하면 '철거 신고' 단계를 확인할 수 있다. 철거 신고가 되었다는 것은 멸실 신고가 된 것으로 이 지역의 입주권은 전부 멸실 처리되었다. 네이버 부동산에서 대략적인 시세와 금액을 확인한 후 주변 중개소를 돌면서 매물을 찾아보면 된다.

정리해 보면 다음과 같다.

1. 재개발 근생건물의 경우 태생이 비주택이기 때문에 매수자의 주택 소유 여

리치고에서 각 개발 사업의 진행 단계를 조회할 수 있다. 그림에서 보이는 이문 3재정비촉진구역은 철거 신고가 되어서 입주권은 전부 다 멸실 처리되었다. 그러므로 이곳의 입주권은 더 이상 주택이 아니라 토지를 취득하는 것과 같은 취급을 받는다. (출처: 리치고)

　　부와 상관없이 자금만 준비되면 매매가 가능하다.

2. 멸실 주택의 경우 재개발·재건축 단계에서 관리처분인가 이후 이주 및 철거가 완료되어 착공이 진행 중인 단지를 말한다(373쪽 아래 그림 참조).

3. 개발 사업은 단계가 지날수록 안정성이 높아지는 대신 자금이 많이 필요하므로 자금 현황을 잘 파악해서 투자해야 한다.

비과세로 만드는
입주권 투자 전략

　입주권도 일시적 2주택이 적용된다. 이를 활용하면 8년에서 길게는 10년까지 2주택 비과세가 가능하다. 재개발·재건축 투자를 한다면 꼭 숙지해서 전략적으로 적용하기를 추천한다.

　용어부터 짚고 넘어가면, 입주권이라는 말부터 알아야 한다. 조합원 입주권은 관리처분계획의 인가 이후에는 기존 주택에 대한 소유권이 아닌 입주할 예정인 주택(아파트 등)에 대한 권리로 바뀐다. 즉 개발 사업에서 관리처분인가가 나면 그다음부터는 입주권이라고 한다.

　이제 총 세 가지의 특례법에 대해서 알려주겠다. 앞서도 말했지만 법을 확인할 때는 무조건 법령 원문을 보기를 추천한다. 블로그나 유튜브에 가공된 내용이 보기 편하긴 하다. 하지만 문구나 내용이 수시로 바뀌므로 잘못된 정보를 보면 오히려 손해를 볼 수 있다. 아래 내용도 법령 원문을 가져왔다. 이를 이해하기 쉽게 설명하겠다.

2주택 비과세로 입주권 투자하기①: 3년까지

소득세법 시행령

제156조의2(주택과 조합원 입주권을 소유한 경우 1세대 1주택의 특례)

③국내에 1주택을 소유한 1세대가 그 주택(이하 이 항에서 "종전의 주택"이라 한다)을 양도하기 전에 조합원 입주권을 취득함으로써 일시적으로 1주택과 1조합원 입주권을 소유하게 된 경우 종전의 주택을 취득한 날부터 1년 이상이 지난 후에 조합원 입주권을 취득하고 그 조합원 입주권을 취득한 날부터 3년 이내에 종전의 주택을 양도하는 경우(3년 이내에 양도하지 못하는 경우로서 기획재정부령으로 정하는 사유에 해당하는 경우를 포함한다)에는 이를 1세대 1주택으로 보아 제154조 제1항을 적용한다. 이 경우 제154조 제1항 제1호, 제2호 가목 및 제3호에 해당하는 경우에는 종전의 주택을 취득한 날부터 1년 이상이 지난 후 조합원 입주권을 취득하는 요건을 적용하지 아니한다.

첫 번째는 일반적인 내용이라 가볍게 보면 된다. 1주택자가 종전 주택을 매입한 지 1년 후 관리처분인가 이후의 입주권을 매수하고, 종전 주택을 3년 안에 팔면 종전 주택의 양도세가 비과세된다. 아래 도식을 보면 더욱 이해하기 편할 것이다.

2주택 비과세로 입주권 투자하기②: 9년까지

두 번째부터 2주택 비과세를 오래 유지하는 방법이다. 이 방법의 특징은 기존에 주택을 가지고 있는 상태에서 마찬가지로 매수 후 1년이 지난 뒤에 입주권을 취득하고, 첫 번째 방법처럼 3년 이내 양도를 하지 않아도 종전 주택에 대해 비과세 혜택을 주는 것이다. 길면 9년 이상 2주택 비과세 혜택을 받을 수 있어 너무나도 좋은 방법이다.

1. 입주권을 매입한 주택이 완공되면 세대 전원이 이사하여 1년 이상 거주

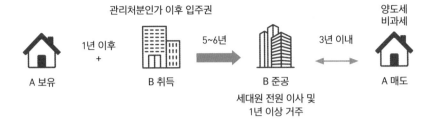

관리처분인가 이후 입주권

A 보유 — 1년 이후 + — B 취득 — 5~6년 → B 준공 — 3년 이내 — A 매도 (양도세 비과세)

세대원 전원 이사 및 1년 이상 거주

2. 완공된 이후 3년 이내에 기존 주택 매도

여러분이 무주택에서 출발한다고 가정해 보자.

2022년 8월 A주택 취득 후

2023년 9월 B주택 입주권 취득(관리처분인가 이후)

2027년 10월 B 재개발 완공 후 전 세대원 입주(1년 이상 거주)

2030년 9월 A주택 매도

위와 같은 경우 B입주권을 취득하고 2주택 소유 상태로 B가 완공될 때까지 A주택을 6년 동안이나 더 보유해도 양도세 비과세 혜택을 받을 수 있다. 즉 기존 주택을 보유하다가 재개발 입주권을 사서 완공 후 갈아 탈 때 혜택을 받는 제도다. 재개발은 관리처분인가부터 준공까지 적지 않은 시간이 소요된다. 오랜 시간 2주택을 보유하면서 시세차익에 대한 비과세를 받는 상당히 좋은 특례법이다.

2주택 비과세로 입주권 투자하기③ : 10년 이상

소득세법 시행령
제156조의2(주택과 조합원 입주권을 소유한 경우 1세대 1주택의 특례)
⑤국내에 1주택을 소유한 1세대가 그 주택에 대한 재개발 사업, 재건축 사업 또는 소규모 재건축 사업등의 시행 기간 동안 거주하기 위하여 다른 주택(이하 이 항에서 "대체 주택"이라 한다)을 취득한 경우로서 다음 각 호의 요건을 모두 갖추어 대체 주택을 양도하는 때에는 이를 1세대 1주택으로 보아 제154조 제1항을 적용한다. 이 경우 제154조 제1항의 보유기간 및 거주 기간의 제한을 받지 않는다.
1. 재개발 사업, 재건축 사업 또는 소규모 재건축 사업 등의 사업시행인가일 이후 대체주택을 취득하여 1년 이상 거주할 것
2. 재개발 사업, 재건축 사업 또는 소규모 재건축 사업 등의 관리처분계획 등에 따라 취득하는 주택이 완성된 후 3년 이내에 그 주택으로 세대 전원이 이사하여 1년 이상 계속하여 거주할 것
3. 재개발 사업, 재건축 사업 또는 소규모 재건축 사업 등의 관리처분계획 등에 따라 취득하는 주택이 완성되기 전 또는 완성된 후 3년 이내에 대체 주택을 양도할 것

세 번째도 2주택 비과세를 장기간 가져갈 수 있는 방법이다. 이 방법의 특징은 재개발·재건축 사업지를 먼저 취득하고, 일반 주택을 취득한다는 점이다. 세 가지 방법 중 비과세 기간이 가장 길어 개발 사업 기간에 따라 10년 이상도 2주택 비과세 혜택을 누릴 수 있다.

1. 재개발 사업지에 집이 한 채 있다면 사업시행인가일 이후에 다른 집 매수, 1년 이상 거주
2. 기존 주택 완공 이후 2년 이내에 이사해서 1년 이상 거주

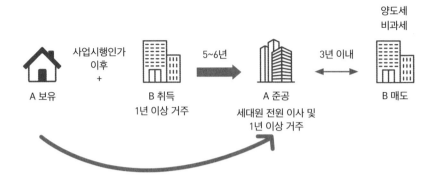

양도세
비과세

A 보유   사업시행인가   B 취득   5~6년   A 준공   3년 이내   B 매도
           이후   1년 이상 거주   세대원 전원 이사 및
            +   1년 이상 거주

3. 완공 이후 3년 이내에 대체 주택 매도

여기서 A주택은 사업시행인가 전부터 보유하고 있어도 되고 사업시행인가 이후에 취득해도 된다. 또한 대체 주택은 관리처분인가 이후에 취득해도 특례 혜택을 받을 수 있다. 이 법령의 가장 좋은 점은 바로 B주택 취득 전 A주택 보유 기간에 제한이 없다는 것이다. 지금까지는 전부 종전 주택 매수 이후 1년이 지난 이후에 입주권을 취득해야 특례법을 만족할 수 있었다. 세 번째 특례법은 그에 대한 법령 내용이 없기 때문에 제한이 없다. 무주택자일 때 사업시행인가 이후의 A주택을 오늘 매수하고, 내일 일반 B아파트를 매수해도 전혀 문제가 없다.

간단히 예를 들어보자.

정비 사업 중에 A주택 보유, 사업시행인가 후

2022년 9월 B주택 취득

2028년 10월 A 재개발 완공 후 전 세대원 입주(1년 이상 거주)

2031년 9월 B 매도

위와 같은 경우 B주택을 대체 주택으로 취득하여 8년 보유하고도 양
도세 비과세 혜택을 받는다. 그리고 사업시행인가 이후에 대체주택을
취득하기 때문에 길게는 10년 이상도 비과세 혜택을 받을 수 있다.

지금까지 설명한 세 가지 특례법은 재개발·재건축 투자를 할 때 꼭
알아두자. 기존에는 신규 주택 완공일로부터 2년 이내에 처분해야 했지
만 2023년 정부 정책에 따라 3년으로 연장되었으니 참고하자.

10장

경매,
내년엔 이 돈 주고
못 사는 아파트를
내 걸로 만드는 방법

5분이면 끝나는 권리분석으로
그동안 몰랐던 매물을 건져라!

보통 사설 경매 사이트는 유료다. 일반인이 평소에 매달 결제하며 이용하기는 부담스럽다. 그러니 무료 사이트 중에 두 군데를 추천한다. 바로 마이옥션과 두인이다. 정보의 질과 양이 괜찮아 나도 자주 이용하는 곳이다.

마이옥션

두인

부동산 경매,
진짜 해도 괜찮을까?

경매라고 하면 거부감부터 느끼는 사람이 많다. 그럴 만도 한 것이 경매로 나오는 물건 대부분의 사연이 좋지 않다. 채무를 갚지 못하거나 사업이 망해서 부동산이 경매로 나오고, 낙찰받고 나서도 임차인이나 집주인과 여러 갈등이 발생할 수 있다. 그래서 안 좋다는 선입견이 널리 퍼져 있다.

하지만 투자자 입장에서 조금만 공부하면 경매라는 세계에는 무궁무진한 가능성이 있다. 특히 평소에는 생각지도 못한 부동산을 볼 수도 있고, 자금만 된다면 충분히 낙찰받을 수도 있다.

경매의 주체는 국가기관인 법원이다. 개인이나 어떤 단체가 아니라 법원에서 직접 실행하므로 신뢰성이 높다. 경매는 부동산을 취득하는 여러 방법 중 하나일 뿐이다.

도대체 왜 부동산이 경매로 나올까? 이를 이해하면 경매에 접근하기 한결 수월하다. 경매가 가장 많이 나오는 사례를 보자. 여러분이 아파트를 매수할 때 현금이 많다면 전부 다 현금으로 사겠지만, 대부분 은행에서 주택담보대출을 받아 매수할 것이다.

비조정대상지역에서 70%까지 대출받았다고 가정해 보자. 5억 원에 아파트를 매수한다면 70%인 3억 5000만 원만큼 은행에서 근저당을 잡는다. 부동산을 취득한 후 등기부등본을 떼보면 갑구에 소유권 이전이 5억 원으로 나와 있고, 을구에는 근저당이 3억 5000만 원이라고 적혀 있을 것이다.

이 상태에서 은행에 이자를 잘 내면 아무 문제가 없다. 그런데 요즘 금리가 상당히 많이 올랐다. 기존에는 이자를 매달 100만 원만 내면 됐는데 만약 200만 원으로 올랐다고 치자. 부동산을 매수한 집주인의 소득이 월 200만 원 정도라면 매달 이자를 낼 수가 없다. 두세 달 정도 이자를 내지 못해 연체되면 은행은 부동산에 설정된 근저당을 통해 임의 경매를 신청하는 것이다.

간단하지 않은가? 우리가 경매로 보는 물건은 대부분 이런 식으로 나온다. 집주인이 빌린 돈을 갚지 않았거나 이자를 제대로 못 내서 경매에 부쳐진다. 만약 경매 시스템이 없다면, 은행에서 채권을 회수할 수 없어 돈을 빌려주기가 힘들어질 것이다. 그래서 부동산 시장에서 경매는 부동산이 잘 순환되게 하는 역할을 하기도 한다.

경매로 저렴하게 매수하기

내가 관심 있게 보는 아파트는 최근 4년 이내 신축과 분양권이 1순위고, 그다음은 25년 이상의 재개발·재건축 가능성이 있는 아파트다. 그 사이, 즉 5~24년 연식의 아파트는 내적인 요소로 가치가 오를 만한 점이 하나도 없기 때문이다. 10년 차 아파트를 리모델링할 수도 없을뿐더러 재건축은 당연히 안 된다. 사실상 이 사이에 있는 아파트는 지하철이 들어오거나 주변에 공원이 생기거나 일자리가 더 많이 만들어지는 등의 외적인 가치 상승 요소로 집값이 오르기를 기대할 수밖에 없다.

이런 아파트를 매입하는 방법으로 현재 시세보다 싸게 사는 경매가 좋다. 특히 하락장에는 경매 시장도 인기가 없다. 경매를 조금만 할 줄 안다면 일반 급매보다도 싸게 매수할 수 있다. 경매로 나오는 물건을 하나씩 보다 보면 이전에 잘 알지 못했던 지역도 보게 되고, 그 주변에서 몰랐던 좋은 매물을 발견하기도 한다.

경매의 장점은 첫 번째로 일반 매매보다 저렴하게 매입할 수 있다는 것이다. 경매 진행 과정을 보면 쉽게 이해가 간다. 예를 들어 아파트의 감정가격이 4억 원이 나왔는데 네이버 부동산으로 최저가를 확인해 봤더니 3억 원이다. 4억 원에 진행되는 1회차 경매는 유찰된다. 그 뒤에는 보통 20~30% 떨어진 가격에서 경매가 재개된다. 30%가 떨어져 2억 8000만 원에 다시 경매가 열리면 이제부터 사람들이 고민하기 시작한다. 여기서 질문을 하나 하겠다. 만약 여러분이라면 현재 일반 매수로 살 수 있는 물건이 3억 원인데 2억 8000만~2억 9000만 원에 입찰할 것인가? 하락장이라면 가격이 계속 떨어지는 중일 테니 굳이 경매에 입찰하지는 않을 것이다. 하지만 추후 오를 거라고 여겨진다면 2회차에 낙찰될 수 있다.

한 번 더 유찰되어 최저가가 1억 9000만 원으로 나왔다고 생각해 보자. 이때는 입찰가격을 얼마로 적을 것인가? 당연히 이마저도 비싸다고 안 들어가는 사람이 있겠지만 주변 시세가 3억 원이라면 3회차에서는 낙찰될 가능성이 높다. 여기서부터는 각자 성향 차이다. 이득을 조금만 남길 거라면 입찰가격을 높게 적어서 확실한 입찰을 노리고, 보수적인 사람이라면 더 낮춰서 적을 것이다. 즉 이제부터는 여러 사람이 얼마를 적느냐의 싸움이다. 낙찰가를 확인하면 현재 부동산 시장의 대략적인 최저가격을 알 수 있다.

지금까지의 과정을 보면 일반적인 아파트나 빌라 매물은 당연히 주변 시세 최저가보다 저렴하게 낙찰된다. 일반 매매보다 싸게 입찰하려고 경매에 참여하는 것이므로 경매 물건은 평소 시세보다 저렴한 가격에 낙찰할 수 있다.

두 번째 장점은 주거용, 상업용, 토지 등 다양한 물건이 경매로 많이 나온다는 것이다. 경매에 나오려면 집주인이 망하거나 이자를 낼 수 없는 상황일 것이다. 경매 물건을 보다 보면 망하는 사람이 이렇게나 많나 싶을 정도로 매물이 쏟아져 나온다. 그러니 조급해하지 말고 낙찰에 실패했더라도 꾸준히 시장을 살피다 보면 기회를 잡을 수 있다.

세 번째 장점은 일반 매매로 매입할 수 없는 물건도 있다는 것이다. 입지 좋은 아파트, 일반 매매로 사고 싶어도 못 사는 땅, 투기과열지구에 거래가 불가능한 입주권 등 실제로 내 돈 주고 사기 힘든 매물도 경매 시장에 상당히 많다. 그러니 여러 가지 매물을 검색하면서 숨은 보석을 알아보는 능력을 길러보자.

네 번째 장점은 누구나 입찰 가능하다는 것이다. 만약 내가 시간이 안 되면 대리인이 가서 대신 낙찰받아 올 수도 있다.

단점으로는 첫 번째, 요즘 같은 IT 시대에 법원에 직접 가서 경매를 신청해야 된다. 경매와 비슷한 공매 같은 경우는 '온비드'라는 사이트나 앱으로 집에서도 입찰할 수 있다. 경매는 아직도 법원에 직접 출석해서 입찰에 참여해야 한다. 평일 중에 경매가 진행되므로 일반 직장인은 결과를 알 수 없는 경매에 매번 연차를 쓰기도 상당히 어려운 게 현실이다.

두 번째, 입찰보증금을 현금으로 뽑아야 한다. 보통 은행에서 입찰보증금만큼 수표를 발행해서 들고 가지만 이조차 솔직히 번거롭다.

세 번째, 낙찰 이후에 명도나 유치권 등 부동산을 온전히 인수하기 위해서 여러 가지 일이 수반된다. 일반적인 아파트만 낙찰받아도 집에 거주하는 임차인이나 집주인을 명도해야 한다. 감정적으로나 시간적으로도 꽤 많이 소모되는 일이다. 다만 요즘은 인도명령이라는 제도가 있으므로 이를 잘 활용하면서 명도가 비교적 수월해졌다.

네 번째, 권리분석을 잘못하거나 임장에서 제대로 확인하지 못하면 다양한 이유로 손해를 볼 수도 있다. 시세파악을 잘못했다거나 권리분석을 제대로 못해 인수되는 권리가 있다거나 가짜 유치권인 줄 알았는데 진성 유치권인 경우 등이 있다.

1. 경매의 장점

   – 일반 매매보다 저렴하게 매입 가능

   – 주거용, 상업용, 토지 등 다양한 물건이 경매로 많이 나옴

   – 일반 매매로 매입할 수 없는 물건도 나옴

   – 누구나 입찰 가능, 대리인 입찰도 가능

2. 경매의 단점

   – 법원에 직접 가서 입찰해야 함

   – 입찰보증금을 현금으로 뽑아야 함

   – 낙찰 이후 명도, 유치권 등 부동산을 인수할 때까지 여러 일이 수반됨

   – 권리분석을 실수해서 인수되는 권리가 있는 등 손해를 볼 위험이 있음

경매 물건 찾기

경매 물건은 어디서 찾아볼 수 있을까? 우리나라의 모든 경매 물건은 법원경매정보 사이트(courtauction.go.kr)에서 확인할 수 있다. 하지만 정보의 양과 질에 한계가 있기 때문에 사설 경매 사이트를 많이 이용한다.

그런데 사설 경매 사이트는 보통 유료이기 때문에 전문적으로 경매에 참여하지 않는 일반인이 매달 결제하기에는 부담된다. 내가 주로 이용하는 무료 경매 사이트를 소개하면 마이옥션과 두인이 있다.

이 중에서 좋은 사이트는 무엇일까? 바로 자신에게 맞는 사이트다. 사이트마다 구성이나 UI가 조금씩 다르므로 눈에 잘 들어오는 사이트를

이용하면 된다. 내가 정말 입찰하고 싶은 물건이 생겼을 때 경매 사이트를 한 곳만 보지 말고 여러 곳을 같이 보는 것이 핵심이다. 관리비나 현황조사서가 상세히 기입된 사이트들이 있으니 해당 물건을 조회해서 비교해 보자.

추가로 한 군데 더 소개하면 아실도 괜찮다. 아실은 보통 아파트 관련 빅데이터나 여러 정보를 확인하는 데 유용하다. 경매할 때도 지도로 확인하는 기능이 편리하다. 화면 오른쪽의 '경매 공매'를 클릭하면 지도에서 간편하게 경매·공매 물건을 볼 수 있다. 내가 원하는 지역이나 사는 지역 주변에 어떤 물건이 나와 있는지 한눈에 파악하기 상당히 좋다.

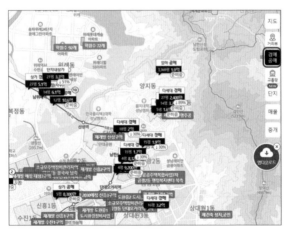

(출처: 아실)

권리분석 파헤치기

경매의 단점으로 리스크를 언급했었다. 이 리스크를 최소화하기 위해 가장 기본이 되는 것이 바로 권리분석이다. 권리분석의 핵심은 말소기준권리다. 말소기준권리 이후의 권리는 대부분 말소된다. 만약 말소기준권리가 없다면 우리는 대부분의 물건을 경매로 낙찰받을 수 없을 것이다.

다음 등기부등본을 보면 이 부동산에 잡혀 있는 근저당만 13억 원이 넘는다. 그런데 말소기준권리가 없어 해당 권리를 모두 인수해야 한다면 낙찰자가 갚아야 할 금액만 13억 원이 넘는다는 얘기다. 그런데 부동산의 현재 시세가 6억 원이라면? 과연 이 물건이 낙찰될까?

이 부동산에 잡혀 있는 근저당권이 말소되지 않는다면 평생 낙찰되지 않을 것이다. 말소기준권리가 없다면 이렇게 경매에 나온 물건들은

집합건물등기부현황	[채권액합계 : 1,095,948,547원]			
No.	접수	권리종류	권리자	채권금액
1	2016.01.12	소유권이전	신	0원
2	2016.01.12	근저당권	국	249,700,000원
3	2016.09.22	근저당권	국	286,800,000원
4	2021.07.09	근저당권	반	360,000,000원
5	2021.08.10	근저당권	국	60,000,000원
6	2021.11.08	강제경매	김	[청구금액] 139,448,547원

근저당이 13억 원 넘게 잡혀 있는 부동산의 등기부등본. (출처: 마이옥션)

| 권리분석에 필요한 권리 목록 |

구분	말소기준권리	항상 말소되는 권리	항상 인수되는 권리	소액임차인 기준 권리
(근)저당권	ㅇ	ㅇ	x	ㅇ
(가)압류	ㅇ	ㅇ	x	x
담보가등기	ㅇ	ㅇ	x	ㅇ
전세권(1, 2)	ㅇ	x	x	ㅇ
경매개시 결정등기	ㅇ	ㅇ	x	ㅇ
확정일자부 임차권	x	x	x	ㅇ
유치권	x	x	○	x
분묘기지권	x	x	○	x
법정지상권	x	x	○	x
말소, 인수되는 권리	1. 전세권이 말소기준권리가 되려면 전세권이 최선순위이면서 전세권자 가 임의경매를 신청해야 한다. 2. 전세권이 최선순위 권리인 상태에서 후순위 저당권자가 경매를 신청 한 경우에는 전세권이 말소기준권리가 될 수 없다. 이 경우 전세권자 가 배당 신청을 하면 전세권이 소멸하고 배당 신청하지 않으면 낙찰자 에게 인수된다. 3. 말소기준권리보다 먼저 설정되면 인수, 후에 설정되면 말소되는 권리 - 지상권, 지역권, 배당요구를 하지 않은 전세권, 등기된 임차권, 가처 분, 순위 보전을 위한 가등기 4. 후순위 가처분 중 토지 소유자가 지상 건물에 대한 철거를 위해 설정 한 처분금지가처분은 인수됨			

동네에 흉물로 남을 것이다.

이런 사태를 방지하기 위해 말소기준권리가 있다. 이에 따라 말소되는 권리가 있고 인수되는 권리가 있으므로 하나씩 살펴보자.

말소기준권리

여러분이 보기 편하게 권리분석에 필요한 권리 상황을 왼쪽의 표로 만들었다. 표에서 확인할 수 있듯 말소기준권리에는 (근)저당권, (가)압류, 담보가등기, 전세권, 경매개시 결정등기 등 다섯 가지가 있다.

전세권의 경우 말소기준권리가 되기 위해서는 두 가지 조건이 필요하다. 전세권이 최선순위에 있어야 하고 전세권자가 임의경매를 신청해야 말소기준권리로 인정된다. 말소기준권리에서 항상 말소되는 권리는 전세권을 제외하고 전부다. 전세권이 말소되려면 전세권자가 배당 신청을 해야 한다.

가장 조심해야 할 것은 바로 인수되는 권리다. 경매로 낙찰받고 나서 모든 권리 사항이 말소되어 깨끗한 등기부등본을 가져오면 가장 좋다. 그렇지만 말소기준권리와는 별개로 항상 인수되는 항목이 있다. 유치권, 분묘기지권, 법정지상권이다. 분묘기지권은 타인의 토지에 있는 묘지를 관습법상 인정하는 권리, 법정지상권은 토지 주인이 바뀌더라도 건물 주인은 자신의 건물이 있는 토지를 그대로 사용할 수 있는 권리다. 이 권리들은 일반적인 권리분석으로 끝나지 않고 추후 법적공방과 협상을 통해서 해결해야 하므로 상당히 까다롭다. 만약 이에 대해서 정확히 알지 못하면 초보자는 도전하지 않는 편이 낫다.

소액임차인 기준권리란 소액임차보증금을 적용하는 데 기준이 되는 권리다. 뒤에서 자세하게 설명하겠다. 간단하게는 2010년에 근저당이 잡혀 있는 부동산을 2022년에 내가 임대차계약을 했더라도 2022년 법을 적용받는 것이 아니라 2010년 법을 적용받는다는 뜻이다.

이 외에 말소되거나 인수되는 권리가 있다. 표에도 언급했듯이 말소기준권리보다 먼저 설정되면 인수되고, 후에 설정되면 말소되는 권리는 지상권, 지역권, 배당요구를 하지 않은 전세권, 등기된 임차권, 가처분, 순위 보전을 위한 가등기다.

권리분석 순서

본격적으로 권리분석을 하려면 어떻게 해야 하는지 순서대로 한번 따라 해보자. 특히 처음 연습한다면 실제로 등기부등본을 발급받아서 연습해 보기를 권한다.

요즘은 내가 소개한 사이트에서 등기부등본을 안 봐도 순서대로 정렬되어 있고, 어디가 말소되고 인수되는지 다 나온다. 하지만 편리하게 보는 것과 별개로 직접 할 줄 알아야 한다. 그래야 추후 경매 사이트에 잘못 나와 있어도 바로잡을 수 있으므로 기본적인 원리를 알아두자.

1. 등기부등본의 갑구, 을구 상관없이 시간순으로 정렬한다.

2. 말소기준권리를 찾는다.

3. 말소기준권리 이후에 말소되는 권리와 인수되는 권리가 있는지 찾는다.

4. 매각물건명세서를 통해 위험 요소가 있는지 확인한다.

5. 현황조사서를 통해서 현재 임차인 및 물건 상태를 확인한다.

6. 권리상 특이한 부분이 있다면 문건 접수 내역과 송달 처리 내역을 확인해서 이해관계자들의 상황을 유추해 본다.

1. 등기부등본의 갑구, 을구 상관없이 시간순으로 정렬한다

첫 번째로 권리 사항을 시간순으로 정리하는 것이다. 등기부등본을 보면 갑구와 을구가 있는데 갑구는 소유권에 관한 사항, 소유권 이전이나 압류, 가압류 등의 내용이 기입된다. 을구는 소유권 외의 권리 사항이 기입되는데 대표적으로 근저당권이 있다. 여기서 갑구, 을구 상관없이 시간순으로 전부 다 찾아서 새로 정렬한다.

2. 말소기준권리를 찾는다

두 번째로 말소기준권리를 찾는다. 말소기준권리가 되는 것 중에 가장 위에 있는 권리를 찾았는가? 바로 2번의 근저당권이다.

3. 말소기준권리 이후에 말소되는 권리와 인수되는 권리를 찾는다

말소기준 권리를 찾았으면 해당 권리보다 선순위가 있는지, 인수되는 권리가 있는지 찾아본다. 표에서 보면 근저당, 가압류, 임의경매, 압

【 갑 　 구 】　(소유권에 관한 사항)

순위번호	등 기 목 적	접 수	등 기 원 인	권리자 및 기타사항
1	소유권보존	2003년12월30일 제110219호		소유자 창원시
2	소유권이전	2004년3월23일 제20098호	2001년7월2일 매매	소유자　　　　　******* 창원시
2-1	2번등기명의인표시 변경	2004년4월2일 제24144호	2004년3월25일 전거	조 　의 주소 창원시
3	압류	2019년10월5일 제37173호	2019년10월4일 압류	권리자 창원시 3814 처분청 성산구청장
4	3번압류등기말소	2020년3월3일 제15591호	2020년3월2일 해제	
5	가압류	2021년3월11일 제13211호	2021년3월11일 창원지방법원의 가압류 결정 (2021	청구금액 금200,000,000 원 채권자 대구

[집합건물] 경상남도 창원시

순위번호	등 기 목 적	접 수	등 기 원 인	권리자 및 기타사항
				0404)
6	가압류	2021년3월19일 제14526호	2021년3월19일 대구지방법원의 가압류 결정 (2021카단3 1344)	청구금액 금500,000,000 원 채권자　　　　　유한회사 서울
7	임의경매개시결정	2022년1월7일 제673호	2022년1월7일 창원지방법원의 임의경매개시결 정 (2022타경162)	채권자 주식회사 서울
8	압류	2022년7월19일 제29779호	2022년7월19일 압류 (징수부-90 5211)	권리자 국민건강보험공단 강원도 국민건강보험공단)

【 을 　 구 】　(소유권 이외의 권리에 관한 사항)

순위번호	등 기 목 적	접 수	등 기 원 인	권리자 및 기타사항
1	근저당권설정	2004년3월23일 제20098호	2004년3월22일 설정계약	채권최고액 금215,028,000원 채무자 창원시 근저당권자 주식회사 마산시
2	근저당권설정	2004년4월2일 제24145호	2004년4월2일 설정계약	채권최고액 금200,000,000원 채무자 　　주식회사 부산 근저당권자 주식회사 서울
3	1번근저당권설정등 기말소	2004년11월17일 제82177호	2004년11월17일 해지	
4	근저당권설정	2004년11월17일	2004년11월17일	채권최고액 금600,000,000원

[집합건물] 경상남도 창원시

순위번호	등 기 목 적	접 수	등 기 원 인	권리자 및 기타사항
		제82178호	설정계약	채무자 　　주식회사 창원시 근저당권자 주식회사 서울
5	근저당권설정	2007년3월15일 제24333호	2007년3월15일 설정계약	채권최고액 금500,000,000원 채무자 　　주식회사 창원시 근저당권자 주식회사 서울

등기부등본을 보면 갑구와 을구가 나뉘어 있다. 갑구는 소유권에 관한 사항, 을구는 소유권 외의 권리 사항이 기입된다.

집합건물등기부현황	[채권액합계 : 3,096,541,173원]					
No.	접수	권리종류	권리자	채권금액	소멸여부	비고
1	2004.03.23	소유권이전	조OO	0원		전소유자:한　　　매매(2001.07.02)
2	2004.04.02	근저당권	조OOO	200,000,000원	말소	말소기준권리
3	2004.11.17	근저당권	조OOO	600,000,000원	말소	
4	2007.03.15	근저당권	신OOO	500,000,000원	말소	
5	2021.03.11	가압류	신OOO	200,000,000원	말소	창원지법2021
6	2021.03.19	가압류	신OOO	500,000,000원	말소	대구지법2021
7	2022.01.07	임의경매	신OOO	[청구금액]1,096,541,173원	말소	구　　　2022
8	2022.07.19	압류	국OOO	0원	말소	

갑구, 을구에 기입된 권리 사항을 시간순으로 정렬한 후 말소기준권리를 찾는다. 말소기준권리가 되는 것 중 여기서 가장 먼저 나온 것은 2번의 근저당권이다. (출처: 마이옥션)

류 모두 말소기준권리 이후에 말소되는 항목이다. 즉, 이 물건은 등기부 등본상 아무 문제가 없는 안전한 물건이다. 여기까지 했으면 기본적으로 등기부등본에 대한 말소나 인수 사항은 모두 확인이 끝났다.

4. 매각물건명세서를 통해 위험 요소가 있는지 확인한다

다음은 매각물건명세서를 꼭 확인한다. 매각물건명세서에는 등기부 등본상에 기입되어 있지 않은 유치권이나 법정지상권 등 경매와 관련해서 위험하거나 확인해야 하는 사항이 모두 기입되어 있다.

426쪽 위의 매각물건명세서를 보면 현재 임차인도 없고, 비고나 다른 특별한 내용도 적혀 있지 않다. 등기부등본상에서도 인수할 권리가 없고, 등기부등본 이외에 확인해야 하거나 인수해야 하는 권리 사항도 없는 안전한 물건이다.

같은 쪽 아래 매각물건명세서처럼 임차인 내역이 적혀 있다면 배당을

매각물건명세서

사건	2022타경 부동산임의경매	매각물건번호	1	담임법관(사법보좌관)	
작성일자	2022.11.02	최선순위 설정일자	2004.04.02. 근저당권		
부동산 및 감정평가액 최저매각가격의 표시	부동산표시목록 참조	배당요구종기	2022.04.12		

부동산의 점유자와 점유의 권원, 점유할 수 있는 기간, 차임 또는 보증금에 관한 관계인의 진술 및 임차인이 있는 경우 배당요구 여부와 그 일자, 전입신고일자 또는 사업자등록신청일자와 확정일자의 유무와 그 일자

점유자의 성명	점유부분	정보출처 구분	점유의 권원	임대차 기간 (점유기간)	보증금	차임	전입신고일자. 사업자등록신청 일자	확정일자	배당요구 여부 (배당요구 일자)
				조사된 임차내역 없음					

〈비고〉

※ 최선순위 설정일자보다 대항요건을 먼저 갖춘 주택.상가건물 임차인의 임차보증금은 매수인에게 인수되는 경우가 발생할 수 있고, 대항력과 우선 변제권이 있는 주택.상가건물 임차인이 배당요구를 하였으나 보증금 전액에 관하여 배당을 받지 아니한 경우에는 배당받지 못한 잔액이 매수인에게 인수되게 됨을 주의하시기 바랍니다.

※ 등기된 부동산에 관한 권리 또는 가처분으로서 매각으로 그 효력이 소멸되지 아니하는 것

해당사항 없음

※ 매각에 따라 설정된 것으로 보는 지상권의 개요

해당사항 없음

※ 비고란

대지권 미등기이며, 최저매각가격에 대지권 가격이 포함됨.

※ 주1: 경매, 매각목적물에서 제외되는 미등기건물 등이 있을 경우에는 그 취지를 명확히 기재한다.
　 2: 최선순위 설정일자보다 먼저 설정된 가등기담보권, 가압류 또는 소멸되는 전세권이 있는 경우에는 그 담보가등기, 가압류 　　　 또는 전세권 등기일자를 기재한다.
민집 105, 268, 민집규 55, 194

임차인도 없고, 비고란에도 특기사항이 없으며 등기부등본상 인수할 권리가 없는 안전한 물건이다.

매각물건명세서

사건	2022타경 부동산임의경매	매각물건번호	1	담임법관(사법보좌관)	
작성일자	2022.08.30	최선순위 설정일자	2020.03.23. 근저당권		
부동산 및 감정평가액 최저매각가격의 표시	부동산표시목록 참조	배당요구종기	2022.04.18		

부동산의 점유자와 점유의 권원, 점유할 수 있는 기간, 차임 또는 보증금에 관한 관계인의 진술 및 임차인이 있는 경우 배당요구 여부와 그 일자, 전입신고일자 또는 사업자등록신청일자와 확정일자의 유무와 그 일자

점유자의 성명	점유부분	정보출처 구분	점유의 권원	임대차 기간 (점유기간)	보증금	차임	전입신고일자. 사업자등록신청 일자	확정일자	배당요구 여부 (배당요구 일자)
김		현황조사	주거 임차인	미상	미상	미상	2020.06.23.	미상	
	전부	권리신고	주거 임차인	2020.08.24.부터	50,000,000	1,300,000	2020.06.23.	2020.06.23.	2022.03.03

임차인 내역이 있는 경매 매물이면 배당을 받을 수 있는지 확인한다. 임차인이 배당요구종기일인 2022년 4월 18일 전인 3월 3일에 배당 요구를 했다. 이 물건은 임차인이 배당받을 수 있다.

받을 수 있는지 확인한다. 확인하는 방법은 배당요구종기일까지 배당요구를 했는지 보면 된다. 사진에서 배당요구종기일이 2022년 4월 18일로 되어 있는데 배당요구 날짜가 2022년 3월 3일이므로 종기일 안에 배당요구를 했다. 이는 정상적으로 배당을 받을 수 있는 임차인이라는 뜻이다.

위험 요소가 존재하는 물건도 확인해 보자. 비고란에 '유치권 행사를 하고 있다고 주장함'이라고 적혀 있다. 유치권이 걸려 있는 물건으로 추후 여러분이 직접 해결해야 한다. 또한 '제시 외 건물로 인한 법정지상권 성립 여부가 불분명'이라고 적혀 있어 법정지상권 관련해서도 성립하는지 아닌지를 밝혀야 한다.

이러한 내용 말고도 자세한 사항이 나와 있다. 공사대금으로 1억 3000만 원 유치권 및 관련 판결내용 등 해당 물건과 관련해서 조심해야 할 사항들이 상세하게 기입되어 있으므로 꼭 확인하자. 가장 좋은 건 역시 아무것도 적혀 있지 않은 물건이다.

〈비고〉
　　　　:현황조사서상 유치권행사하고 있다고 주장함

※ 최선순위 설정일자보다 대항요건을 먼저 갖춘 주택·상가건물 임차인의 임차보증금은 매수인에게 인수되는 경우가 발생 할 수 있고, 대항력과 우선변제권이 있는 주택·상가건물 임차인이 배당요구를 하였으나 보증금 전액에 관하여 배당을 받지 아니한 경우에는 배당받지 못한 잔액이 매수인에게 인수되게 됨을 주의하시기 바랍니다.

동기된 부동산에 관한 권리 또는 가처분으로 매각으로 그 효력이 소멸되지 아니하는 것

해당사항없음

매각에 따라 설정된 것으로 보는 지상권의 개요

목록2. 제시외 건물 'ㄹ'로 인한 법정지상권 성립여부 불분명

비고란
1. 일괄매각, 제시외 건물(감정서상 ㄱ~ㄷ) 포함 및 공장 및 광업재단 저당법 제6조 제2013-164호 기계기구 포함(감정평가서상 기호2.참기름자동포장라인설비, 기호3.볶음깨생산설비는 소재불명이고 담보 설정되지 않은 제시외 기계가 일부 설치되어 있음)
2. 목록2 지상 담장밖에 소재하며 타인의 건물로 탐문되는 제시외 건물(감정서상 ㄹ) 매각에서 제외
3. 목록2의 (가),(다)는 공장으로 이용중이나, (가)의 1층 증축부분 일부는 화재로 소실되었고 2층 (다)는 화재로 내부 훼손되었으며, 1층 외벽 일부는 판넬로 보수되어 있고 점유자 　　의 말에 의하면 (유)　　　의 직원이었던　　　이 공장을 운영하고 있다고 함.
4. 목록2의 (나)는 사무실과 숙소로 이용중임
5. 유치권신고인 　　　으로부터 공사대금채권 금 130,000,000을 위하여 유치권 신고가 있었고 유치권자의 공사대금 청구에서 원고승소의 확정판결이 제출됨 [전주지방법원 2015가단29642 공사대금, 2020나3034(2022. 8. 9.자 항소취하)]
6. 2017. 4. 19.자 신청채권자로부터 유치권배제신청서가 접수되었고 유치권부존재확인소송을 제기하였으나 원고패소의 확정판결이 제출됨(판결이유 중 유치권 피담보채권액 60,000,000원 인정)[전주지방법원 2017가단27169 유치권부존재확인, 2019나886(2020.8.13.항소기각)]

주1 : 매각목적물에서 제외되는 미등기건물 등이 있을 경우에는 그 취지를 명확히 기재한다.

매각물건명세서의 비고란에 특기사항이 기재되어 있는 매물이다. 유치권, 법정지상권 등을 추후 법적 분쟁으로 해결해야 하는 위험 요소가 있다.

현황조사서

기본정보
• 사건번호 : 2022타경   부동산임의경매
• 조사일시 : 2022년 01월 14일 10시 25분   2022년 01월 21일 11시 07분

부동산 임대차 정보

번호	소재지	임대차관계
1	경상남도	0명

사진정보 : 전경도 3건   (사진보기 🖼)

부동산의 현황 및 점유관계 조사서

1. 부동산의 점유관계

소재지	1. 경상남도
점유관계	채무자(소유자)점유
기타	현황 및 점유관계 조사를 위해 현장방문하여 1회 방문시 가사도우미(60대, 여자)를 만났으나 본직의 질문에 대하여 '모른다.'라고만 하여 부동산경매사건에 대한 안내문을 출입문에 끼워 놓았음. 2회 방문시 폐문부재하여 부동산경매사건에 대한 안내문을 출입문에 끼워 놓았으나 입주자의 미연락으로 이를 확인할 수 없었음. *전입세대 열람내역 발급확인 결과 소유자 및 외손자가 등재되어 있음*

2. 부동산의 현황
   아파트(내부미확인)

실제로 조사관이 경매 물건을 현장 조사하여 기입한 현황 조사서.

5. 현황조사서를 통해서 현재 임차인 및 물건 상태를 확인한다

그다음으로 현황조사서를 확인한다. 현황조사서는 실제로 조사관이 경매 물건을 현장 조사하면서 알게 된 사실을 기입한 조사서다. 이를 보고 현재 임차인이나 물건 상태를 같이 확인하면 상당히 많은 도움이 된다.

6. 권리상 특이한 부분이 있다면 문건 접수 내역과 송달 처리 내역을 확인해서 이해관계자들의 상황을 유추해 본다

권리상 특이한 부분이 있다면 문건 접수 내역이나 송달 처리 내역 등을 확인한다. 실제 어떤 문건이 오갔는지 유추할 수 있다. 이해관계자도 파악하고, 시간순으로 보면서 여러 정황을 짐작할 수 있는 좋은 자료다.

지금까지 권리분석을 하는 일련의 과정을 살펴봤다. 처음에 직접 권리분석을 할 때는 시간이 오래 걸린다. 하지만 연습할수록 비슷한 사례

문건접수내역

접수일	접수내역
2022.01.12	등기소 창00000 000 등기필증 제출
2022.01.27	감정인 (주)00000000 000000 회보서 제출
2022.01.27	채권자 주000 0000 (00000000 0000) 보정서 제출
2022.01.27	채권자 주000 0000 (00000000 0000) 사실조회신청서 제출
2022.01.27	집행관 한00 부동산현황조사보고서 제출
2022.02.03	채권자 주000 0000 (00000000 0000) 보정서 제출

송달처리내역

송달일	송달내역
2022.01.07	채권자 주000 0000 (00000000 0000) 보정명령등본 발송
2022.01.12	주무관서 창0000 최고서 발송
2022.01.12	주무관서 창00 00000 최고서 발송
2022.01.12	감정인 인00 평가명령 발송
2022.01.12	가압류권자 신0000000000000 0000 최고서 발송
2022.01.12	채권자 주000 0000 (00000000 0000) 개시결정정본 발송

문건 접수 내역과 송달 처리 내역을 확인하면 실제 어떤 문건이 오갔는지 유추하여 이해관계를 짐작할 수 있다.

가 많아서 점차 검토 시간이 줄어들 것이다.

안전한 물건이란 어떤 것일까

가장 좋은 공부는 예시를 직접 풀어보는 것이다. 바로 답을 보지 말고 직접 하나씩 풀어보자.

임차인현황 [말소기준권리 : 2016.02.29. 근저당권, 배당요구종기일 : 2022/03/23] `주택임대차보호법 기준` `상가임대차보호법 기준`

임차인	용도/점유	전입일자	확정일자	배당요구일	보증금/월세	대항력	비고
신OOOO	전부	2019.03.08	2019.01.07	2022.02.28	30,000,000 [월]845,000	X	2018.09.12~ 2022.09.11

집합건물등기부현황 [채권액합계 : 1,980,317,895원]

No.	접수	권리종류	권리자	채권금액	소멸여부	비고
1	2016.02.29	근저당권	동	414,000,000원	말소	말소기준권리
2	2018.11.28	소유권이전	한	0원		전소유자:이 상속 (2018.05.18)
3	2020.12.22	근저당권	한	570,000,000원	말소	이 의 근저이전
4	2021.08.06	근저질권	엠	570,000,000원	말소	한 의 근저질권
5	2021.11.08	압류	금	0원	말소	
6	2021.11.09	압류	해	0원	말소	
7	2021.12.10	압류	해	0원	말소	
8	2022.01.11	임의경매	한	[청구금액] 426,317,895원	말소	2021타경

위의 물건은 인수할 권리가 없는 안전한 물건이다. (출처: 마이옥션)

1. 말소기준권리를 찾아보면 2016년 2월 29일에 설정된 근저당권이다.

2. 이후에 설정된 근저당, 근저질권, 압류, 임의경매는 모두 소멸된다.

3. 전입일자가 2019년 3월 8일이라 말소기준권리보다 후순위이므로 임차인
의 대항력은 성립하지 않는다.

4. 즉, 안전한 물건이다.

이 물건은 낙찰받아도 해당 권리 중 단 하나도 인수할 게 없어 안전
한 물건이다. 경매에 나오는 물건의 60~70%는 이런 물건이다.

임차인이 있으면 언제 대항력이 발생하는지 꼭 확인한다. 대항력은
전입신고를 한 날짜 다음 날 0시에 효력이 발생한다. 전입일자가 2019년

3월 8일이므로 대항력은 하루 뒤인 3월 9일에 발생한다. 2016년 2월 29일에 설정된 후순위여서 대항력이 성립하지 않는다. 보증금도 인수할 필요 없이 말소된다.

집주인이 거주 중인 경매 물건

집주인이 거주하고 있는 물건은 어떻게 해야 할까.* 권리분석 과정은 똑같다. 다만 낙찰 후 소유자가 이사를 가도록 하는 명도가 필요하다.

실제 사례
적용하기

임차인현황 [말소기준권리 : 2016.1.12. 근저당권, 배당요구종기일 : 2022/01/21] 주택임대차보호법 기준 | 상가임대차보호법 기준

임차인	용도/점유	전입일자	확정일자	배당요구일	보증금/월세	대항력	비고
※ 조사된 임차내역이 없습니다							
현황조사서 기타	해당 부동산에 대하여 현황조사차 방문하였는바, 폐문부재로 소유자 및 점유자 등을 만날 수 없어 출입문에 안내문을 부착하여 두었으며, 전입세대열람내역서 등에 의하면, 해당 주소에는 채무자 겸 소유자를 세대주로 하는 세대가 전입되어 있는바, 점유관계 등은 확인이 필요할 것으로 보임.						

집합건물등기부현황 [채권액합계 : 1,095,948,547원]

No.	접수	권리종류	권리자	채권금액	소멸여부	비고
1	2016.01.12	소유권이전	신	0원		매매(2013.01.14)
2	2016.01.12	근저당권	국	249,700,000원	말소	말소기준권리
3	2016.09.22	근저당권	국	286,800,000원	말소	
4	2021.07.09	근저당권	반	360,000,000원	말소	
5	2021.08.10	근저당권	국	60,000,000원	말소	
6	2021.11.08	강제경매	김	[청구금액] 139,448,547원	말소	2021타경

권리상으로는 안전하지만 집주인이 거주하고 있으므로 명도가 필요한 물건이다. (출처: 마이옥션)

1. 말소기준권리를 찾아보면 2016년 1월 12일에 설정된 근저당권이다.

2. 이후에 설정된 근저당, 강제경매 등은 모두 소멸된다.

3. 집주인이 거주하는 물건이다. 낙찰 이후에 인도명령신청을 하고, 집주인과 협상해서 이사를 보낸다.

4. 권리상으로는 안전한 물건이다.

말소기준권리 이후의 모든 권리가 말소되므로 등기부등본상으로는 안전한 물건이다. 임차인도 없어서 아무것도 인수할 게 없다. 다만 이 물건에 집주인이 거주하고 있다.

이런 물건은 낙찰 후에 인도명령을 신청하고, 집주인과 협상하여 집을 비우라고 명도를 해야 한다. 집주인 입장에서는 한 푼도 받지 못하고 집에서 쫓겨나는 상황이다. 이를 감안해 원만하게 타협하면서 진행하자. 터무니없는 요구는 들어줄 필요가 없지만 이사비를 주는 등의 방법은 일정 부분 고려해 봐도 괜찮다.

선순위 임차권이 있는 경매 물건

선순위 임차권이 있는 물건일 경우는 인수하는 사항이 있으니 보지 말아야 하는 위험한 물건일까? 아니다. 오히려 이런 물건이 더 좋을 수도 있다.

<table>
<tr><td colspan="9" align="right">주택임대차보호법 기준   상가임대차보호법 기준</td></tr>
</table>

임차인	용도/점유	전입일자	확정일자	배당요구일	보증금/월세	대항력	비고
김0000	목적물 전부	2018. 2. 28.	2017. 11. 28.	2021.11.19	105,000,000	O	2018.2.27~ 2020. 2. 27.
매각물건 명세서비고	김 : 임차인은 경매신청채권자이고, 배당요구일자는 경매신청일임.						
현황조사서 기타	임차인 김 전화면담(21.11.4.09:13)에 의하여 이건 현황을 조사 임차인 면담 및 전입세대열람내역서 등 참조하여 작성 함.						

| 집합건물등기부현황 [채권액합계 : 387,785,998원]

No.	접수	권리종류	권리자	채권금액	소멸여부	비고
1	2015.10.22	소유권이전	로	0원		전소유자:김 경매취득
2	2018.08.23	가압류	공	200,000,000원	말소	말소기준권리대전지법 2018카단
3	2019.12.13	압류	양	0원	말소	
4	2021.02.24	가압류	에	82,785,998원	말소	전
5	2021.03.18	압류	충	0원	말소	
6	2021.05.18	압류	서	0원	말소	
7	2021.10.22	강제경매	김	[청구금액] 105,000,000원	말소	2021타경
8	2021.12.14	압류	국	0원	말소	

대항력이 있는 임차인이 존재하는 물건으로 낙찰자가 보증금을 인수해야 하나, 임차인이 배당요구를 했으므로 전세권이 소멸되어 보증금은 낙찰금액에 포함된다. 다만 대항력이 있으므로 보증금이 낙찰금으로 충당이 가능한지는 확인할 필요가 있다. (출처: 마이옥션)

1. 대항력을 갖춘 선순위 임차권이 있는 물건이다.

2. 말소기준권리를 찾아보면 2018년 8월 23일에 설정된 가압류다.

3. 이후에 설정된 압류, 가압류, 강제경매는 모두 소멸된다.

4. 임차인을 확인해 보니 전입일자가 2018년 2월 28일로 말소기준권리보다
   빠르다. 보증금을 낙찰자가 모두 인수해야 한다.

5. 배당요구종기일인 2022년 1월 24일 전에 임차인이 배당요구를 해서 낙
   찰금액에서 보증금을 받을 수 있다.

임차인이 있을 때 가장 먼저 배당요구종기일 이전에 배당을 신청했는지 꼭 확인한다. 배당요구종기일을 봤더니 2022년 1월 24일이고 배당요구일은 2021년 11월 19일이다. 이 임차인은 정상적으로 배당 신청을 했고, 낙찰받으면 제일 먼저 배당을 받는다. 낙찰되는 금액에서 보증금인 1억 500만 원만 받으면 대항력이 사라진다. 만약 3억 원에 낙찰했다면 3억 원 중에 1억 500만 원이 임차인한테 먼저 배당된다. 말소기준권리보다 대항력을 갖춘 날짜가 빠르기 때문이다.

배당이 모두 이루어지고 나면 가장 편한 경매물건이 된다. 이전 사례에서는 집주인이 한 푼도 못 받고 쫓겨나 명도할 때 감정과 시간이 많이 소모되기 쉽다. 그렇지만 임차인이 배당금을 받기 위해서는 명도확인서만 필요하다. 실제로 임차인이 명도되었는지 확인하고 명도확인서를 주면 문제가 깔끔하게 해결된다.

이때 주의점은 꼭 명도가 확인된 이후에 명도확인서를 줘야 한다는 것이다. 간혹 '명도확인서를 먼저 주면 이사 갈게요'라고 말하는 사람도 있다. 절대 먼저 명도확인서를 주면 안 된다. 임차인은 명도확인서만 있으면 전액 배당을 받기 때문에 전혀 리스크가 없다. 명도확인서 이후에 임차인이 이사를 위해서 시간을 더 달라고 나온다면 이때부터 피곤해진다. 불필요하게 지체될 수 있으므로 꼭 이사를 갔는지 확인하고 명도확인서를 준다.

대항력이 있는 선순위 임차인이 있다고 해서 그냥 넘길 게 아니다. 배당이 다 이루어질 수 있는 물건인지 먼저 확인해 보면 좋은 매물을 건질 수 있다.

배당순위

또 하나 주의사항이 있다. 임차인보다 먼저 배당되는 당해세가 있는지 꼭 확인한다.

이를 이해하려면 먼저 낙찰자가 경매 낙찰 잔금을 모두 지급한 뒤에 금액이 어떻게 배당되는지 알아야 한다. 배당순위는 다음과 같다.

1순위: 경매 집행비용

경매 진행에 필요한 비용으로 대략 200만~500만 원 정도다.

2순위: 필요비 및 유익비

경매 목적 물건에 사용된 필요비와 유익비다.

필요비는 부동산의 관리, 보존 등 현상 유지를 위해 임차인, 제3취득자, 점유자 등이 지출한 비용이다. 부동산을 사용, 수익하는 자가 현상 유지만을 위해 지출하는 통상의 필요비와 천재지변 등 예측할 수 없는 멸실, 훼손을 회복하거나 방지하기 위한 특별한 필요비로 분류한다.

유익비는 부동산의 개량, 이용을 위하여 임차인, 제3취득자, 점유자 등이 지출한 비용이다. 유익비를 지출하여 목적 부동산의 객관적 가치를 증가시킨다. 다만 반드시 목적 부동산 자체에 지출한 비용만을 의미하는 것은 아니다. 예를 들면 임차인이 고장 난 보일러를 수리하면서 지불한 비용도 포함된다.

| 배당순위표 |

	저당권이 국세보다 앞선 경우	저당권이 국세보다 늦은 경우	저당권이 없는 경우
1	집행비용(민사집행법 제53조)		
2	경매 부동산의 관리에 소요된 필요비 및 유익비(민법 제367조)		
3	① 소액임차보증금채권(주택임대차보호법 제8조 제1항, 상가건물임대차보호법 제14조 제1항) ② 최종 3개월분 임금과 최종 3년간의 퇴직금 및 재해보상금(근로기준법 제37조 제2항) ※ 위 채권들이 서로 경합하는 경우 동등한 순위의 채권으로 보아 배당함(재민 91 -2)		
4	집행목적물에 부과된 국세, 지방세(국세기본법 제35조 제1항 제3호, 지방세법 제31조 제2항 제3호)	당해세를 포함한 조세 그 밖에 이와 같은 순위의 징수금	근로기준법 제37조 제2항의 임금 등을 제외한 임금, 그 밖에 근로관계로 인한 채권
5	① 국세 및 지방세의 법정기일 전에 설정 등기된 저당권·전세권에 의하여 담보되는 채권(국세기본법 제35조 제1항, 지방세법 제31조 제2항) ② 확정일자를 갖춘 주택 및 상가 건물의 임차보증금 반환채권(주택임대차보호법 제3조의2 제2항, 상가건물임대차보호법 제5조 제2항)	조세 다음 순위의 공과금 중 납부기한이 저당권·전세권의 설정 등기보다 앞서는 건강보험료, 연금보험료	당해세를 포함한 조세 그 밖에 이와 같은 순위의 징수금
6	근로기준법 제37조 제2항의 임금 등을 제외한 임금 기타 근로관계로 인한 채권(근로기준법 제37조 제1항)	저당권·전세권에 의해 담보되는 채권	조세 다음 순위의 공과금
7	국세·지방세 및 이에 관한 체납처분비, 가산금 등의 징수금(국세기본법 제35조, 지방세법 제31조)	임금 그 밖에 근로관계로 인한 채권	

3순위: 최우선변제권 금액과 임금채권

주택임대차보호법에 의한 소액보증금은 소액임차인을 보호하기 위해 일정 부분의 보증금을 먼저 배당해 주는 것이다. 근로기준법에 의한

	저당권이 국세보다 앞선 경우	저당권이 국세보다 늦은 경우	저당권이 없는 경우
8	국세 및 지방세의 다음 순위로 징수하는 공과금 중 산업재해보상보험료, 국민연금보험료, 고용보험료, 국민건강보험료(단, 납부기한과 관련하여 예외규정 있음)	조세 다음 순위의 공과금 중 산업재해보상보험법상의 산업재해보험료 그 밖의 징수금, 구의료보험법에 의한 의료보험료, 구국민연금법에 의한 연금보험료 및 납부기한이 저당권·전세권의 설정 등기보다 후인 구국민의료보험법상의 의료보험료, 국민건강보험법상의 건강보험료 및 국민연금법상의 연금보험료	일반채권(일반채권자의 채권과 재산형·과태료 및 국유재산법상의 사용료·대부료·변상금채권)
9	일반채권(일반채권자의 채권과 재산형·과태료 및 국유재산법상의 사용료·대부료·변상금채권)	일반채권(일반채권의 채권과 재산형·과태료 및 국유재산법상의 사용료·대부료·변상금채권)	

(출처: 대한법률구조공단)

근로자임금채권도 있는데, 법인이 소유한 물건은 이를 조심해야 한다.

4순위: 당해세

부동산에 부과된 국세 및 지방세를 뜻한다. 국세로는 상속세, 증여세, 종부세가 있고, 지방세로는 재산세, 자동차세, 도시계획세, 공동시설세, 지방교육세 등이 있다.

5순위: 우선변제권

앞에서 권리분석을 했던 순서가 바로 우선변제권에 해당한다. 대항력을 가진 선순위 임차권, 저당권, 전세권에 의하여 담보된 채권, 확정일자를 갖춘 주택 또는 상가 건물의 임차보증금반환채권 등이 있다.

당해세가 있는지 유의하자

가장 유심히 봐야 하는 부분은 바로 당해세다. 지금까지 권리분석을 하면서 날짜순으로 정렬하고, 선순위 임차인을 찾는 등의 작업은 사실 배당으로 따지면 5순위다. 생각보다 순위가 늦지 않은가?

앞에서부터 하나씩 살펴보자. 1순위의 경매비용은 얼마 들지 않고, 2순위는 거의 없다고 보면 된다. 3순위인 최우선변제금은 임차인의 보증금과 권리분석으로 계산이 가능하다.

선순위 임차인보다 먼저 배당이 이루어지는 4순위 당해세는 사실상 우리가 정확한 금액을 알 방법이 없다. 하지만 금액은 몰라도 당해세가 있는지 없는지는 확인할 수 있다. 세무서장으로부터 들어온 압류 건이 있는지 살펴보면 된다. 세무서장은 국세를, 지자체장은 지방세를 담당하기 때문에 세무서장 및 지자체에서 압류가 걸려 있는지 확인하면 당해세가 있는지를 알 수 있다.

이를 바탕으로 선순위 임차권이 있는 경매 물건의 등기부등본을 보면 양천구청장과 충주시에서 압류가 들어와 있다. 국세에 해당하는 서대전세무서장도 압류가 들어와 있으므로 이 물건에는 당해세가 있다고

3	2019.12.13	압류	양천구청장	0원	말소	
4	2021.02.24	가압류		82,785,998원	말소	
5	2021.03.18	압류	충주시	0원	말소	
6	2021.05.18	압류	서대전세무서장	0원	말소	

433쪽 집합건물등기부현황에서 당해세 여부를 알 수 있는 부분이다. 양천구청장, 충주시, 서대전세무서장에서 설정한 압류는 말소되었지만 당해세가 남아 있을 수 있다. (출처: 마이옥션)

인지해야 한다.

당해세가 왜 위험할까? 이 물건의 권리 사항을 다시 보자. 선순위 임차권이 있어서 보증금을 인수해야 한다. 다른 권리보다 최선순위로 배당되므로 낙찰받은 금액에서 배당이 모두 이루어지고 나면 안전한 물건이다. 하지만 최선순위보다도 먼저 배당이 이루어지는 당해세가 만약 몇억 원 있다면? 임차인에게 보증금만큼 돈이 배당되지 않는다. 남은 금액은 내가 온전히 인수해야 하는 금액이 되는 것이다. 안전한 줄만 알았던 물건에 갑자기 추가금이 들면서 시세보다 높게 매수하는 결과가 될 수 있다.

당해세를 확인해서 금액이 큰 상속세나 증여세가 있는지 등기부등본으로 대략 유추해 보자. 공시가도 확인해서 종부세의 규모도 예상해 볼 수 있다. 이렇게 해도 사실 정확한 금액은 모른다. 충분히 안전하다고 판단되는 금액까지 왔을 때 각자 감당할 수 있는 금액으로 입찰을 시도해 보자.

임차인의 배당요구가 없는 경매 물건

앞의 사례와 마찬가지로 대항력을 갖춘 선순위 임차권이 있는 물건이다. 다만 차이가 있다면 임차인이 배당요구를 하지 않았다*는 점이다.

실제 사례
적용하기

1. 대항력을 갖춘 선순위 임차권이 있는 물건이다.

2. 말소기준권리를 찾아보면 2021년 4월 28일에 설정된 가압류다.

3. 이후에 설정된 압류는 모두 소멸된다.

4. 임차인을 확인해 보니 전입일자가 2021년 3월 8일로 말소기준권리보다
   빨라서 보증금을 낙찰자가 모두 인수해야 한다.

5. 임차인이 배당 신청을 하지 않아서 낙찰금액과 별도로 보증금을 인수해야한다.

│ 임차인현황 [말소기준권리 : 2021.4.28.가압류, 배당요구종기일 : 2021/10/05]　　　주택임대차보호법 기준　상가임대차보호법 기준

임차인	용도/점유	전입일자	확정일자	배당요구일	보증금/월세	대항력	비고
한OOOO		2021.3.8.	2021.2.24		90,000,000	O	2021.3.5.~ 2023.3.4.
매각물건 명세서비고	한 : 2021.9. 17. 임차인으로 권리신고 및 배당요구를 하였으나, 2021. 9. 25. 배당요구신청 철회서를 제출함.						
현황조사서 기타	현장 폐문이이며, 이해 관계인 부재로 점유관계 확인 불가하여, 동사무소에서 세대열람 및 등본발급하여 첨부함. 전입세대: 한 세무서에서 상가건물임대차현황서를 발급하였으나 등재내역 없음.						

│ 집합건물등기부현황 [채권액합계 : 98,834,948원]

No.	접수	권리종류	권리자	채권금액	소멸여부	비고
1	2017.02.21	소유권이전	김	0원		전소유자:박　매매 (2015.12.24)
2	2021.04.28	가압류	서	15,085,823원	말소	말소기준권리　법원 2021카단
3	2021.05.03	가압류	서	47,241,082원	말소	홍　2021카단
4	2021.07.01	강제경매	대	[청구금액] 2,508,043원	말소	2021타경
5	2021.07.16	가압류	서	34,000,000원	말소	광　2021카단

대항력을 갖춘 선순위 임차권이 있으며, 임차인이 배당 신청을 하지 안아 낙찰금액 외에 보증금을 인수해
야 하는 물건이다. (출처: 마이옥션)

이 경우 해당 보증금을 모두 인수해야 한다. 이때 낙찰가를 어떻게 계산하냐면 낙찰가격과 보증금을 더해본다. 그 값이 내가 원하는 낙찰가가 되도록 맞춰야 한다. 주변 시세가 3억 원이고 나는 2억 5000만 원에 낙찰받고 싶다. 보증금 9000만 원을 더해야 하므로 실제 내가 낙찰받아야 하는 금액은 1억 6000만 원이다. 보증금 액수만큼 가격이 더 내려와야 하므로 이런 물건의 경우 대부분 3~4회 이상 유찰이 된다.

전세권과 말소기준권리

전세권이 말소기준권리가 되려면 최선순위인 상태에서 전세권자가 경매신청을 해야 한다. 하지만 2순위인 금융업체에서 강제경매를 신청했으므로 전세권이 말소기준권리가 될 수 없다. 배당요구를 했다면 말소가 되는 안전한 물건이지만, 매각명세서상에서 전세권자가 배당요구를 하지 않았기 때문에 해당 전세권은 인수해야 하는 물건이다.

만약 현재 주변 시세가 전세금보다 낮다면 전세권자는 배당신청을 안 할 가능성이 높다. 왜냐하면 낙찰가로 전세금을 온전히 돌려받을 수 없기 때문이다. 전세권자가 해당 물건을 낙찰받으려 배당 신청을 해서 전세권 금액만큼 입찰가로 들어올 수도 있다.

1. 전세권이 말소기준권리가 되려면 최선순위인 상태에서 전세권자가 경매 신청을 해야 한다.

집합건물등기부현황 [채권액합계 : 220,771,995원]

No.	접수	권리종류	권리자	채권금액	소멸여부	비고
1	2020.06.19	소유권이전	윤	[매매] 195,000,000원		전소유자:이 매매 (2020.06.19)
2	2020.12.18	전세권	(주)한	170,000,000원	인수	(2020.12.19 ~2022.12.18)
3	2021.06.28	강제경매	현	[청구금액] 50,771,995원	말소	말소기준권리2021타경
4	2021.07.07	압류	국	0원	말소	

점유자의 성명	점유부분	정보출처 구분	점유의 권원	임대차 기간 (점유기간)	보증금	차임	전입신고일자. 사업자등록신청 일자	확정일자	배당요구 여부 (배당요구 일자)
박		현황조사	주거 임차인				2020.07.01		
주	주거용. 구분건 물의 전부	등기사항전 부증명서	주거 전세권자	2020.12.19.~202 2.12.18.	170,000,000			2020.12.18	

〈비고〉
주   : 전세권자로서 전세권설정등기일은 2020.12.18. 임.

그리고 전세권자가 배당요구를 하지 않았으므로 낙찰자가 보증금을 인수해야 하는 물건이다. (출처: 마이옥션)

2. 하지만 2순위에서 강제경매를 신청해서 전세권이 말소기준권리가 될 수 없다.

3. 전세권자가 배당요구도 하지 않았기 때문에 낙찰자가 보증금을 모두 인수해야 한다.

임차권설정등기

임차권은 임차인이 임대인에게 돈을 못 받았을 때 대항력을 유지하기 위한 권리다. 2년 동안 살기로 계약하고 기간이 지나면 보증금을 받아서 다른 집을 구하려 한다. 이때 집주인이 보증금을 안 돌려주면 어떻게 할 것인가? 바로 임차권 등기를 설정해야 한다.

임차권의 가장 큰 목적은 다른 집에 전입을 해도 대항력을 유지하기 위해서다. 원래 대항력을 유지하려면 전입을 유지하고 있어야 한다. 만일 피치 못할 사정이 생겨서 이사를 한다면 그 순간 대항력을 잃어버린다. 보증금도 지킬 수 없어진다.

이를 방지하기 위해 임차권 등기 설정을 한다. 2년이 지난 다음 임차권등기를 신청하면 등기부등본에 전입일자와 확정일자가 기입되고, 그 날짜로 대항력이 유지된다.

1. 대항력을 갖춘 선순위 임차권이 있는 물건이다.

임차인현황 [말소기준권리 : 2019.12.26. 근저당, 배당요구종기일 : 2022/04/18]   주택임대차보호법 기준 | 상가임대차보호법 기준

임차인	용도/점유	전입일자	확정일자	배당요구일	보증금/월세	대항력	비고
이OOOOO	전부	2019.3.15.	2019.3.15.		100,000,000	O	2019.3.15. ~

집합건물등기부현황 [채권액합계 : 336,002,695원]

No.	접수	권리종류	권리자	채권금액	소멸여부	비고
1	2014.09.03	소유권이전	김	0원		보존
2	2019.12.26	근저당권	김	45,000,000원	말소	말소기준권리
3	2020.01.02	근저당권	현	75,000,000원	말소	
4	2020.02.18	가압류	주	22,227,353원	말소	성 2020카단
5	2020.07.09	압류	홍	0원	말소	
6	2021.04.26	임차권	이	100,000,000원	인수	[전입:2019.03.15 확정:2019.03.15]
7	2022.01.13	강제경매	서	[청구금액] 93,775,342원	말소	2022타경
8	2022.03.28	압류	순	0원	말소	

임차인이 임차권 등기를 설정해 대항력을 갖춘 물건이다. 이 역시 낙찰자가 보증금을 모두 인수해야 한다..
(출처: 마이옥션)

2. 말소기준권리를 찾아보면 2019년 12월 26일 근저당권이다.

3. 이후에 설정된 근저당권, 가압류, 압류는 모두 소멸된다.

4. 임차인을 확인해 보니 전입일자가 2019년 3월 15일로 말소기준권리보다 빨라서 보증금을 낙찰자가 모두 인수해야 한다.

지금까지 여러 예시를 보면서 일반적으로 많이 나오는 경매 물건을 살펴봤다. 실제 경매 물건을 보다 보면 더 다양하고 특이한 물건이 많다. 특히 이번에 사례로 들지 않은 유치권이나 법정지상권 등은 낙찰 이후에도 사실관계 파악 및 법적 공방까지 거쳐야 해결할 수 있다.

명심해야 할 것은 권리분석을 하면서 모르는 부분을 그냥 넘어가면 절대 안 된다는 것이다. 등기부등본을 보면서 궁금한 게 있을 때마다 공부하자. 처음부터 끝까지 다 공부하고 나서 경매에 도전하겠다고 생각한다면 아마 절대 경매를 시작하지 못할 것이다.

관심이 가는 물건이 있으면 내가 아는 범위 안에서 권리분석을 해보자. 모르는 부분이 나온다면 그때 그것만 공부해서 내 것으로 만들면 된다. 지식이 쌓이다 보면 나중에는 자신도 모르게 경매 고수가 되어 있을 것이다.

소액임차인의 권리 보호

소액임차인의 최우선변제권은 배당순위에서 3순위다. 사실상 가장 먼저 배당되는 순위라고 볼 수 있다. 그런 만큼 소액임차인은 기본적으로 알고 있어야 한다.

소액임차인은 확정일자가 늦어 선순위로 변제를 받지 못하는 경우라도 구제받을 방법이 있다. 임차주택에 대하여 선순위 담보권자의 경매 신청 등기 전에 대항력을 갖췄다면 보증금의 일정액을 다른 담보물권자보다 우선하여 변제받을 권리가 있다.

임차인으로 들어온 날은 2022년 3월 1일, 근저당이 2022년 1월 1일에 잡혔다고 가정해 보자. 권리분석은 어느 정도 알았으니 어떤 권리가 먼저 배당받는지 감이 잡힐 것이다. 정답은 근저당이 선순위로 먼저 배당을 받고 임차인은 그다음이다. 낙찰되는 금액이 적다면 보증금을 한

| 소액임차인 최우선변제금 |

(단위: 만 원)

기준일	지역	보증금	최우선변제액
1984.01.01 ~ 1987.11.30	서울특별시 및 직할시	300 이하	300 까지
	기타지역	200 이하	200 까지
1987.12.01 ~ 1990.02.18	서울특별시 및 직할시	500 이하	500 까지
	기타지역	400 이하	400 까지
1990.02.19 ~ 1995.10.18	서울특별시 및 직할시	2,000 이하	700 까지
	기타지역	1,500 이하	500 까지
1995.10.19 ~ 2001.09.14	서울특별시 및 광역시(군지역 제외)	3,000 이하	1,200 까지
	기타지역	2,000 이하	800 까지
2001.09.15 ~ 2008.08.20	과밀 억제권역(인천광역시 포함)	4,000 이하	1,600 까지
	광역시(군지역과 인천광역시지역 제외)	3,500 이하	1,400 까지
	기타지역(광역시 군 포함)	3,000 이하	1,200 까지
2008.08.21 ~ 2010.07.25	과밀 억제권역(인천광역시 포함)	6,000 이하	2,000 까지
	광역시(군지역과 인천광역시지역 제외)	5,000 이하	1,700 까지
	기타지역(광역시 군 포함)	4,000 이하	1,400 까지
2010.07.26 ~ 2013.12.31	서울특별시	7,500 이하	2,500 까지
	과밀억제권역	6,500 이하	2,200 까지
	광역시(과밀억제권역에 포함된 지역과 군지역 제외), 안산, 용인,김포,광주	5,500 이하	1,900 까지
	기타지역(광역시 군 포함)	4,000 이하	1,400 까지
2014.01.01 ~ 2016.03.30	서울특별시	9,500 이하	3,200 까지
	과밀억제권역	8,000 이하	2,700 까지
	광역시(과밀억제권역에 포함된 지역과 군지역 제외), 안산,용인,김포,광주	6,000 이하	2,000 까지
	기타지역(광역시 군 포함)	4,500 이하	1,500 까지
2016.03.31 ~ 2018.09.17	서울특별시	10,000 이하	3,400 까지
	과밀억제권역	8,000 이하	2,700 까지
	광역시(과밀억제권역에 포함된 지역과 군지역 제외), 안산, 용인, 김포, 광주, 세종	6,000 이하	2,000 까지
	기타지역(광역시 군 포함)	5,000 이하	1,700 이하

기준일	지역	보증금	최우선변제액
2018.09.18 ~ 2021.05.10	서울특별시	11,000 이하	3,700 이하
	과밀억제권역(용인,화성,세종 포함)	10,000 이하	3,400 이하
	광역시(과밀억제권역에 포함된 지역과 군지역 제외), 안산, 김포, 광주, 파주 포함	6,000 이하	2,000 이하
	기타지역(광역시 군 포함)	5,000 이하	1,700 이하
2021.05.11 ~	서울특별시	15,000 이하	5,000 까지
	과밀억제권역(용인,화성,세종,김포 포함)	13,000 이하	4,300 까지
	광역시(과밀억제권역에 포함된 지역과 군지역 제외), 안산, 광주, 파주, 이천, 평택 포함	7,000 이하	2,300 까지
	기타지역(광역시 군 포함)	6,000 이하	2,000 까지

수도권 과밀억제권역

* 서울시 전체, 의정부시, 구리시, 하남시, 고양시, 수원시, 성남시, 안양시, 부천시, 광명시, 과천시, 의왕시, 군포시, 시흥시(반월특수지역은 제외한다)
* 인천광역시(강화군, 옹진군, 서구 대곡동·불로동·마전동·금곡동·오류동·왕길동·당하동·원당동, 인천경제자유구역 및 남동 국가산업단지는 제외한다)
* 남양주시(호평동, 평내동, 금곡동, 일패동, 이패동, 삼패동, 가운동, 수석동, 지금동 및 도농동만 해당한다)

푼도 지키지 못하는 상황이 된다. 이런 억울한 경우에서 임차인을 보호하고자 최우선변제금이 있는 것이다.

표를 보면 보증금 범위와 최우선변제금이 적혀 있다. 해당 금액을 먼저 배당받기 위해서는 지켜야 할 조건이 있다.

1. 소액임차인 범위에 속해 있어야 한다(표 참고).
   - 2023년 기준 서울특별시는 보증금 범위가 1억 5000만 원 이하여야 한다. 만약 보증금이 2억 원이라면 최우선변제액은 받지 못한다.
2. 경매 신청의 등기 전까지 대항요건을 갖추어야 한다. 즉 전입신고가 되어

있어야 한다.

3. 배당요구종기일 전까지 배당요구를 해야 한다.

주의사항은 임차한 날짜 기준으로 받는 게 아니라 등기부등본상의 근저당권이나 담보 가등기, 전세권, 경매개시 결정등기, 확정일자부 임차권 중 최선순위에 있는 권리 날짜가 기준이 된다는 점이다. 만약 근저당이 2010년 8월 26일에 걸려 있고, 임차한 날짜가 2022년 1월 1일이면 2022년이 아니라 2010년의 기준으로 적용된다. 이 경우 서울은 보증금 범위 7500만 원 이내에서 최우선변제금 2500만 원까지 보장받을 수 있다.

임차인으로 들어가는 경우 등기부등본을 한번 떼보자. 만약 근저당권이 과거에 잡혀 있다면 과거 시점 기준으로 최우선변제액이 얼마인지를 확인한다. 해당 보증금 이상으로는 안 들어가는 편이 좋다. 특히 다가구 건물은 임차인들의 보증금 내역을 일일이 확인할 수가 없다. 집주인도 잘 안 보여주므로 정확한 확인이 어렵다. 내가 최선순위 임차인이 되기 상당히 힘든 구조다. 다가구 건물에서 나의 보증금을 안전하게 지키는 방법은 최우선변제액 안으로 보증금을 설정하는 것이다.

경매 물건 임장 시 필수 확인 목록

특히 경매에서 임장은 필수다. 경매는 싸게 낙찰받을 수 있는 장점이 있지만 여러 가지 리스크가 있다. 경매로 성공적인 낙찰을 하고 싶다면 리스크를 최대한 줄여야 한다. 권리분석으로 의심스러운 사항이나 인수될 권리가 없어도 임장을 통해서 다른 리스크는 없는지 꼭 확인한다.

1. 임차인 확인

2. 계량기 확인

3. 우편물 확인

4. 유치권이 있다면 점유 확인

5. 이웃 주민

6. 관리비 확인

7. 오래된 건물의 누수 등 상태 확인

거주자를 확인하자

권리분석으로 임차인에게 대항력이 없고 안전한 물건임을 알았어도 임차인의 상황을 대략적으로는 알고 있어야 한다. 나중에 낙찰받고 임차인을 확인하러 갔는데 만약 가족이나 연고지가 없고 거동이 힘든 노인이 임차인으로 있다고 가정해 보자.

'나는 깡패가 나와도 겁먹지 않고, 이상한 사람이 나와도 어차피 강제집행 하면 되니까 괜찮아!'라는 마음으로 갔다가 이런 상황을 마주한다면? 상상했던 것 이상으로 힘들 수 있다. 법적으로는 문제가 없지만 도의적으로 힘들어진다. 그래서 정확한 현황까지는 아니더라도 임차인의 상황이 어떤지 미리 알아두자.

실제 경매 물건을 보면 임차인이 살고 있긴 한데 실제로 거주하고 있는지 아니면 가짜 임차인인지 확인해야 할 때가 있다. 당연히 임차인을 직접 만나보는 것이 가장 좋지만 못 만날 경우가 많다. 이럴 때는 계량기를 확인해 보자. 다세대나 다가구 건물은 전기나 가스 계량기가 건물 입구나 밖에 있다.

실제로 집에 거주한다면 수도, 전기, 가스는 무조건 사용한다. 자주 갈 수 있다면 방문한 당일 숫자를 적어두고 다음 날이나 며칠 뒤에 다시 가서 확인한다. 계량기가 움직이는지 보면 실제로 임차인이 살고 있는지를 알 수 있다.

임장을 가면 우편함도 꼭 확인하길 바란다. 만약 우편물이 계속 쌓여 있으면 그 집에는 아무도 안 살고 있을 가능성이 높다. 반대로 우편함이 깨끗이 비워져 있다면 거주하는 사람이 있다고 봐도 무방하다. 우편물에 적힌 이름으로 실제 경매 물건상에 나와 있는 임차인의 이름과 같은지도 확인할 수 있다. 만약 다른 사람이 살고 있다면 실제 거주자도 파악할 수 있다.

유치권이 있을 때도 점유 부분을 먼저 확인해 보는 것이 좋다. 유치권이 성립하는 조건 중에 1순위가 점유이기 때문이다. 만약 점유하고 있지 않다면 동영상이나 사진으로 꼭 기록해 놓자. 이를 바탕으로 나중에 법정공방을 진행한다면 우위를 점할 수 있다.

임장 중에 이웃 주민을 만나면 한 번씩 이야기를 나눠본다. 아파트나 빌라는 입주민끼리 서로 잘 알지는 못하지만 실제 누가 거주하는지, 나이대, 활동 시간 등의 정보를 알 수 있다.

집의 관리 상태를 확인하자

보통 임차로 살다가 내 집이 경매로 나가게 되면 관리비를 납부하지 않는다. 이럴 때 공동주택은 공용부분 3년 치까지 낙찰자가 인수한다. 나머지 전용부분, 즉 임차인이 직접 사용한 전기나 수도 부분은 부분은 임차인이 납부한다. 아파트라면 관리실에 미납 관리비가 얼마나 있는지도 같이 확인하자.

만약 공용부분 3년 치의 금액이 크다면 낙찰가 선정에 포함한다. 특히 아파트보다도 상가의 관리비가 상당히 클 수 있으므로 반드시 조사한다.

오래된 건물은 누수가 있는지 다른 하자는 없는지 건물 상태를 꼭 확인한다. 오래된 빌라 주택은 장마철마다 침수가 되거나 비가 올 때마다 물이 샐 수도 있다. 이러면 건물 전체를 수리해야 제값을 받기 때문에 미리 점검한다. 옥상으로 올라갈 수 있으면 방수페인트가 잘 발려 있는지도 살펴보자. 특히 오래된 건물은 관리하는 중개소나 주변 중개소에서 상태를 잘 알고 있으니 중개소도 여러 군데 들러보면 좋다.

경매의 다음 스텝은 가치 올리기

지금까지 경매 물건을 찾는 방법과 권리분석을 하는 방법, 주의 사항 등을 간단하게 살펴봤다. 사실 이보다 더 중요한 건 부동산의 가치를 보는 눈을 키우는 것이다. 내가 이 물건의 가치를 알아봐야 남들보다 낙찰가에서 우위에 설 수 있다.

부동산의 가치를 올릴 방법을 많이 탐구하는 것이 경매에서는 정말 중요하다. 사실 아파트는 주변 시세 조사, 관리비, 임차인만 확인하면 크게 문제 될 것이 없다. 하지만 빌라, 상가, 땅 등은 가치를 올릴 방법이 무궁무진하다.

단독주택을 경매로 낙찰받아서 다세대로 신축 분양을 하거나 노후한 빌라를 매수해서 리모델링한 다음 주변 시세대로 내놓을 수 있다. 오래된 근생건물을 리모델링해서 임대료를 높여 상가를 세놓거나 죽어가는 상가에 입지와 어울리는 아이템을 적용해서 가치를 올릴 수도 있다. 땅을 매입해서 공장이나 빌라, 입지에 맞는 적절한 개발 사업을 할 수도 있다. 다양한 부동산 경매 매물을 접하고 새로운 시도로 가치를 올려 여러분의 자산을 늘려가기를 바란다.

투자의 시작과 끝은 실행이다

지금까지 투자 기준, 투자 방법, 세금, 부동산 관련 팁 등 부동산 투자에 관해 거의 모든 것을 살펴봤다. 이제부터 남은 것은 실행이다. 부동산 상승기에 느꼈겠지만, 부동산은 한번 값이 오르기 시작하면 입지가 좋은 곳만 오르는 것이 아니라 부동산 시장 전체가 상승세를 탄다. 이 집도 오르고 저 집도 오른다. 여기서 무엇이 가장 중요할까? 바로 누가 먼저 매수하느냐다.

즉 지금까지의 내용은 실행하기 위한 이유를 만드는 밑작업이었다.

모든 행동에는 반드시 이유가 있다. 집 앞을 나간다고 하면 편의점에서 필요한 물건을 사기 위해서고, 직장에 가는 것은 돈을 벌기 위해서다. 어떠한 행동을 하는 데는 이유가 필요하다.

이 책의 모든 내용은 부동산을 매수하기 위한 이유를 만드는 작업에

불과하다. 당연히 부동산 투자에서 입지도 중요하고, 좋은 물건을 고르는 것도 중요하지만 무엇보다 가장 중요한 것은 매수하는 행위 그 자체다.

지금까지 읽은 내용을 바탕으로 여러분도 부동산 투자를 하기로 마음먹었다면 첫째, 지금까지 설명한 방법을 따라 하며 자기 상황에 맞는 매물을 먼저 찾아보자. 지금 당장 움직여야 한다. 출퇴근하면서 앱으로 찾고, 길을 걸어가면서 옆 아파트 단지의 시세도 확인하고, 점심시간이나 일이 없을 때도 네이버 부동산과 호갱노노를 켜서 원하는 조건에 부합하는 단지를 찾아본다.

둘째, 본인이 만든 매물 목록을 기준으로 시간이 날 때마다 임장을 다니자. 가치분석 내용을 참고해서 분석하고, 판단하고, 조사하고, 정리하며 직접 발로 뛰어보자.

셋째, 임장을 다니다 보면 정말 사고 싶은 물건이 나올 때가 있다. 이럴 때는 냉정히 한 번 더 생각한다. 지금까지 둘러본 다른 단지와 다시 한번 비교하고, 가치평가도 해보고, 시장 상황까지 종합적으로 판단한 다음 확신이 생긴다면 과감히 투자하길 바란다. 좋은 물건은 오래 기다려주지 않는다.

또한 매물을 찾는 데 너무 많은 시간을 쓰지 말자! 찾다가 지친다. 가장 많이 하는 실수는 매물을 검색하면서 가격의 상승, 하락 여부를 판단하려는 것이다.

"A보다 B가 더 좋은 것 같은데 왜 여기가 더 비싸지?"

"둘 다 좋아 보이는데 어떤 게 더 좋은지 모르겠어요."

매번 이런 고민만 하면서 머리 아파하는데, 절대로 매물을 찾으면서 판단하려 들지 말자. 기계적으로 본인 상황에 맞는 매물 목록을 찾고는 망설임 없이 임장을 나가야 한다!

집에서 고민만 하면 절대로 답을 찾을 수 없다. 현장에 가서 집도 보고, 직접 몸으로 느끼며 비교해 봐야 장단점을 알 수 있다. 그래야 투자로 이어진다는 것을 꼭 명심하자.

투자 마인드는
딱 세 가지만 기억하면 된다

항상 긍정적인 마인드로 살아라

내가 삶에서 최우선으로 여기는 가치는 긍정적인 마인드다. 가령 로 또에 당첨됐다고 생각해 보자. 회사에서 안 좋은 일이 있어도, 상사가 나를 혼내도 그저 행복할 것이다. 긍정적이고 행복한 기운은 주변 사람에게도 퍼져나가는 힘이 있다.

여기서 말하고 싶은 건 자신이 바뀌어야 세상이 바뀌는 것이다.

나는 그대로인데 세상이 바뀌길 바란다면 그것은 터무니없는 생각이다. 특히 부정적인 사람은 어느 분야에서든 성공하지 못한다. 무슨 일을 하든 부정적으로 생각하는데 어떻게 잘될 수 있겠는가?

부정적인 사람: '나는 안될 거야. 내가 사면 떨어질 거야' → 투자 못 함

긍정적인 사람: '나는 잘될 거야!' → 투자함

긍정적인 마인드도 충분히 연습할 수 있다. 집에서 직장까지 1시간 거리를 출퇴근할 때 부정적인 사람은 '아, 너무 힘드네'라며 투덜거린다. 긍정적인 사람은 '아침에 일찍 못 일어났는데 덕분에 아침 여유 시간이 1시간 생겼네? 1시간 동안 뭐 할지 고민해 보자'라고 생각한다. 그러고 책 읽기, 라디오 듣기, 뉴스 보기 등 할 일을 찾아 나선다.

힘든 일을 할 때도 부정적인 사람은 '아, 몸이 너무 힘든데?' 하면서 쉴 생각만 한다. 긍정적인 사람은 '운동한다고 생각하고 열심히 해야지!'라며 생산적인 방향으로 움직인다.

이런 작은 생각과 행동 하나에도 인생이 바뀔 수 있다. 여러분도 직장 생활을 하고 있다면 알 것이다. 새로 들어온 후배가 이렇게 열심히 일한다면 어떻겠는가? 후배를 보는 눈빛도 달라질 것이고, 하나라도 더 챙겨주고 싶을 것이다. 비단 나뿐만 아니라 대부분이 그렇게 느낀다. 나의 남다른 관점과 태도가 주변 사람들의 행동도 바꾼다. 이런 것들이 모여 한 사람의 인생이 바뀌는 것이다.

다음과 같이 생각을 긍정적으로 바꿔보자.

나는 잘 안될 거야. → 나는 무조건 잘될 거야.

금수저도 아닌데 내가 돈을 많이 벌 수 있을까? → 나는 꼭 돈을 많이 벌 거야!

부동산이나 주식에 투자했는데 가격이 떨어지면 어떡하지? → 나는 반드시 성공한다!

나도 생각을 이렇게 긍정적으로 바꾸었더니 세상이 더 재미있어지고, 더욱 활기찬 생활이 가능해졌다.

여러분도 할 수 있다!

남 탓 하지 말자

다음은 남 탓 하지 말자는 것이다. 남 탓을 하는 순간 발전하기 힘들다. 남 탓을 하면 지금 당장은 마음이 편하다. 내 책임이 없기 때문이다. 하지만 이런 습관이 계속되면 모든 일을 남 탓으로 돌려 결국 내가 할 수 있는 일이 아무것도 없어진다. 어떤 일이 생겼을 때는 발상의 전환을 해보자. 내가 할 수 있는 일이 무엇인지 고민해 보는 것이다. 몇 가지 예를 들어보자.

'정부 정책 때문에 집을 못 사겠어.'
→ 생각의 전환: '지금 정책에서 내 자금으로 살 수 있는 집이 어디지?'
→ 행동으로 연결: 부동산 시장 공부 → 지도 검색 → 임장 → 투자

"정부 때문에 집을 못 샀어!" 부동산 시장에서 가장 많이 하는 말이다. 이건 전형적인 남 탓이다. 솔직히 말하면 다 거짓말이다. 실행하지 않았기 때문에 못 산 것이다. 집을 사기 위해 임장을 다니고, 대출을 알아보고, 청약홈도 매일 봤는가? 전혀 아닐 것이다. 정부를 탓하는 순간

마음은 편하다. 그러나 내가 할 일은 없어진다. 내 발전이 없는 것이다.

다시 생각해 보자. 정부 정책은 여러분이 제어할 수 있는 영역인가? 아니다. 그러면 내가 제어할 수 있는 영역에서 답을 찾아보자. 그 순간 내가 할 일이 생긴다. 지금 정책에서 조건에 맞는 투자 매물을 꾸준히 찾아보는 것이다.

> '직장인이고 일하느라 시간 없어서 못 해.'
> → 생각의 전환: '일 끝나고 3~4시간은 쓸 수 있으니까.'
> → 행동으로 연결: 책 읽기, 블로그 글쓰기, 운동하기, 유튜브 영상 제작 등 →
> 발전

시간이 없어서 못 한다. 이것도 많이 하는 남 탓이다. 직장인이라서 시간이 없다니 무슨 말인가. 8시~5시, 9시~6시까지 일하는 일반 직장인이라면 퇴근하고 12시에 잠들기 전까지 6시간이라는 개인 시간이 있다. 6시간이면 정말 많은 시간이다. 나도 직장에 다니면서 유튜브, 투자, 책쓰기 모두 하고 있다. 더욱이 6시간도 아니고 하루에 3~4시간밖에 없는데도 말이다. 한마디로 나도 하고 있으니 여러분도 다 할 수 있다. 남은 시간 동안 자신의 발전을 위해서 다양한 활동을 꾸준히 펼쳐나가기를 바란다.

> '쟤는 금수저라서 저렇게 살 수 있는 거야.'
> → 생각의 전환: '난 금수저가 아니니까 돈 벌 생각을 해야지.'

→ 행동으로 연결: 재테크 공부, 사업, 자기계발 등 → 투자 → 성공

이렇게 말하면 불효 자식이다. 전형적인 부모 탓 아닌가. 부모님은 나를 세상에 태어나게 해주신 것만으로도 감사한 분들이다. 금수저가 아니라면 당연히 금수저보다 열심히 살아야 한다. 없는 시간도 쪼개서 재테크 공부를 하고 부업도 하면서, 금수저보다 더 많이 벌 생각을 해야 내 삶이 달라진다. 성공해서 부모님을 호강시켜 드리고 싶지 않은가? 내 자식한테 똑같이 "우리 집은 금수저가 아니야!"라는 말은 듣고 싶지 않을 것이다. 지금부터 스스로 금수저가 되기 위해 행동에 나서라.

모든 일에서 남 탓을 하는 순간 마음은 편할지 몰라도 발전할 기회는 사라진다. 주어진 상황에서 내가 무엇을 할 수 있을지 생각을 멈추지 말자. 그에 맞춰서 행동도 따라가면 된다.

자책하지 말자

여러분의 현재는 과거 자신이 내린 선택의 결과다. 그렇다면 과거의 선택을 돌이킬 수 있는가? 못 한다. '5년 전에 비트코인 살걸' '3년 전에 집 살걸' 모두 그때의 내가 선택하지 않았을 뿐이다. 지금 와서 후회해봤자 아무것도 달라지지 않는다. 돌이킬 수 없는 과거라면 자책하지 말자. 아무 의미가 없는 일이다. 기분만 나빠질 것이다.

다만 지금의 내 모습을 보고 배우면 된다. 지금의 내 모습이 싫다면

행동을 달리해서 그 모습을 바꾸면 된다.

현재는 과거의 내가 만든 것이고,
미래는 현재의 내가 만드는 것이다.

우리는 과거를 바꾸지 못한다. 그렇지만 미래의 나는 누가 만드는가? 바로 지금의 내가 만든다! 오늘의 작은 선택이 모여 미래의 내가 만들어진다. 간단한 예를 들어보자.

몸이 더 좋아지고 싶다. → 운동한다.

부동산 부자가 되고 싶다. → 부동산을 공부하고 투자한다.

주식에 투자해서 돈 벌고 싶다. → 주식을 공부하고 투자한다.

사업에 성공하고 싶다. → 사업을 공부하고 실행한다.

직장에서 성공하고 싶다. → 자신의 가치를 올린다.

무엇을 해야 할지 모르겠다. → 서점에 가서 책을 읽는다.

퇴근하고 와서 아무것도 안 한다. → 지금보다 더 안 좋아진다.

정말 단순하지 않은가? 그러니 가만히 있지만 말고 뭐든지 하자.

여러분이 원하는 미래의 모습이 있을 것이다. 그 모습을 위해 지금 바로 움직이면 된다. 바야흐로 100세 시대다. 지금 이 책을 보는 사람은 많게는 70~80년, 적어도 30~40년은 더 살아야 한다. 지금까지 살아온 인생보다 더 오래 살아야 한다는 말이다. 이 시간 동안 하나라도 집중해서 하면 무조건 성공한다고 자신 있게 말할 수 있다.

특히 지금 무엇을 해야 할지 모르겠다면 책을 많이 읽어보기를 권한다. 책은 내가 경험해 보지 못한 다른 사람의 경험을 엿보는 것과 같다. 다양한 분야의 책을 읽어보면서 남의 인생을 참고해 나의 인생은 어떻게 살지 그려볼 수 있다.

내가 중요한 결정을 내릴 때 자주 사용하는 방법이 있다. 10년 전의 나로 돌아갔다고 생각해 보는 것이다. 진학, 연애, 취업 등 그때의 고민들이 지금은 아무렇지도 않게 여겨질 것이다.

이런 말도 많이 들었을 것이다. "내가 10년만 젊었으면 뭐든 다 했지!" 처음에 이 말을 듣고 나는 '그러면 지금 이 순간을 10년 전이라고 생각하면 어떨까?'라고 생각했다. 지금으로부터 10년 뒤로 가서 오늘의 나를 바라보는 것이다.

현재 중요한 선택을 내려야 한다면,

10년 후 내가 되어 지금의 나를 돌아보라.

만약 지금 서른 살이라고 한다면 마흔 살의 내 모습을 가정해 보자. 서른 살에 어떤 선택을 하면 마흔 살에 더 좋은 결과가 나올까? 이를 고민해 보면 생각보다 답이 쉽게 나온다. 10년 더 젊어지면 뭐라도 할 수 있기 때문이다. 그래서 나는 지금도 중요한 결정을 내릴 때는 10년 뒤 미래로 가서 현재를 바라본다.

인생은 흰색 도화지다.

나는 인생을 흰색 도화지라고 생각한다. 매 순간 내 선택에 따라서 흰색 도화지에 그림이 그려진다. 나중에 나이 들어서 내 인생을 되돌아 봤을 때 누구한테나 자랑스럽게 보여줄 수 있는 그림을 그리고 싶다.

지금까지의 그림이 낙서였다고 해도 괜찮다. 이제부터 명작으로 그려 나가면 된다. 여러분도 오늘 도화지에 새로운 한 획을 그린 셈이다. 어제와 다르게 부동산 책을 읽은 오늘을 보냈으니 말이다. 책에 담은 정보가 여러분의 그림을 더욱 풍성하게 채워나가는 데 보탬이 되면 좋겠다. 이 책을 읽은 모든 분이 세계적인 명화처럼 멋진 인생 그림을 그리기를 진심으로 기원한다.

왕초보, 부동산 어떻게 투자할까요?

초판 1쇄 인쇄 2023년 4월 14일
초판 1쇄 발행 2023년 4월 24일

지은이 부찾남
펴낸이 김선식

경영총괄이사 김은영
콘텐츠사업2본부장 박현미
책임편집 최현지 **디자인** 마가림 **책임마케터** 박태준
콘텐츠사업5팀장 차혜린 **콘텐츠사업5팀** 마가림, 김현아, 남궁은, 최현지
편집관리팀 조세현, 백설희 **저작권팀** 한승빈, 이슬
마케팅본부장 권장규 **마케팅4팀** 박태준, 문서희
미디어홍보본부장 정명찬 **디자인파트** 김은지, 이소영 **유튜브파트** 송현석, 박장미
브랜드관리팀 안지혜, 오수미 **지식교양팀** 이수인, 염아라, 석찬미, 김혜원, 백지은
크리에이티브팀 임유나, 박지수, 김화정, 변승주 **뉴미디어팀** 김민정, 이지은, 홍수경, 서가을
재무관리팀 하미선, 윤이경, 김재경, 안혜선, 이보람
인사총무팀 강미숙, 김혜진, 지석배, 박예찬, 황종원
제작관리팀 이소현, 최완규, 이지우, 김소영, 김진경, 양지환
물류관리팀 김형기, 김선진, 한유현, 전태환, 전태연, 양문현, 최창우
외주스태프 **내지조판** 김남정

펴낸곳 다산북스 **출판등록** 2005년 12월 23일 제313-2005-00277호
주소 경기도 파주시 회동길 490 다산북스 파주사옥
전화 02-704-1724 **팩스** 02-703-2219 **이메일** dasanbooks@dasanbooks.com
홈페이지 www.dasan.group **블로그** blog.naver.com/dasan_books
종이 (주)IPP **인쇄** 민언프린텍 **제본** 다온바인텍 **코팅·후가공** 제이오엘앤피

ISBN 979-11-306-4242-0(03320)

다산북스(DASANBOOKS)는 독자 여러분의 책에 관한 아이디어와 원고 투고를 기쁜 마음으로 기다리고 있습니다. 책 출간을 원하는 아이디어가 있으신 분은 다산북스 홈페이지 '투고원고'란으로 간단한 개요와 취지, 연락처 등을 보내주세요. 머뭇거리지 말고 문을 두드리세요.